KB261630

내 아픔 아시는 당신께

믿음이란
한 알의 밀알이 땅에 떨어져 죽음으로 많은 열매를 맺음과 같이
진리의 열매를 위하여 스스로 죽는 것을 뜻합니다.
눈으로 볼 수는 없으나 영원히 살아 있는 진리와
목숨을 맞바꾸는 자들을 우리는 믿는 이라고 부릅니다.
「믿음의 글들」은 평생, 혹은 가장 귀한 순간에
진리를 위하여 죽거나 죽기를 결단하는
참 믿는 이들의, 참 믿는 이들을 위한, 참 믿음의 글입니다.

내 아픔 아시는 당신께

근하 문 지음

홍성사.

내 아픔
아시는
당신께

차례

제2막

난 갈증을 느꼈다.

그리고 늘 피곤하였다.

현실에 만족하는 성품이 아니었기에

더 나은 내일을 위해 더 높은 곳을 찾아다니며

야망인지 욕망인지 모르는 것에 의해 늘 피곤, 피곤…….

나는 하나님이 존재한다고 생각해 본 적이 한 번도 없는 사람이었다. 1997년 9월 이전까지만 하더라도 오히려 보통 사람들보다 삶의 어두운 부분을 조금 더 탐닉한 사람 중 하나였다. 외적으로나 환경적으로 볼 때, 하나님이 필요할 것같이 부족한 사람도 아니었다. 생의 실패자는 더더욱 아니었다. 오히려 남들이 보기엔 늘 배부른 걱정을 하고 있는 사람처럼 보였다고 한다. 그러던 어느 날, 나는 더 오를 곳이 없는 것을 발견하고 죽음 같은 우울증에 시달리기 시작했다. 그리고 그 외에도 허무에서 오는 많은 종류의 정신적 허탈감을 이기지 못하고 죽음을 생각하는 지경까지 이르게 되었다. 그러다가 우여곡절 끝에 예수님이라는 구세주를 만나면서 나의 인생은 완전히, 180도 회전하게 되었다. 그야말로 영화에서나 보던 삶이 시작된 것이다. 즉, 록 싱어에서 복음 전도자로 바뀐 것이다.

이 책은 단지 나의 신앙 에세이일 뿐이다. 그러므로 내가 겪은 일이나 변화가 누구에게나 동일하게 일어난다고 생각하지는 않는다. 각 사람에게 주어진 소명에 따라 하나님의 역사하심은 다를 수 있기 때문이다. 더욱이 신학적으로 무엇이 맞고 틀리고 하는 식의 생각은 하지 않았으면 좋겠다.

이 글은 아마도 나와 주님과의 만남을 고백하는 매우 사적인 장소가 될 것이다.

매우 사적인 이 장소를

나의 20년 전, 10년 전 모습을 갖고 계신 분들께 바친다.

제1막

내 아픔
아시는
당신께

분노

　　언제부턴가 성격이 참 거칠어지기 시작하여 마음에 분노가 자리 잡고 있었던 것을 기억한다. 그것이 어디에서부터 생겼는지는 알 수 없다. 이런 나의 성격은 매우 독선적이며 때론 배타적이기까지 했다. 늘 어디론가 도피하고 싶은 마음으로 젊은 시절을 살았던 것 같다. 그 도피의 한 방편으로 술과 음악, 혹은 예술이 내게 많은 시간 친구가 되어 주었음은 분명한 사실이다. 사람들과 잘 융화하지 못하고 쉽게 화를 내고, 때론 너무 쉽게 웃어 버리는 영적 미숙아 같은 모습으로 오랜 기간을 지냈다. 그때는 그것이 멋있는 것이라고 착각하는 상태로 살기도 했고 때론 그 성격 때문에 손해도 많이 봤다. 유난히 따지기를 좋아했고 누가 나의 잘못을 지적하면, 마음이 아파서 힘들어하는 것이 아니라 오히려 상대방을 정신적·물리적으로 괴롭히곤 하던 마음이 미숙한 어른이었다. 나는 내가 갖고 있는 것이 분노라는 생각을 한 번도 하지 못한 채 그저 남자다운 성격이라고만 생각했다. 한마디로, 나의 잘못은 깨닫지 못하고 남의 잘못은 용서할 수 없는 소심한 성격이었다. 그리고 이로 인해 스스로도 참 많이 피곤해했었다.

　　그러던 나를 주님이 손대기 시작하셨다. 처음부터 많은 것을 한꺼번에 고치신 게 아니라 지난 8년 동안 매일매일 조금씩……. 처음엔 화나는 상황을 만들어, 주시곤 '무조건' 참게 하셨다. 나는 그때 38년 만에 처음으로 '참음'이라는 단어를 배웠다. 그분의 훈련은 종종 극히 사소한 것에서부터 비롯되곤 했다. 예컨대 먹고 싶은 것, 하고 싶은 것을 참는 훈련의 결과가 화날 때 참을 수 있는 묘한 효과로 이어지는가 하면, 물리적인 아픔을 참는 훈련이 마음이 아플 때 참을 수 있는 능력으로 이어지기도 했다. 이런 과정을 거치면서 나는 먹고 싶은 것, 하고 싶은 말을 못 참는 사람은 화도 못 참는다는 것을 알게 되었다. 하고 싶은 것을 참는 과정이라는 점에서는 사소하든 거창하든 모든 욕망은 같다는 것도.

　　주님은 내 생각의 관념, 즉 척도를 재정비하게끔 해 주셨다. 생각하는 과정이 바뀌게 되자 화를 내야 하는 이유도 바뀌게 되었다. 좋아하고 싫어하는 대상과 물체가 바뀌게 되자 화를 내던 이유와 상황도 바뀌고 그 정도도 바뀌게 된 것이다.

두려움

두려움증은 81년 10월 '그 사건' 이후 나를 가장 괴롭힌 문제 중의 문제였다. 나는 시도 때도 없이 두려움을 느꼈다. 처음엔 병인 줄 알고 매우 당황했고 그것 때문에 오히려 더 두려워하는 이상 증상도 생기게 되었다. 사실 난 원래부터 겁이 많았다. 어릴 때도 커서도 무서운 영화 보는 것을 싫어했고 늘 두려움과 싸워야 했다. 그런데 주님을 알고 나서 그 모든 게 쉽게 끝나 버렸다. 주님은 내 두려움을 오히려 담대함으로 바꿔 놓으셨다.(밤에 으슥한 묘지 공원 같은 곳에 잘 못 가는 사람은 남을 용서할 담대함도 없을 것이 거의 확실하다.) 그러나 조금만이라도 시험에 들어 주 밖에 있으려고 하면 지금도 어김없이 이 증상이 다시 나타나, 난 거의 죽은 목숨이 된다. 이로 인해 나는 오직 주 안에만 거할 수 있고, 그러므로 모든 것을 예수 그리스도의 이름으로 승리할 수 있다. 죽음 같은 두려움을 극복한 나에게 주님 외에 무엇이 두렵겠는가. 이 두려움 덕분에 주님도 만나게 되고 내 인생의 모든 행로가 뒤바뀌게 되었으니 이것은 결국 내게 귀한 증상이었다. 그래서 이제는 과거의 내 두려움에 감사한다.

소유욕

인간이면 누구에게나 있는 것, 내가 주인이라는 의식……. 소유욕은 사람을 병들게 한다. 소유욕은 두려움을 낳고 두려움은 의심을 만들며 의심은 완벽주의자가 되길 원하고 완벽주의자는 늘 무언가 잘못될 것 같은 걱정으로 하루하루를 불면으로 지내기 십상이다. 이전에 난 내 목숨의 주인이 나인 줄 알았다. 그러나 이제는 내 결정과 관계없이 내 목숨이 끊어질 날이 올 거라는 생각을 '드디어' 하고 있다. 난 이전에 돈이 내 것인 줄 알았다. 그런데 하루하루 변하는 정세에 따라 1억이 1원이 되기도 했고 1원이 1억이 되기도 했다. 세상 돈에 얽매이지 말아야 함을 요즘 더욱더 깨닫는다. 자존심도 내 것이라고 생각해서 이것만은 지키려고 발버둥치기도 했지만 주 안에서는 이것도 모두 부질없는 일이었다. 주께서 하시면 하루아침에 망신하기도 하고 하루아침에 고귀한 사람이 되기도 한다.

우울증

　우울함. 무의미에서 오는 우울함은 오랜 기간 동안 나를 많이 괴롭힌 것 중 하나였다. 때론 약도 먹고 술도 먹고 한약도 먹어 보고 이것저것 다 해 보았지만 별 소용 없이 자꾸 술만 늘어갔다. 모든 일에 감사를 느껴 본 적이 없었다. 일이 안 되면 불평하고, 잘 되면 당연하다고 생각했었기에 감사보다는 늘 불평으로 하루하루를 보냈었다. 아무리 좋은 것, 좋은 차, 명예 등을 얻어도 그때뿐이었고 금세 다시 우울해지곤 했다. 다른 사람들이 부러워할 만한 내 상황에는 전혀 관심이 없었고, 세상에 뭔가 더 좋은 것이 없을까 하는 욕심에 사로잡혀 늘상 나 자신을 몹시도 괴롭혔다.

　나는 스스로가 만든 사슬에 묶여 나날이 힘들게 허덕이기만 했다. 불평이 심했고 매사에 용두사미였으며 언제나 부정적이었다. 나를 못살게 굴고, 남을 가차없이 정죄하는 정도가 심해지면서 나는 결국 매일 술 없이는 살 수 없게 되었다.

　그러던 어느 날 주님이 날 부르신 것이다. 그리고 요한복음 14장 27절의 말씀을 통해 평안을 주신다고 약속하셨다. 제일 먼저 배운 것이 '감사'였다. 내 우울함의 근원이 된 '생각'들이 실은 진실이 아니라는 것을 보게 해 주셨고, 주위에 있는 작은 것 하나라도 감사할 수 있는 방법을 가르쳐 주셨다. 그러면서 이전에는 그리 좋아 보이지 않던 것들이 하나둘씩 내게 무한한 감사와 함께 점점 사랑스러운 것들로 다가왔다. 없는 걸 자꾸 찾는 게 아니라 옆에 있는 것을 사랑하는 법. 그것이 내 우울증을 해결해 준 제일 첫째 방법이었다.

완벽주의

꽤 잘났다고 생각했던 왕자병. 나는 모든 면에서 완벽한 녀석이라고 스스로 치켜세웠었다. 과욕으로 인해 늘 내가 할 수 있는 것보다 더 큰 것에 손을 대는 버릇이 있었고 이것은 나중에 현실에 만족하지 못하는 증상으로 변해 버렸다. 사업도, 노래도, 인생도 늘 영화의 한 장면처럼 비현실적인 생각으로 가득 차 있었다. 그것이 창작에는 도움이 되었을지 모르지만 나의 실생활에는 많은 어려움을 주었다. 지속적인 인내력 없이 늘 새 것, 더 좋은 것, 더 멋있는 것만 추구하다 결국 나는 내가 놓은 덫에 걸려 죽음 앞에까지 갔었다. 나는 남들에게 인정받고 칭찬받기 위해서 노력했으며, 남들에게 망신당하지 않으려고 늘 신경이 곤두서 있었다.

그런데 지금은 그것으로부터 해방되었다. 주께로 더 가까이 갈수록 아직 남아 있는 나의 일그러진 모습을 본다. 기도할 수밖에 없다. 머리끝부터 발끝까지 주님의 새로운 작업이 아니었더라면 지금 내 몸과 마음은 얼마나 흉한, 그 모습 그대로였겠는지, 생각만 해도 끔찍하다. 그러나 이제는 누가 나를 어떻게 보든 별로 개의치 않는다.

완전 망신을 당한 적도 있다. 그런데 그게 오히려 통쾌했다. 내 자아가 깨지는 소리가 내 귀에 들렸기 때문이다. 어느 찬양 학교에서 노래하는 법을 가르칠 때였는데 내가 설교해야 할 차례가 온 날이었다. 설교단에 올라가자마자 나는 갑자기 몸이 너무나 아파서 설교를 할 수가 없었다. 그래서 앞에 계신 다른 목사님께 무작정 "설교 좀 해 주세요" 하고 내려온 적이 있다. 그분은 영문도 모른 채 계획에 없던 설교를 갑자기 하시느라 혼이 나셨다. 내게 주어진 것을 제대로 해내지 못했다는 것이 내 마음을 매우 불편하게 했지만 그날 이후로는 오히려 마음이 더 편해졌다. 가끔 창피당하는 것은 나를 불쌍한 완벽주의로부터 해방시킨다는 것을 알게 되었기 때문이다.

1막 1장 나

옛사람 1

목사가 되어서, 그것도 나이가 마흔이 훌쩍 넘어 버린 상태에서 나의 옛 모습을 기록한다는 것은 고역이나 다름없다. 그렇지만 그 누군가가 이 글을 읽고 소망을 품게 되어 주님께 나온다면, 나는 주님의 일꾼으로서 내 자유의지는 일단 접어 놓고 '써야 한다'고 생각했다.

나는 1959년 12월 24일 서울 신당동에서 태어났다. 아버지는 무척 엄격한 분이셨지만 어머니는 사랑 많고 따뜻한 분이셨다. 나는 비교적 경제적으로 안정된 가정에서 4남 2녀 중 막내로 태어나 형님들과 누님들에게 사랑도 받고 때론 엄한 교정도 받으면서 자랐다. 뒤늦게 어머니께 들은 바에 의하면, 사실 어머니가 나를 가지셨을 땐 이미 아들도 많고 또 어머니 연세도 많으셔서 유산하려 하셨다고 한다. 그런데 그 당시 산부인과 간호사의 간절한 설득에 어머니와 아버지가 결국 승복하셔서 비로소 내가 이 땅에 태어날 수 있었다. 그 병원이 가톨릭 기관에서 운영하는 병원이었다고 하니 우리 부모님을 설득하셨던 그 간호사도 가톨릭 신자가 아니었을까 하는 생각이 든다. 어쨌든 나는 그런 도움이 아니었다면 세상에 태어나지 못했을 수도 있었던 사람이다.

이런 우여곡절 끝에 태어난 나는 형제 많은 집의 막내로서 어릴 때 귀여움과 사랑을 듬뿍 받으면서 자랐다. 그러나 그 당시 우리 집안은 불교를 열심히 믿는 가정이어서 하나님이나 예수님에 관한 이야기를 들을 기회는 전혀 없었다.

초등학교 4학년 때 셋째 형님이 사 온 기타를 잡기 시작한 것이 나와 음악과의 인연의 시작이었다. 그때부터 중학교 시절까지 기타를 안고 자기도 하고 심지어 화장실에도 가져갈 정도로 음악에 빠지기 시작했다. 코흘리개 시절에도 나는 밖에서 구슬치기 하며 놀던 아이들과는 별로 가깝게 지내지 못했다. 대신 그 당시 큰형님이 사오는 음반과 전축에서 나오는 음악 소리에는 매우 귀를 기울였던 기억이 있다. 초등학교 2학년 때는 이미 그 당시 유행하던 〈울리불리〉라는 트위스트 곡을 따라 불렀으며 〈발라발라〉, 〈싱글걸〉 등의 노래를 의미와 뜻도 모르는 채로, 초등학생이던 꼬마가, 그저 마구 따라 불렀었다.

기타를 치기 시작하면서 본격적으로 음악과 인연을 맺게 된 초등학교 4학년 때는 쉬운 포크송과 팝송을 따라 불렀으며 6학년 때는 집에 있던 피아노에 손을 대기 시작했다. 그냥 기타 치듯이 피아노로 왼손은 베이스 음, 오른손은 코드를 집으며 흥얼대기 시작했고 모든 가사는 작은누님이 한국말로 종이에 적어 주었기 때문에 좀더 쉽게 팝송과 접할 수 있었다. 특히 사이먼 앤 가펑클(Simon & Garfunkel)의 노래인 〈험한 세상에 다리가 되어〉(Bridge over troubled water)를 즐겨 불렀다. 음반을 몇 번이고 다시 듣고 듣고 하며 영어 발음을 소리 나는 대로 써 준 한국말을 가지고 그 가수의 발음과 똑같이 내려고 무진 애를 썼었다. 어쨌든 나의 어린 시절은 그렇게 그 시작부터가 한국 문화가 아닌 서구 문화에 자리 잡게 되어서 나도 모르게 서양 대중음악을 흠모하고 좋아하게 되었다.

중3 때는 당시 친한 친구들을 중심으로 갤럭시(galaxy)라는 록밴드(Rock-Band)를 조직해서 고1 때 신촌에서 첫 공연을 하기도 했다. 그때 공연했던 곳은 신촌에 있던 '티티카카'라는 카바레였는데 당시 나는 카바레가 뭘 하는 곳인지도 모르는 채 그저 넓은 공간과 무대만을 생각하고 그들이 쉬는 날 그곳에서 공연하기로 계약한 것이다. 고등학교 1학년 학생이 지나가다가 그냥 들어가서, 매니저를 만나 이야기하고 계약을 한, 어떻게 생각하면 꼭 해야 한다고 생각한 것에 있어서는 매우 도전적인 아이였던 것 같다. 그 후 고1, 고2 때까지 나는 아무런 제재도 받지 않고 학교생활과 음악만을 하게 되어 거의 프로의 경지까지 꿈꾸게 되었다. 매 공연마다 만원이었으며 그때 당시 300원씩 하던 표는 늘 거의 다 팔려서 공연 후에 이익금을 나누는 데도 아주 익숙해졌다.

신촌에서 카바레를 빌려 했던 그 첫 공연에서도 이익금으로 몇만 원이 남았던 기억이 있다. (표 한 장에 300원 하던 1975년 당시에 남은 이익금이 몇만 원이었다는 것은 결코 적지 않은 금액이다.) 그 이후 많은 곳에서 초청을 받았고 음악을 본격적으로 하게 되었다. 그러나 동시에 머리에서 늘 떠나지 않았던 것은 좋은 대학을 가야 한다는 생각이었다.

더 멋진 미래를 살고 싶어서 그런 생각을 했었다. 중학교 3년은 그런대로 괜찮은 성적을 유지했다. 어떤 때는 반에서 1등도 했고 성적은 보통 3등 안에 꼭 들었다. 그런데 고등학교 들어가면서 성적이 많이 떨어지기 시작했고 반에서 5등 유지하기도 바빴다. 공부해야지, 음악 해야지, 친구 만나야지…… 너무 바빴다. 집이 3층집이라 늦게 들어가는 방법도 쉽게 찾을 수 있었고 워낙 식구가 많은지라 어떤 때는 부모님들도 막내가 들어왔는지 안 들어왔는지 모르실 때가 있었던 것 같다.

그러다 보니 자주, 체격이 크고 어른 같아 보이는 친구들과 지내게 되었고 성적은 더 떨어져서 걷잡을 수 없게 되었다. 그래도 집안 분위기상 전교에서 30등 안에는 들어야 된다는 생각이 있었지만 그것은 생각뿐이었다. 여전히 나는 나를 찾는 사람도 많았고 갈 곳도 많았다. 몸이 건강하고 경제적으로 여유가 있는 까닭에 늘 친구가 많고 오라는 곳도 많아 정신없이 바빴다. 이런 내게, 엄격하신 아버지는 늘 힘겹고 어려운 분이셨다. 그러나 다행히도 어머니는 자애로우신 분이셔서 내가 더 나쁜 길로 빠지지 않은 것 같다. 어머니까지 무섭게 교육시키던 분이셨으면 난 아마 고등학교도 제대로 졸업하지 못했을 것이다.

교회와의 인연은 비교적 이른 시기에 있었다. 약수동에 중앙교회(?)라고 있었는데 , 내가 같은 반 친구를 따라서 처음으로 다니던 교회이다. 중앙교회는 한두 달 다니다가 또 다른 친구를 따라서 장충동에 있는 경동교회로 옮기게 되었다. 옮긴 이유는 단지 그 교회가 더 재미있을 것 같아서였다. 오직 그 이유 하나로 나는 주기도문도 제대로 못 외우는 신도로서 3년을 그 교회에 다니게 되었다. 그곳은 비교적 개방적인 교회라서 나의 꿈을 펼치는 좋은 계기가 되기도 했다.

나는 영국에서 초연되었던 〈지저스 크라이스트 슈퍼스타〉(Jesus Christ Superstar, 이하 JCS)를 고2 때 국내 최초로 편곡해 그 교회의 무대에 올렸다. 나의 고등학교 생활 중에서 고1, 고2는 〈JCS〉와 함께한 1975년, 1976년이라고 해도 과언이 아닐 것이다. 적어도 5백 번은 넘게 들었으니 모든 악기 편곡과 가사를 모두 다 외울 수밖에 없었다. 지금 생각해 보면 참 겁도 없이 닥치는 대로 아무 일이나 막 했었다. 그때 나는 합창단 편곡, 지휘를 비롯하여 유다와 예수 역을 동시에 했고 무대에 서는 다른 배우들은 '마임'이라는 대사 없는 연극으로 처리했다.

그 후 20년 뒤에 나는 진짜 프로들과 함께 〈JCS〉공연을 하게 되었다. 그리고 하나님을 진지하게 만나고 난 이후에서야 나는 비로소 고2 때의 공연이 20년 후의 그 공연을 위해 하나님이 예비해 두신 일이었다는 것을 깨닫게 되었다. 그때 음악 감독으로 왔던 피터라는 호주 친구는 내가 그 전곡의 가사를 몽땅 외우고 있는 것을 보고 매우 놀랐었다. 처음에 그 친구들은 우리가 그것을 잘 모를 줄 알고 너무 성의 없이 음악을 준비했던 것이다. 그러다가 내가 그 뮤지컬을 속속들이 완전하게 알고 있는 것을 뒤늦게 알고는 그저 놀라기만 하며 내가 지적하는 것들에 대해 변변한 대답도 못 했었다.

시간은 또 흘러서 고3이 되었다. 하던 록밴드는 1년 쉬기로 했다. 열심히 공부하려 했지만 정말 1년 이상 쉬다 보니 영어 단어와 문법 빼놓곤 다른 과목은 거의 다 잊어버려서 대학 진학에 대해 심각한 고민에 빠졌다. 그러면서도 남들 땀 흘리며 공부하는 7,8월에 친구들과 피서 다녀오고 진짜 공부는 10월 정도부터 하게 되었다. 그때 공군 소위이던 셋째 형의 방망이찜질이 효과를 보았는지 예비고사 50일 남겨 두고 나는 겨우 정신을 차렸다.

나는 원래 유명한 가수가 되고 싶은 꿈은 애초에 없었다. 어려서부터 의대에 가야겠다고 생각했는데 그때 실력으로는 가고자 했던 대학의 의대는 이미 점수가 안 되었고 다른 곳 의대는 자존심상 가기 싫었고, 그렇다고 재수하기도 싫었다. 그러다가, '얼른 대학 가서 또 음악을 해야 하는데……' 하는 생각에 결국 의대를 포기했다. 난 꼭 붙어야 한다는 생각에 조금 더 낮추어 그래도 내가 관심 있는 분야 중 하나인 인류학, 고생물학, 우주 태고의 신비를 공부하는 이공대학 지질학과에 원서를 넣고 그때부터 열심히 공부해서…… 어쨌든 최선을 다했다.

결과는 합격이었고 나는 곧바로 다시 옛 친구들과 어울리기 시작했다. 그래도 고등학교 시절은 교회라도 다녔기에 조금은 나았을지 모르지만, 대학에 진학하면서 나는 다시 집안 종교를 따르게 되었고 불교 음악에 심취하기도 했다. 대학교 때 만든 마그마라는 밴드를 할 당시엔 불교 음악에 깊이 빠져 있었고 실제로 그런 음악을 만들기도 했다. 그 대표적인 예가 〈해야〉이다. 국악인 K씨와의 만남을 통해 국악과 록의 접목을 시도하다 만들어진 노래가 바로 〈해야〉인 것이다. 그러면서 나는 불교 음악과 그들의 허무, 그리고 무(無) 자체에 깊이 빠지기도 했다. 그때는 희미하게나마 남아 있던 예수님의 이미지도 이미 내 마음에서 사라진 지 오래였다.

대학에 진학한 후 음악에 대한 나의 열정은 더욱더 뜨거워졌다. 공부는 의무감 이상을 벗어나지 못했지만 음악적 열정을 발산할 만한 음악 활동에는 거의 내 모든 것을 쏟아 부었다. 밴드 활동은 내게 그 주된 분출구가 되어 주었다. 그래서 대학 시절에 이런저런 밴드를 좀 해 봤지만 처음에는 딱히 마음에 맞는 친구를 만나지 못했었다. 그러던 중에 우연히 기타 치는 한 친구를 만나게 되면서 내 인생의 행로는 다시 한 번 방향을 바꾸어 전진했다. 그는 그때 당시 최고의 록이었던 헤비 록(Heavy Rock), 에시드 록(Acid Rock)에 빠져 있던 친구였다.

우리는 1년 반 정도를 작업실에서 거의 살다시피 하며 연습한 후에 헤비 록을 가지고 대학가요제에 나갔다. 그런데 그때 뜻밖에도 우리는 대상도 탈락도 아닌 은상을 받았다. 심사 결과가 마음에 들지 않아서 상 받으러 나가지 않고 계속 자리에 앉아 있었다. 그러자 생방송 중이라서 놀란 프로듀서가 우리에게 손짓을 막 여러 번 했다. 그래서 결국은 무대에 올라가 상을 받긴 했지만, 난 은상이라고 해서 아예 만져 보지도 않다가 나중에서야 만져 보기는 했다.

지금 생각하면 그때 당시 나의 트레이드마크는 조금 도가 지나친 교만함과 자만심이었던 것 같다. 또 하나, 그 당시 나는 양심이 굳어 있어서 어떤 죄나 일을 저지르더라도 전혀 가책을 받지 않는 로봇 같은 사람이었다.

마그마는 잘 진행되다가 대학 졸업을 앞두고 각자 미래의 걱정들을 하기 시작했다. 결국은 헤어지기로 하고
깨끗이 끝냈다. 그 당시로서는 음악적으로 너무 앞서 갔던 우리는 미래에 좋은 만남을 약속하며 깨끗이 헤어
지고 끝내기로 한 것이다. 그런데 마그마가 해체된 후에도 나만 깨끗이 끝내지 못하고 다시 드
러머(drummer)와 기타를 구해 새 맴버로 구성된 마그마와 함께 1년간 음악 활동을 더 했다. 그
러다가 결국 나도 군에 가면서 마그마는 대단원의 막을 내리게 되었다.
마그마라는 그룹은 내 인생에 잊지 못할 추억이다. 음악성만 앞세운, 다시 말해서 오직 자존
심, 음악성, 연습만을 앞세운 기타, 베이스, 드럼 이렇게 3인조 록 밴드였다. 얼마 전 인터넷을
보다가 요즘 따라 이상하게도 마그마에 관한 글이 많이 올라와 있는 것에 매우 놀랐다. 마그
마는 비록 독집 앨범 하나 낸 것밖에 없지만 그때처럼 음악에 깊이 심취한 때는 내 인생에 아
직까지도 다시 없었던 것 같다.
당시 그 앨범엔 주로 프로그레시브(Progressive)한 느낌이 나는 음악을 담았었다. 그 중에서 여
덟 곡은 내가 쓰고 한 곡은 기타 치는 친구가 작곡했다. 하지만 그 당시 시대 상황으로는 아무
래도 사랑받기 힘든 부류의 음악이었다고 생각된다.
그 옛날 누군가가 내게 “우리나라에 록이 잘 되려면 GNP가 2만 달러는 넘어야 한다던데”라
고 말한 적이 있다. 아마 그 얘기가 맞는지도 모르겠다.

대학가요제 본선에서 수상을 했다는 것은 나를 더욱더 프로의 세계로 몰아넣었고,
바쁜 스케줄과 바쁜 학교 공부로 인해 매일 집에 늦게 들어가는 악순환이 계속되었다.

그러던 어느 날, 1981년 9월경이었다. 우연히 친구 집을 방문하게 되었는데, 그들
이 둥그렇게 앉아 뭔가 이상한 것을 하고 있는 것이었다. 나도 끼워 달라고 했지만 처
음에 그들은 아무 대꾸도 없었다. 그러다가 무언가를 건네주었는데 그것이 소위 대마
초라는 것에 처음 손을 대는 순간이었다. 처음에는 겁이 났지만 점점 괜찮아졌고, 그
때부터 약 한 달간 그런 생활을 했다. 그러다가 1981년 10월 어느 날, 내 인생에 씻을
수 없는 경험을 하게 되었다. 그것은 바로 대마초의 부작용. 나에겐 대마초가 체질상
맞지 않았던 것이다. 더구나 그 당시의 나처럼 예술적으로 민감하고 정서적으로 약간

은 불안정한 상태에 있는 사람에게 그것은 곧 불난 집에 던진 폭탄이 되었던 것이다.

나는 그때부터 걷잡을 수 없는 인생길을 걷게 되었다. 막연히 공포를 느끼는 희귀한 병에 걸린 것이다. 때론 그것이 너무 심해서 집에만 있기도 했고, 결국 병원에도 두 번씩이나 입원했지만 별 변화는 없었다. 병명은 '공황 장애'(Panic disorder).

그때부터 나의 방황은 시작되었다.

그 사건 이후로 나에게 계속 따라다니는 '가시'가 있다. 물론 다른 병을 가진 사람처럼 낫기를 바라지만 그리 쉽지 않다. 그러나 내게 지병이 있는 것이 오히려 은혜일 때가 많다. 그리고 주님을 만난 뒤 나는 병원을 끊게 되었고 가끔 약만 먹고 있다. 나의 병세와 병에 대한 내 태도가 어떻게 이렇게 많이 좋아질 수 있었는가……. 그것은 내가 죽음을 각오할 때가 많아졌기 때문이다. 몸이 좀 아프려 하다가도 천국을 생각하고 죽음을 각오하면 병이 왔다가도 떠난다.

몸이 아프기 시작하자 제일 먼저 변화를 일으킨 것은 친구 관계였다. 그 많던 친구들이 하나 둘씩 떠났고 나는 외로움을 달래기 위해 폭주(暴酒)하는 습관이 생겼다. 술을 마시지 않으면 도저히 살 수가 없었다. 그래서 깨면 또 마시고 또 마셨다. 그러다 보니 가족들 중에서도 나를 이해해 주려는 사람보다 그렇지 못한 사람이 많아졌고, 그나마 있던 친구들도 점점 더 없어졌다. 처음으로, '마음'이 약해지기 시작했다.

때마침 군대 영장은 나오고 입대해야 했다. 들어가서 신검을 다시 받는 중에 보니 나의 상태가 '현역 갑종'에서 '일단 귀가조치'로 변해 있었다. 2년 반에 걸친 신검 후에 난 보충역(방위)으로 판정받았고 어느 부대에 근무하게 되었다. 하지만 사실 지금 나의 상태로 그때를 되돌아본다면 군 면제 대상이었어야 한다. 그때는 군사 정권 시절이라 가정 형편이 조금 괜찮은 집 아들들의 병역 기록 카드에는 '특'이라는 글자가 붙게 마련이었다. 그것 때문에 난 면제 대상이었음에도 방위로 가게 되었고 그것도 9개

월 마치고는 몸이 너무 아파서 재검 신청을 넣어 '의병제대'라는 불명예 제대를 하게
되었다.

그때 상황은 의병제대하면 취직은 평생 안 되는 것으로 봐야 했었는데도 난 어쩔
수가 없었다. 평생 다른 일만 하더라도 건강 때문에 더 이상은 군 생활을 계속할 수가
없었다. 제대 후에 공부를 더 해서 아버지처럼 가르치는 일을 해 보려고 입대 전에 대
학원 시험을 치르기도 했지만 시험 도중에 또 심하게 아파서 그것도 포기할 수밖에 없
었다. 그래서 제대 후에는 그냥 집에서 쉬게 되었다.

그때 나는 틈나는 대로 조금씩 글을 쓰고 곡을 붙여 봤다. 2-3년의 짧은 기간이었지만 건강 잃고, 친구 잃고,
소속감을 잃고 나니 남자로서 매우 허전했다. 이래저래 느낀 것도 많았다. 물론 끝까지 의리를 지켜 준 친구
한두 명과 끝까지 옆에서 도와준 어머니, 그리고 형님들에게는 지금도 감사드리는 마음뿐이
다. 어려울 때는 정말 가족이 참 중요하다는 것을 형들과 누나들의 모습에서 참 많이 배웠다.

일이 어떻게 되든 나는 살기를 원했고 그것도 잘 살기를 원했다. 다시 한 번 행복
해지고 싶어서 집에서 몇 년 쉬면서 건강도 살피고 곡도 쓰기 시작했다. 대학 시절 나
와 같이 밴드로 이름을 날리던 친구들은 그 당시 속속 솔로로 데뷔해서 큰 히트를 내
고 있었다. 그런 소식들은 매일 누워서 텔레비전을 보거나 라디오만 듣고 있던 나를
많이 자극했고, 급기야 앨범을 내 봐야겠다는 결심을 하게 되었다. 그것은 내 생각이
아니라 바로 아내의 생각이자 아내의 용기였다. 아내의 사랑은 그 당시 나에게 삶의
의욕을 회복케 하는 힘의 원천이었다. 그녀는 내게 모든 일의 친구요, 상담자였다. 그
때 나는 스스로에게 약속을 했다.

'언젠가 내가 건강하여 잘되면 아내에게 이 빚을 몇 배로 더 완전히 갚으리라'.

그때가 결혼한 지 2년쯤 되던 해였다.

아내를 만난 건 81년 겨울 어느 연극 소극장에서였다. MBC 11기 탤런트이던 그녀는 당시 연극을 했고 나는 연극 음악을 맡았었다. 그 담당자는 MBC 프로듀서 K 씨였으며 마그마의 멤버 세 명에게 가족처럼 잘해 주던 두 분의 프로듀서 중 한 명이었다. 그래서 난 아무 조건 없이 연극을 도왔으며 그곳에서 그녀를 만나 2년 반 연애하고 결혼하게 되었다. 나는 그 시기, 마그마는 잃었지만 아내를 얻은 것이다. 그러나 내가 잃은 것들에 대한 허전함은 쉽사리 사라지지 않았다. 그 허전함을 달래기 위해서 여전히 술도 많이 먹었다. 그것으로 허전함이 가시지는 않았지만 그런 내용의 곡은 많이 쓸 수 있었다.

아프지 않으면 진실한 예술을 할 수 없다는 것을 나는 그때 알았다. 아픔은 내 작곡의 원동력이 되었고 언제나 가사의 테마가 되어 주었다. 이전까지 살아온 삶은 어떻게 보면 정신적으로 상당히 미숙한 삶이었다는 것을 깨닫기 시작했다. 정말이지 인생의 살맛을 처음으로 느끼면서 많은 것을 배우는 시점이었다. 아내에게는 늘 고마운 생각뿐이었다. 아내는 그때 나의 힘든 상황을 여러 가지 면에서 채워 준 친구 같은 연인이었다.

그때 아내를 향하여 처음 쓰게 된 노래가 〈사랑하는 우리〉이다. 그 노래 가사를 보면 "기도하는 우리는~"이란 구절이 나온다. 당시 불교 신자이던 내가 왜 그런 말을 썼는지는 나도 모르겠지만 막연하나마 하나님께 기도하면 뭔가 될 것 같은 마음에서 그렇게 썼던 것 같다. 아내는 중학교 시절부터 장모님 따라 교회에 다닌 꽤 신실한 신자였으나 난 그녀의 신앙을 전혀 이해하지 못한 채 신혼을 보냈었다. 그러나 정말 오랜만에 가져 보는 평강이었다.

친구, 소속감, 마그마 그리고 건강은 떠났어도 나에게 새로운 세계가 생긴 것이다.

 내 아픔 아시는 당신께

아내와 그때 막 태어난 큰아들. 이 새로운 세계는 나의 과거를 잊게 해 주고 치료해 주는 약과도 같았다. 한동안은 작은 아파트에 틀어박혀 조용히 곡만 썼다. 아내, 그리고 큰아들과 함께 조용한 시간을 가지면서 나는 오랜만에 깊은 쉼 속에서 지내게 되었다.

사랑하는 우리

사랑하는 우리를
그 누구가 둘이라고 느끼게 하고 있나

기도하는 우리는
예전처럼 아무 걱정도 없는
우리의 얼굴

해가 뜨면 다시 지는
그런 사랑은 아냐
어둠에도 체온으로 느껴지는
그런, 그런 사랑이야

사랑하는 우리를 그 무엇이

둘이라고 느끼게 하였는가

해가 뜨면 다시 지는

그런 사랑은 아냐

어둠에도 체온으로 느껴지는

그런, 그런 사랑이야

해가 뜨면 다시 지는

그런 사랑은 아냐

어둠에도 체온으로 느껴지는

그런, 그런 사랑이야

(조하문 1집, 1987)

내 아픔 아시는 당신께

옛사람 2

생각보다 오랜 시간을 마치 요양하듯이 집에서 보내고 있었다. 그때 당시, 이전에 록밴드 하던 음악인들이 솔로 가수로 하나 둘씩 나와서 다시 크게 성공하는 것을 보면 참 부럽기도 했고 마음에 자극도 되었다. 그때만 해도 나는 음악계에 아는 사람이 그리 많지 않았다. 그래서 이전에 알던 어느 제작자를 찾아가 앨범 작업을 같이 해 볼 것을 제안했다. 사실 그분을 만나기 전에 안면 없던 제작자들도 많이 찾아갔었다. 그러나 모두 허사였다. 그래서 이번에는 조금이라도 안면이 있던 분을 찾게 되었던 것이다. 그는 선뜻 허락했다. 녹음은 비교적 빠른 템포로 진행되었고 앨범이 발매되었다. 그런데 앨범은 뜻밖에도 출시 두 달 만에 전 소매상에서 판매고 1위를 달리며 단숨에 빅 히트를 기록했다. 그 제작자도 나도 어리둥절했지만 곧바로 바쁜 스케줄대로 움직여야 했고 이어서 곧 2집 앨범을 준비하기에 바빴다.

그러나 당시 나의 건강은 스케줄을 모두 따라갈 수가 없었다. 그래서 오해도 많이 사게 되었다. 심지어는 당시 대표적인 가요 순위 프로그램이던 '가요 톱 10'에서 1위가 되었을 때도 난 다른 핑계를 대며 출연을 하지 않았다. 그러나 사실은 집에 누워서 그 장면을 보고 있었다. 한번은 텔레비전 녹화 중 모 프로듀서와 다툰 후에 생방송을 펑크 내고 돌아온 적이 있다. 그런데 사실은 그때 내가 그 녹화, 즉 그 생방송을 하기 힘들 정도로 아파서 일부러 시비를 걸었던 것이다. 그리고 그것을 핑계 삼아 출연을 거부했던 것인데, 그 프로듀서에게는 지금도 정말 사과하고 싶다. 어쨌든 앨범은 순탄하게 계속 팔려 나갔지만 나는 건강 때문에 텔레비전엔 모습을 비취기가 매우 어려웠다. 가끔 사전 녹화를 해 주면 가까스로 촬영하고 집에 오곤 했다. 그래서 그 당시 나는 매우 거만한 싱어 혹은 베일에 가린 가수가 되어 있었다.

내 생일에 라디오 방송을 한 적도 있었는데, 그것마저 건강 때문에 중간에 그만두고 집에 올 수밖에 없었다. 그날 오면서 나는 택시 안에서 울었다. 그리고 그때까지 의지하던 불교에 대한 의심이 일었다. 집에 오자마자 나는 모든 부적은 태워 버렸고 불상과 불교에 관한 서적, 염주 등 모든 것을 망치로 아주 잘게 부숴서 쓰레기통에 버렸다. 그리고 이전에 언젠가 택시 기사 분이 말씀하셨던 가장 큰 신, '하나님'에게 매달리기로 작정했다.

언젠가 택시를 탄 적이 있다. 운전하시던 분은 연세가 지긋하신 어른이셨는데 그분이 내게 종교가 있냐고 물으셔서 불교라고 대답했다. 그랬더니 그분 말씀이 "젊으신 양반이 이왕이면 제일 큰 신(神), 힘이 제일 강하신 신을 믿지 왜 두 번째, 세 번째가 되는 신에게 매달리십니까?" 하는 것이었다. 그 말은 나에게 충격이었다. 그래, 정말이지 북미·호주·유럽 구교까지 합치면 세계에서 가장 많은 민족이 믿는 하나님을 안 믿고 내가 왜 다른 신을 섬기고 있었을까……. 그건 순전히 부모님의 영향이었던 것을 그때는 몰랐다. 대답은 안 했지만 어쨌든 내 마음은 흔들렸다.

그리고 바로 87년 그날, 내 생일이었던 12월 24일에 난 그 연약한 신을 버리기로 했다. 내 기도에 아무 반응도 없는 신을 더 이상 따를 수 없어서 나를 하나님께 던지기로 한 것이다.

십자가 다섯 개와 성경책 몇 권을 사 가지고 와서 각 방마다 십자가를 붙이고 매일 기독교방송이나 극동방송을 틀어 놓았다. 그리고 나갈 교회를 찾기 위해 주일마다 이

교회 저 교회를 다니는데 어느 날 친구 하덕규(지금은 안수집사)가 "하문아, 넌 음악이 록이니 교회도 좀 록 스타일 교회를 가 보면 어떻겠니?" 하며 여의도순복음교회를 권했다. 그래서 주일에 그곳에 갔는데 설교 전 찬양 336장에서 나는 처음 은혜(?)의 눈물을 흘렸다.

"여러 해 동안 주 떠나 세상 연락을 즐기고 저 흉악한 죄에 빠져서 그 은혜를 잊었네."

바로 나의 가사였다. 난 예배 내내 울었다. 나의 상황이 너무 슬프고 억울해서 매주 교회만 가면 울었다. 어떤 때는 두루마리 휴지 한 통을 들고 가도 모자랄 정도로 울었다. 술도 끊겠다고 약속했다. 얼마간은 정말 열심히 했다.

그러나 한 4개월이 지나자 그 모든 게 싫증이 났다. 술도 다시 먹고 싶어졌다. 마침 3집 독집 앨범을 내야 될 때여서 나는 술 끊겠다는 하나님과의 약속을 저버린 채 3집을 같이 작업한 음악 하는 친구들과 술을 마시기 시작했다. 4개월을 쉰 만큼 엄청 많이 마셔댔다. 그 이후 가끔 하나님이 계실지도 모른다는 생각이 들면 적당히 교회에 다니고 또 그 마음이 엷어지면 적당히 쾌락에 빠지기 시작했다.

다시 상황(건강, 음악, 가정)이 좋아지자 나는 또 부어라 마셔라로 가게 되었고 얼마 전에 세례까지 받은 교인임에도 불구하고 그 행위는 전보다 더욱 심해지는 것 같았다. 81년 10월 대마초 사건 이후 생긴 병마 때문에 그 이후에도 대마초나 그런 류는 상상조차 안 했지만 술은 더 좋아하게 되어서 날마다 부어라 마셔라 하며 나의 30대가 시작되었다. 더욱이 2집, 3집 음반이 계속 성공을 거두면서 나의 마음에서 다시 하나님이 잊혀지기 시작했다.

당시에 나는 음악뿐 아니라 사업도 꽤 크게 벌였었다. 연세가 많으시던 아버님께서는 내 결혼을 앞두고 적지 않은 돈을 주시며 이것으로 전셋집을 얻든지 아니면 무엇을 해서 먹고 살든지 최선을 다하라 하셨다. 그리고 덧붙여 이제 아버지로부터의 경제적인 지원은 그것이 끝이라고 선포하셨다. 난 약간 상기된 얼굴로 그 상황을 받아들였지만 그땐 무엇을 해도 다 잘 될 것 같은 착각으로 그 말씀에 기꺼이 순종했고, 그 돈을 평소부터 구상하던 영화관 사업에 모두 투자했다.

나는 막내로 태어난 데다가 평생 가수를 할 수도 없을 것 같아서 늘 미래에 대한 걱정이 많았고, 그랬기 때문에 더욱 술을 가까이 하지 않을 수 없었다. 영화관 운영은 그런 걱정에 대한 하나의 방안이었다. 몸이 많이 불편했는데도 신접살림은 당분간 부모님 댁에서 차리기로 하고 가진 돈을 모두 극장 꾸미고 장소 얻는 데 썼다. 그렇게 나는 그 영화관 사업을 불장난 하듯 쉽게 저질러 버렸다. 비디오가 전 시장을 석권하고 있는 시점에서 개관한 극장인 만큼 처음에는 그 사업이 과연 잘 될 수 있을까 의구심을 갖는 사람이 많았다. 그러나 예상 외로 잘 되었고, 사업의 출발은 매우 순조로웠다.

그 당시의 나는 선악의 구별이 분명치 않았던 20대 후반이었고 주님을 전혀 모르던 시절이었기에 어떻게 하든 성공해야 한다는 생각뿐이었다. 난 악착같이 아끼며 돈을 모았다. 한 몇 년간은 ‘자장면사장’이라고 불릴 정도로 매우 절약하며 사업에 온 힘을 기울였다. 그 결과 모든 것이 비교적 순탄하게 진행되었으며 신혼살림도 어렵지 않게 꾸려 갈 수 있었다.

사업은 빠르게 성장하여 1년 뒤에는 방배동에 전세 아파트를 얻어 나올 정도가 되었다. 그때 나의 목표는 오직 돈을 버는 것이었다. 나는 그 영화관을 통해서 많은 돈을 벌게 되었고 얼마 후에는 송파구(지금의 문정동)에 있는, 막 분양하는 32평형 아파트 한 채를 사게 되었다. 그러면서 팬시 사업도 하고 한때는 '라마'라는 파키스탄인과 축구공 사업도 하는 등 여러 가지 업종에 손을 대기 시작했다. 그때 마침 〈이 밤을 다시 한번〉이 빅 히트를 기록하기도 해서 모든 게 순조롭게 진행되는 것처럼 보였다. 그러나 나는 그럴수록 더욱 밤이면 밤마다 술과 친구를 따라 점점 밤의 신사가 되어 가고 있었다.

사업 초기엔 주로 포장마차에서 마시던 사람이 1988년 이후 사업이 탄탄해지자 고급 술집과 세상 재미를 깊이 탐닉하게 되었으며 나는 점점 불교 신자도 그리스도인도 아닌 무신론자로 변해 가기 시작했다. 무서운 속도로 말이다. 그때 당시 좋은 곳에 위치한 32평형 아파트 값이 4천만 원이었는데, 내 수입이 한 달에 천만 원이 넘을 때가 많이 있었으니 저금하고도 유흥비가 충분히 남아돌았고 교회와는 점점 더 멀어져 갔다. 가정교육 덕분에 그나마 깨끗했던 도덕심마저도 무너져 가고 있었다.

노래는 날로 히트하여 나는 더욱 유명해졌으며 집도 장만하고 사업도 순탄하게 진행되어 가자 이상하게도 주위에 사람들이 많이 생겼다. 아플 때 떠났던 친구들이 다시 온 것은 아니지만 새로운 친구들이 많이 생겼다.

87년 12월에 교회에 첫발을 내디딘 지 4-5개월 만에 나는 내 신앙이 완전히 끝난 것처럼 행동하고 다녔다. 더욱이 2집, 3집 음반이 계속 잘되면서 내 마음에서 하나님은 다시 잊혀지기 시작했다. 앨범과 수많은 콘서트, 그로 인한 많은 수익은 나를 점점 더 주님으로부터 분리시키며 세상을 즐기게 만들었다. 몸은 여전히 많이 아파서 정기적으로 병원에 다니며 치료를 계속 받았지만 조금만 몸이 괜찮아지면 다시 술, 아프면 다시 하나님…… 이렇게 술과 하나님 찾기의 연속이었다.

그러나 어려서부터 받은 교육 때문인지 몇 가지 사업엔 손을 대지 않는 것을 원칙으로 했으며 이 원칙만은 꼭 지켰다. 그 사업이란, 예를 들어 술 문화와 밤 문화에 관련되는 사업이었다. 난 그런 분야엔 전혀 관심이 없었다. 그렇게 몇 가지 도덕적인 면에서 내 자신을 절제한 부분도 있기 때문에 종교에 대한 관심은 더군다나 더 이상 진전되지 않았다. 가끔 교회나 절에서 벌어지는 우스운 사건들을 접하게 되는 날이면 더욱이 신이 진짜 있을 것이란 생각은 들지 않았다. '가수' 조하문이 보기에도 존경할 만한 종교인은 보이지 않았다. 종교 지도자들 중에 존경하고 싶은 사람이 한 명도 없었다. 그냥 그들을 특별한 사람 정도로 생각했지 나와 관련지어서 비교하거나, 아름답다고 생각해 본 적도 없었기에 신앙은 그저 내게 하나의 '종교'일 뿐이었다. 사업이 조금 어려워졌지만 그때에는 또 앨범 판매 수익으로 적지 않은 수입을 올릴 수 있었다. 그래서 나는 신앙에는 점점 더 냉담해졌지만 외형적으로는 여전히 좋은 차를 구입하는 등 세상적으로 편안한 삶을 추구하는 데 부족함이 없었다.

나는 나를 사랑해

너는 모를 거야 얼마나 힘들었는지
술 한잔으로 견딘 나날 며칠인지 셀 수 없어

때론 무섭게 외로웠어 불러도 아무도 없었지
옛날로 돌아가고 싶었지만

내 아픔 아시는 당신께

그러기엔 너무 늦었어

갈수록 길은 먼데 나는 나를 사랑해

세상은 따뜻한데 왜 나는 어색할까

아무 말 하지마 이젠 알 것 같아

하지만 자신 없단 말야

너무 어려운 것 같아

때론 무섭게 외로웠어 불러도 아무도 없었지

옛날로 돌아가고 싶었지만

그러기엔 너무 늦었어

갈수록 길은 먼데 나는 나를 사랑해

세상은 따뜻한데 왜 나는 어색할까

갈수록 길은 먼데 나는 나를 사랑해

세상은 따뜻한데 왜 나는 어색할까

갈수록 길은 먼데 나는 나를 사랑해

세상은 따뜻한데 왜 나는 어색할까

갈수록 길은 먼데 나는 나를 사랑해

세상은 따뜻한데 왜 나는 어색할까

갈수록 길을 먼데 나는 나를 사랑해

세상은 따뜻한데 왜 나는 어색할까

(조하문 4집, 1993)

내 아픔 아시는 당신께

　스케줄은 늘 꽉 차 있었고 새 음반 준비 등 해야 할 일들도 많았지만 그때부터 나
는 이상하게도 마음에 갈증을 느끼기 시작했다. 만족을 못한 것이다. 노래가 순위에서
1위를 해도, 돈을 많이 벌어도 좋은 술에 좋은 안주에 좋은 친구들과 있어도 내 마음
은 허전했다. 최고급 차로 바꿔도, 아무리 큰 평수 아파트에 살아도 나는 마음에 갈증
이 너무 심해서 술을 더욱 마셔 댔고 때론 그것도 허무하게 느껴지기 시작했다.

　그래서 가수 생활을 거의 중단한 상태로 멍하게 지내던 중 H극단으로부터 〈JCS〉
출연 교섭을 받았다. 잠시 동안이었지만 나는 매우 기뻤다. 나는 '유다' 역을 하기로
되어 있었다. 그리고 유다 역으로 예정되어 있는 상태에서 나는 많은 가수들과 함께
'아프리카기아난민돕기사랑의콘서트'(1994년 여름) 길에 올랐다. 그 콘서트는 토론
토―LA―멕시코―브라질로 옮겨 가며 이어지는 25박 26일의 자선 공연이었다. 나는
물론 가기 싫었지만 선배 가수의 특별한 요청으로 가게 되었다.

　그래서 나는 그곳에 가서도 낮에는 관광, 저녁에는 콘서트, 밤에는 술 또 낮에는 골
프, 저녁에 콘서트, 밤에는 술로 이어지는 도저히 말이 안 되는 일정을 내가 짜고 그
렇게 지내다가 브라질에 있을 때 H극단으로부터 다시 연락을 받았다. 내 배역이 유다
역에서 예수 역으로 바뀌었다는 것이다. 사실 유다 역에 매력을 느껴서 처음엔 배역

교체가 그리 달갑지 않았다. 그러나 시간이 흐름에 따라 상황을 받아들이자는 마음이 생겼고 한편으로 예수 역도 해 볼 만하다는 생각이 들었다. 왜냐하면 어릴 때 나의 우상이었던 딥 퍼플의 보칼리스트 이언 길런(Ian Gillan)이 영국 공연에서 예수 역을 했기 때문이다.

이윽고 사랑의 콘서트 공연을 다 마쳤다. 나는 서울로 귀가했고 곧바로 뮤지컬 〈JCS〉의 연습에 들어갔다. 수개월간의 연습 끝에 1994년 겨울, 서울 세종문화회관 대강당을 시작으로 하여 33회에 걸친 전국 순회공연을 하였다. 그래서 나도 그 공연 중에 서른세 번 십자가에 매달렸는데, 이상하게도 그 중 서른한 번을 그 십자가 위에서 울었다. 가짜로 매달려도 이렇게 힘든데 예수님은 얼마나 힘들었을까 하는 생각에 막운 것이다.

이 공연을 인연으로 해서 만난 윤복희 권사님은 이 뮤지컬을 통하여 나에게 예수님의 존재를 깊이 심어 준 분이다. 그분은 마리아 역할을 하셨는데 매 회 공연마다 내가 먹을 약, 입을 의상, 무대 매너까지 세심하게 챙겨 주셨다. 권사님은 당시의 내게 어머니같이 좋은 분이었다. 그러면서 또 늘 날 위해 기도하신다고 했는데 그땐 그게 무슨 뜻인지 잘 몰랐고 그냥 인사말인가 보다 하고만 생각했었다.

이윽고 그 공연도 다 끝나고 나는 공연 도중 십자가에 달릴 때마다 터졌던 내 울음의 의미도 금방 잊어버린 채, 어느덧 또다시 영적 굶주림 상태에 빠져 들고 있었다. 무엇을 해도 기쁘지 않았다. 어렸을 때 소망이었던 해외 진출을 못해서 그런가 하고 1995년 겨울에는 뉴욕 맨해튼에 아파트를 얻어 세계적인 스타가 될 것을 꿈꾸기도 했다. 그러나 어느 날 아침에 911을 부를 정도로 아파서 이것도 얼마 가지 못하고 철수하게 되었다.

그 이후 나는 스스로에 대한 원망과 분노가 더욱 심해졌다. 이상하게도 잘 지내던 친구들마저 오해로 인해 하나 둘씩 멀어지게 되는가 하면, 나와 거래하던 회사도 거의 다 망했다. 다른 친구나 아는 사람들도 이민을 가거나 삐치거나 사망하는 등 그 당시 나는 점점 궁지에 몰리고 있었다.

내 첫 앨범의 제작자는 여러 가지 상황으로 연예계를 떠나게 되었으며 3집 앨범을 낸 S레코드 회사는 내 앨범 제작 후 갑자기 어려워져 50여 년 간 지켜오던 음반 회사의 경력도 무색하게 하루아침에 문을 닫고 말았다. 4집 앨범을 제작한 D회사는 계약 전에 내가 우스갯소리로 "저와 함께 일하면 망하는데요" 했더니 다른 사람은, 다른 회사는 다 쓰러져도 자기네는 워낙 기본이 튼튼해서 절대 그럴 수가 없다고 했는데 계약 후 앨범이 출시되자마자 문을 닫게 되었다.

또 내가 운영해 온 영화관도 결국 문을 닫았다. 영화관은 개관부터 이후 12년 동안 총무 직함을 가진 사람이 모든 행정을 맡아 왔었다. 그 총무는 어려서부터 영화관에서 일한 경력으로 우리 영화관에 오게 되었는데, 당시 총무로 사업에 ABC도 모르는 나를 많이 도와주고 가르쳐 준, 사업의 은인이라고 해도 과언이 아니다. 그러던 그가 어느 날 갑자기 세상을 떠나면서 영화관 사업은 흔들리기 시작했다. 다른 사람을 구해서 그동안 배워 놓은 실력으로 적자 아닌 상태를 겨우 유지하며 운영해 봤지만, 사업 10년 만에 가장 큰 곤경에 처하게 되었다. 난 영화에 대해 머리로만 알았지 영화관에 대한 모든 업무 및 관리는 그 사람이 해 왔기에 더 이상 버틸 힘이 없었고, 다른 사람을 고용해 봤지만 결국은 문을 닫았다.

그래도 나는 거의 매일같이 술자리로 '출근' 하였고 노래로 계속 돈을 벌게 되자 돈 쓰는 씀씀이는 점점 커져 갔다. 그러면서 또한 계속해서 다른 사업을 구상하기도 하고 한때는 가수 제작자로도 시도해 보는 등 돈이 되는 사업이면 무엇이고 다 해 보려고 했었다. 그러나 내 사업은 계속 어려운 상황에 빠지게 되었고 그 외에 나와 관계된 모든 상황들까지 계속 어렵게만 전개되어 갔다.

그때까지 벌어 놓은 돈과 유산 상속으로 받게 된 것들로 인해 물질적인 어려움은 겪지 않았지만, 정신적으로는 매우 공허했다. 삶의 회의를 느끼기 시작했다. 많은 재산이 있었으므로 계속적으로 술을 마시며 지냈지만 늘 찾아오는 허무함 때문에 견딜 수가 없었다. 심지어 술 마시던 자리에서도 '이게 뭔가' 하며 집에 일찍 돌아온 적도 있었다.

그때까지만 해도 해 보고 싶던 것들은 대부분 이루었을 당시였기에 더 이상 올라갈 곳도 없는 것처럼 보였다. 이제 내려가야 할 일만 남았다는 생각이 나를 매우 두렵게 했다. 그래서 점점 짜증이 많아지고 우울해지고 불평이 늘게 되었으며 음악인으로서의 자부심도 없이 계속 다른 우물만 파고자 하는 마음 때문에 늘 부정적인 생각과 회의에 빠지곤 했다. 그런데 이상하게도 다른 친구들은 나와 같은 상황에서도 무척 만족하면서 즐겁게 술 마시고 인생을 즐기는 것이었다. 그런 모습들이 내겐 도무지 이해가 되지 않았다.

그때쯤 어느 겨울날, 나의 사랑하는 친구가 교통사고로 죽었다. 어제까지만 해도 같이 술자리에서 지내던 그 친구가, 그것도 군대 3년 다녀오고 명문 대학 나와서 막 입사하자마자. 회사 일로 과속운전을 하다가 마주 오는 차와 정면으로 충돌해서 그 자리에서 사망한 것이다. 그 친구는 나와 고등학교 때부터 일주일에 몇 번씩 만날 정도로 아주 친한 녀석이었는데 밤에 병원에 가서 보니 이미 싸늘한 주검으로 변해 시신 보관하는 곳에 누워 있었다.

난 그날 그 녀석을 끌어안고 얼마나 소리 지르고 울었는지, 또 얼마나 술을 마셔 댔는지 잠시 동안 기절하는 상태까지 갔었다. 그리고 그날 이후 나는 죽음이 무엇일까 가슴 깊이 생각하게 되었다. 죽으면 다 끝인가, 아니면 영혼이 가는 곳이 있는가? 시신을 끌어안고 그 녀석을 보았을 때 친구는 죽은 것 같지 않았고 꼭 자는 것 같았다. 특별한 외상도 없었기에 나는 더욱더 이 친구의 영혼이 어디로 갔는지 궁금했다. 그날 이후 나는 어차피 죽을 인생, 재미있게나 살자 하고 더욱 술을 마셔대기 시작했다. 나는 점점 더 심하게 망가져 갔다. 그 당시 손대고 있던 사업장은 새로 입사한 직원에게 거의 맡기다시피 하고 나는 콘서트와 즐기는 일에만 온 힘을 다 기울이게 되었다.

그 당시 나의 일상은 참으로 단순했다. 사무실에는 아침 일찍 나가 잠깐 둘러 보고, 점심부터는 주로 비생산적인 삶을 시작하여 밤까지 그야말로 직업 없는 실직자 같은 생활을 했다. 그러기 위해선 돈과 시간과 건강이 필수였다. 몸은 계속 아팠지만 '깡'으로 버티며 더욱더 나돌아다니기만 했다. 나중엔 혼자서도 술집 가서 술로 버티고…… 순 정신력(?)으로 계속 버티고 있었다. 하루하루가 나에게 정말 수라장이었지만 교회 생각을 다시 한 적은 없었다. 단 한 번도. 다 때가 되면 좋아지겠지 하면서 애꿎은 술병만 계속 비웠다. 몸이 좀 아프다가도 만취하면 괜찮았기에 매일 술에 취해 살았다.

그러던 어느 날, 차 안에서 우연히 극동방송을 듣게 되었는데 어떤 말씀을 듣고는 너무 슬퍼져서 울기 시작했다. 그 당시엔 참 속상한 일도 많아서 실컷 울었다. 그 차 안에서 소리 내어 크게 엉엉 울었다. 그리고 집에 돌아왔더니 아내가 방언 은사를 받았다고 좋아하며 자꾸 골방에 들어가 기도하는 것이었다. 난 듣기도 싫고 상관도 안 했지만 며칠이 지나자 몹시 궁금해졌다. '저 사람이 왜 저럴까' 하며 기도하는 방의

문을 조금 열고 무슨 말을 하는지 들어 보았지만 도대체 알아들을 수 없는 이상한 말이었다. 한 달쯤 지나자 나도 저런 것 한 번 해 봤으면 하는 생각이 들어서 괜히 따라 하기 시작했다.

그러던 어느 날, 집에 아무도 없을 때 혼자 방 안에서 따라 해 봤는데 갑자기 혀가 감기고 이상한 말이 터져 나왔다. 그러나 난 그것이 내가 하는 것이라고 단정해 버렸다. 원래 내가 평소에 우스개로 그런 이상한 나라 말을 잘 하곤 했기 때문이다. 그래서 나는 그것도 내가 남을 웃기던 그런 종류의 하나라고 생각해 버리고는 그것이 성령이라는 생각을 계속 거부했다.

그러던 와중에 여름이 되었고 친구 가족들과 함께 여행을 떠났다. 가는 날부터 문제가 많았지만 급기야는 외국 도착 직후에 바로 허리를 다쳤다. 나는 걸을 수조차 없어서 거의 기어 다녔다. 용한 한의사가 있다는 말에 침을 맞으러 갔는데 침을 잘못 맞아 위장까지 탈이 나 소화가 안 되고 음식도 먹을 수 없게 되었다. 여행 중에는 이상하게도 친구들 사이에 자꾸 마찰이 생겼다. 난 배도 아프고 허리도 아파서 매우 힘들었다.

어느 날 밤은 배가 너무 아파서 그 동네 병원 응급실에 갔다. 기다시피 하여 겨우 겨우 갔는데 그곳 흑인 간호사가 체크하더니 별것 아니라고 그냥 돌려보내려고 했다. 그래서 나는 이러이러한 주사를 한 대 맞으면 내 배가 괜찮아질 거라고 설명해 주고 주사를 요구했다. 그때만 하더라도 나는 가끔 위통, 즉 위경련 같은 것이 있어서 툭하면 동네 내과에 가서 그 주사를 맞았기에 이름을 기억하고 있었던 것이다. 간호사들이 의사와 한참 대화를 나누더니 드디어 주사를 한 대 놔 주었다. 그런데 그 투여한 양이 너무 많았는지 난 의식이 희미해졌다.

 내 아픔 아시는 당신께

후에 아내의 말을 빌리면 그때 나는 갑자기 동공이 풀어지더니 죽을 사람처럼 되었다는 것이다. 간호사들이 달려와 냉수를 먹이고 차가운 것을 자꾸 몸에 대는 등 여러 가지 조치들을 한 2시간쯤 했을까? 그제야 겨우 회복이 되었다. (나중에 안 사실이지만 그것이 바로 '주사 쇼크'라는 것으로서 곧바로 죽을 수도 있었다고 한다.) 깨어난 지 두 시간이 지나서도 나는 제대로 걸을 수가 없었다. 그래서 걸어 나올 때 정말 죽는 줄 알았다. 너무 어지러워서 친구들에게 기대어 나왔고 그 후에 나는 서울로 먼저 왔다.

지금 생각하면 나는 방언으로써 이미 성령을 체험한 자였다. 그런데 그런 사람이 술과 담배를 즐기며 세상 놀이에 탐닉하였던 것이다. 그러나 난 그때 내가 성령을 체험했다는 생각은 꿈에도 못했기 때문에 한국에 돌아와서는 너무나 비관한 나머지……죽음을 결심했다.

어떻게 죽어야 가족에게 피해가 가지 않을까 생각하며 동네 길을 걷고 있는데 그 당시 내가 다니던 교회의 어느 집사님과 마주쳤다. 그분은 날 보더니 "왜 이렇게 얼굴이 안 좋으세요? 기도할게요…… 혹시 성경 읽어 보셨나요?" 하셨다. 그때까지만 해도 창세기 1-2장 그리고 마태복음 1-3장이 선데이 크리스천이던 내가 11년 동안에 읽어 본 성경 말씀의 전부였다. 내가 아무런 대답도 하지 않자 "요한복음을 읽어 보세요……꼭이요" 하면서 그 집사님은 가셨다. 난 인사말로 그러려니 하고 가던 길을 계속 갔다.

그런데 며칠 뒤, 요한복음이 어떻기에 나더러 읽어 보라고 했을까 하는 궁금증이 일었다. 나는 여러 번 망설이고 고민하다가 결국 용감하게(?) 서점에 갔다. 그리고 가장 새로 나온 성경 책 중 하나를 구입하여 요한복음을 펼쳐 보았다. 그때만 해도 성경을 읽는 것은 어떤 특별한 것, 정신 상태가 나와 다르고 모든 삶의 구조도 나와는 전적으로 다른 사람들이나 하는 일이라고 생각했었다. 원래 '매'라는 것이 적당히 맞으면 오기가 생기고 부글부글 끓지만 너무 세게 오래 맞으면 순종할 수밖에 없게 되는 것이 아닌가. 하나님의 매도 마찬가지이다.

그 당시 나는 너무 맞아서, 너무 힘들어서, 그래서 죽기를 결심할 수밖에 없었던 극한 상황에서, 죽기 전에 한 번 읽어나 보자는 마음으로 성경 읽기를 시작했다.

요한복음 1장을 시작으로 계속해서 읽어 내려갔다. 한 3장쯤 읽는데 자꾸 마음에서 무슨 소리가 들려왔다. 예수님의 말씀은 빨간색으로 되어 있었는데 그 빨간 글씨가 뭐라고 말하는 것 같았다. 그러나 나는 무시하고 계속 읽어 나가기만 했다. 그런데 한 5장쯤 읽으니 또 강하게 무슨 소리가 들렸다. 그것은 분명 나의 마음으로부터 들리는 것이었다. 그러나 나는 또 여전히, 어제 먹은 술이 덜 깨서 그러려니 하고 계속 무시하고 읽어 내려갔다. 그러나 요한복음 14장 27절에서 나는 결국 멈칫할 수밖에 없었다. 주님의 음성을 크게 들은 것이다. 마음으로 들은 것이다.

"나의 평안을 너에게 주노라……."

원래 요한복음 14장 27절은 "너희에게"라고 시작하고 계속 '너희'라는 복수형으로 이어지지만 당시 나에게는 "너"라고 들렸다. 왜 그런지는 알 수 없었지만 난 놀라운 경험을 하게 되었고 그때부터 성경책을 눈에서 뗄 수가 없었다. 한참 읽다 보니, 로마서 1장에서 막 야단치는 소리가 들려서 벌벌 떠는 마음으로 읽다가 또 어느 구절에서는 마음이 편해져서 기분 좋게 읽다가…… 나는 점점 성경 속으로 빨려 들어가고 있었다. 성경이 바다라면 난 그곳으로 들어가 잠수하기 시작했다. 성경의 모든 이야기가 현실의 이야기로 들렸고 난 그때마다 응답하며 계속 읽었다. 그러다 보니 가을에 읽기 시작했는데 어느덧 겨울이 오고 또 봄이 오고 또 가을이 오고…… 어느덧 내게는 성경을 안 읽으면 괴로워지는 새로운 증상이 생겼다. 그 증상은 오늘 아침까지도 계속되어 바로 오늘 오전까지도 나는 성경을 읽어 오고 있다.

내 아픔 아시는 당신께

어둠을 헤치는 세월은 말없이 흘러만 가는데

지나간 시간이 서러워 한없는 눈물만 흐르네

그러던 어느 날 사랑을 만났네

누구도 느낄 수 없는

내 아픔 아시는 당신께

내 모든 사랑 드려요

이 눈물 보시는 당신에게

내 마음 드려요

어느덧 구름은 걷히고 따스한 햇살이 내게로

젖었던 내 마음 마르고 파아란 하늘이 감싸오네

이제는 나는 사랑을 배웠네

누구도 느낄수 없는

내 아픔 아시는 당신께

내 모든 사랑 드려요

이 눈물 보시는 당신에게

내 마음 드려요

내 아픔 아시는 당신께

내 모든 사랑 드려요

이 눈물 보시는 당신에게

내 마음 드려요

(조하문 2집, 1989)

나

이 책을 쓰는 지금의 나는 목사가 되어 캐나다의 한 장애인 공동체에서 주일마다 설교를 한다. 그런데 성령님의 도움이 없이는 그들을 끌어안으며 '형제여, 자매여' 하는 말이 나오기 힘들다. 그래서 바울 선생은 이런 말씀을 하셨나 보다. "내가 아니요, 나와 함께하신 하나님의 은혜"라고 말이다. 지금도 나는 은혜가 없어지면 매우 황당한 곤경에 빠지곤 한다. 그때마다 느끼는 것은 내가 아니요, 은혜로구나 하는 생각뿐이다. 찬양도, 설교도, 기도도, 은혜가 없으면 되질 않는 것이 사실이다. 은혜가 없이는 잘 돼도 문제라고 생각한다. 그래서 내겐 지금도 내가 주님의 은혜 가운데 있는지 없는지가 가장 중요하다. 주님 안에 있을 때는 늘 상황이 아름다운 쪽으로 기우는 것을 많이 본다.

한번은 어느 집사님하고 백화점 안에 있는 무슨 간판 앞에서 오후 3시에 만나기로 하고 집에서 여유 있게 한 시간 전에 출발했었다. 그런데 갑자기 운전하던 큰애가 길을 잘못 드는 바람에 매우 엉뚱한 곳까지 갔다가 한참 후에 도착해 보니 거의 4시가 다 되어 가고 있었다. 나는 은혜 받은 후로는 시간 약속에 늦는 것을 아주 싫어하게 되었고 더군다나 목사가 약속한 시간에 한 시간이나 늦는다는 것은 있을 수 없는 일이라 여겨져 매우 난감했었다. 난 속히 그 집사님을 찾느라 여기저기 다녀 보았지만 이미 가셨는지 뵐 수가 없었다. 하기야 한 시간이나 지났으니 가실 만도 하겠지 하며 집에 가려고 발길을 돌리는데 멀리서 집사님이 오시는 게 아닌가.

나를 보더니 "아휴 목사님 아직까지 기다려 주셨군요, 역시! 제가요 시계를 잘못 봐서 3시를 2

시로 보고 이렇게 늦었답니다. 죄송해요. 그리고 한 시간씩이나 기다려 주셔서 감사해요” 하시는 게 아닌가. 정작 1시간을 늦고도 내가 ‘오래참음’을 상당히 잘하는 괜찮은 사람으로 오인되는 순간이었다.

그 집사님은 내가 사실을 말할 겨를도 없이 일만 보시곤 바쁘다고 바로 가셨다. 감사의 기도가 나왔다. 이 상황을 함께 겪은 큰애에게도 아빠가 주님 안에서는 변할 수밖에 없다는 것을 깨닫게 해 줄 수 있었던 귀한 순간이었다.

하나님 안에 있으면 이런 식의 ‘우연’이 참으로 자주 나를 도와준다. 문제가 생길 만한 사소한 약속시간이 이상하리만큼 문제없이 지켜지기도 하고, 꽉 찬 주차장에서도 유독 빈 자리가 딱 하나 나는 등, 이루 다 말할 수 없는 신기한 일들이 너무나 많다. 그래서 절로 감사가 터져 나오곤 한다. 그래서 나는 그분의 일을 내가 계획하지 않는다. 다시 말해 집회나 공연을 내가 원하는 때, 원하는 장소에서 하지 않는다는 것이다. 더욱이 초청되지도 않았는데 다른 일로 들르게 된 곳에서 ‘간 김에’ 집회 좀 잡아서 하는 것을 매우 두려워한다. 왜냐하면 그런 순간이야말로 나의 뜻이 어느새 하나님의 뜻보다 앞서는 순간이 될 수 있기 때문이다. 그래서 집회나 공연에 있어서는 옆에서 볼 때 답답할 정도로 철저하게 수동적이 되어 버린다.

내가 목회에서 중요하게 여기는 것은 어디까지나 ‘내가 주님과 함께하고 있는가’이지, 외형적으로 나오는 결과가 아니다. 그런 외형에는 별로 관심 없다. 주님을 빙자한 유명인사 따위는 되고 싶지 않다. 과거에 세상 인기 속에서 이미 많이 시달려 보았기 때문에 더욱, 그냥 조용히 살며 조용히 주님 일을 하고 싶다. 그러나 때론 외부 조건 때문에 그게 잘 안되기도 한다. 하지만 계속 노력할 것이다.

하나님과의 만남을 깊이 체험한 그날 이후, 내가 한 것이라곤 성경 읽고 기도한 것 외에 특별한 것이 없지만 하나님은 내게서 필요 없는 백 가지를 가져 가시고 새로운 백 가지로 채워 주셨다. 버리게 하신 것 중에는 술, 담배, 미움, 이기심, 용서 못함, 꼭 이겨야 함, 명예욕 등등 수도 없이 많다. 그 대신 새로 주신 백 가지는 사랑, 기쁨, 용서, 구제, 충성, 온유, 절제 등등 또 수도 없이 많다. 이제는 그 잘 쓰던 모자도 안 쓰게 되고, 내 트레이드마크였던 선글라스조차 잘 쓰지 않게 되었다. 주님을 만나고 난 후에는 연예인으로서 혹은 내 자신의 내면적인 이유로 다른 사람들 앞에서 나를 가리거나 위장할 이유도, 마음도 없어졌기 때문이다. 이제 선글라스는 내게 단지 햇빛이 따가울 때 그 빛을 가리기 위해 잠시 사용하는 도구 정도일 뿐이다.

내 안에 이런 변화가 일어난 이후 나는 사람과 관계가 어려워지면 내 마음이 너무 힘들어져서 꼭 해결해야만 했다. 주님을 만나고 나서는 이전에 잘못한 사람까지 찾아다니며 나의 잘못을 빌었다. 그리고 그 이후에라도 내가 남에게 조금이라도 상처를 주는 말이나 행동을 했을 경우에는 나의 모든 상황을 내려놓고 사과해야만 하도록 주님은 날 계속 훈련시키셨다.

한번은 사람 많은 세종문화회관에서 무릎 꿇고 사죄한 적도 있다. 이전에 잘못한 사람들 중에서 기억이 나는 한은 모두 직접 찾아가 용서를 빌었고, 그 당시까지 하던 사업장 종업원들에게도 무릎 꿇고 빌었다. 그들을 주일에 쉬지 못하게 한 것에 대한 사과였다. 자녀들에게도 무릎 꿇고 사과했으며 기억나는 모든 사람에게 할 수 있는 상황에서는 다 사과하고 다녔다. 물론 아내에게도 마찬가지로 했다. 한번은 사과하려고 찾아간 그 어른이 마침 안 계셔서 그분 들어오실 때까지 기다리고 있다가 사죄 말씀을 드리고 돌아온 적도 있다. 그분에게 "제가 이제 그리스도인이 되었습니다. 이전에 선생님에게 그런 것은 제가 예수님을 몰랐기 때문입니다. 저를 용서하여 주시옵소서" 하며 막무가내로 그렇게 빌고 왔던 것이다. 남에게 아픔이 되는 일을 안 하기 위해 무척이나 노력했고, 주의 은혜로 나의 성화 과정은 비교적 빠르게 진행되었던 것 같다.

지금에 와서 생각해 보면 그 당시 나에게 허락된 그 허무함이 없었던들 오늘의 나는 존재하지 못했을 것이다. 그런 고난이 없었더라면 난 아마 지금도 적당히 교회 다니고 적당히 사업 하면서 어디에선가 술잔을 기울이는 그런 아저씨가 되었을 것이다. 아니면 과도한 욕심과 과음으로 이미 고인이 되었을 수도 있다. 내게 주어진 상황 모두가 주님이 필요해서 주셨다는 것을 깨닫는 데는 참 많은 시간이 걸렸다.

그렇게 온전히 주님께로 나아간 이후 나는 몸무게도, 얼굴도, 좋아하는 음식도, 좋아하는 운동도, 잘 가는 곳도, 자는 시간 깨는 시간도, 취미도, 쓰는 단어도, 특기도, 살던 집도, 타던 차도, 키우던 강아지도, 두 아들의 나이도, 아내의 모습도, 성격도(이것이 제일 변했다), 가는 목욕탕도, 심심하면 하는 일도, 우는 버릇이 생긴 것도(이전엔 특별한 일 아니면 절대 울지 않았다), 직업도, 발 사이즈도, 가족 대하는 버릇도, 존경하는 인물도, 좋아하는 음악도…… 많은 게 바뀌었다.

나도 나에게 놀란다. 좀더 평범한 사람이었더라면 이렇게 변하는 데 하나님도 나도 수고를 덜했겠지만 워낙 고칠 게 많은 사람이라 특수 훈련을 받았고 지금도 받고 있다. 얼마 전 어느 여집사님이 나를 보더니 "목사님은 얼굴을 뵈니 아직 고생을 많이 안 하신 분 같아요" 하신다. 그 말이 무엇을 뜻하는지 알기에 난 그냥 웃기만 하고 대답을 안 했다. 정말 그분 말이 맞을 수도 있고 아니면 완전히 틀렸을 수도 있다. 어느 날부터인가 난 내가 옳다고만 생각하지 않게 되었다. 내가 틀릴 수도 있다는 사실을 늘 배제하지 않는다. 옳은 것은 성경이지 내가 아니기 때문이다. 그렇기에 이제 나는 어떤 질책도 받을 수 있다고 생각한다. 이런 생각은 나를 편하게 해 주었다. 그리고 모두가 나의 선생님이 될 수 있으니 참 편안했다. 아, 이렇게 돼서 평안해지는구나…… 하하하…… 바보의 웃음…… 상상도 못 하던 일이다. 내가 바보인 것을, 내가 틀린 것을 내가 인정하다니…… 하하하…… 웃음이다…… 후련함,…… 기쁨이구나.

그날 이후 지금까지 나는 세계 곳곳을 다니며 요한복음 14장 27절, 이 말씀으로 주의 살아 계심을 전하고 다닌다. 그리고 죽는 그 순간까지 복음을 증거하고 다니겠다고 주님과 약속했다. 난 아무것도 아니다. 그냥 복음 배달부다. 그분이 너무 좋아서 그분과 살고 싶어서…… 이 복음 배달처럼 내게 신나는 일은 없다. 끔찍한 표정들이 찬양의 힘으로 아름다운 표정으로 변하고, 닫혔던 문이 열리고, 얼음이 녹는다. 복음은 정말로 신기해서 말로써 다 표현할 수 없다…… 하늘나라 언어면 모를까…….

"평안을 너희에게 끼치노니 곧 나의 평안을 너희에게 주노라 내가 너희에게 주는 것은 세상이 주는 것 같지 아니하니라 너희는 마음에 근심도 말고 두려워하지도 말라"(요 14:27).

자, 이제 웃어 봐

1. 나는 여기에 너는 어디에 무슨 생각을 하고 있는지

   메마른 표정 야윈 네 모습 어떤 말들이 널 그리 만드니

   나는 너에게 또 다른 나를 본다

   나도 예전엔 이런 웃음 몰랐었어

   자, 이제 웃어 봐 나를 쳐다봐. 아무 생각도 소용없잖아

   자, 이제 뛰어 봐 나를 따라와. 아무 걱정도 소용없잖아 너에게

2. 표정도 없이 메마른 웃음

   어떤 말들이 넌 하고 싶으니

나는 너에게 또 다른 나를 본다

나도 예전엔 이런 웃음 몰랐었어

자, 이제 웃어 봐 나를 쳐다봐. 아무 생각도 소용없잖아

자, 이제 뛰어 봐 나를 따라와. 아무 걱정도 소용없잖아

(조하문 3집, 1991)

내 아픔 아시는 당신께

비판

　　난 이전에 내가 상당히 똑똑한 줄 알았고 그래서 매사에 나의 머리와 나의 배경을 믿으며 신랄하게 남을 비판해야 직성이 풀렸다. 어떤 경우엔 술자리 내내 6-7시간을 남을 비판하는 이야기만 한 적도 있다. 누구든지 나의 도마(?) 위에 오르는 순간, 모두 비정상으로 만들어 버리는 재주가 있었던 까닭인지 대개는 상대방도 금방 나의 말에 동조하는 것이 보통이었다. 또한 설득력도 갖고 있는 편이어서 적군과 아군을 가르는 데 유용하게 사용했으며 한 번 공격 당하면 저쪽에서 완전히 백기를 들고 나올 때까지 초토화시켜야 그날 밤 잘 수 있었다. 용서라는 단어는 내게 너무 유치한 말이었고 늘 복수에 복수를 하면서 38세까지 온 것 같다. 어떤 훌륭한 사람이라도 나의 난도질에는 다들 바보가 되어 갔다. 한때는 나의 그런 묘한 성격을 추종하는 사람과 후배들이 모이기 시작하여 일종의 사(私) 집단처럼 되었을 정도였다. 그러한 나의 영역은 실로 우스울 정도로 번창 확대되어 하나의 힘을 사용할 수 있을 만큼 동조자를 많이 갖고 있었다.

　　그렇게 하나의 튼튼한 요새 같던 나의 옛 모습에 하나님이 처음으로 매를 드셨다. 그제야 비로소 내 자아가 깨어지며 — 내가 그리 똑똑하지 않다는 것, 잘나지 않았다는 것, 내 이념이 옳지 않다는 것, 너무 건방지다는 것 등등을 깨닫게 되었다. 내 입에서는 누굴 비판하는 소리가 자연스럽게 사라졌다.

조급증

　　성격이 급했다. 무엇이든지 당장 해내야 했고 기다리는 것은 남자의 행동이 아니라고 생각했다. 무엇이든지 남보다 조금 빨리 하고 조금 빨리 끝내야 했다. 어떻게 보면 완벽성을 추구하기 위해 서두르지 않았나 싶기도 하다.

　　신학교 시절, 6월 말까지 쓰라는 텀 페이퍼(research paper)를 4월 초에 다 써 버려 오히려 곤란을 겪은 적도 있을 정도였다. 버스 타던 시절에는 버스를 보면 뛰었고, 줄을 서야 하는 곳에 가게 될 때는 늘 더욱 바쁘게 달려가는 것이 보통이었다. 술 마시던 시절에는 남들 두 배 가까이 빠른 속도로 마시고 빨리 취하고 빨리 놀다가 빨리 집에 오곤 했다. 질질 끄는 친구들을 보면 남자답지 않다고 몰아세우며 나는 늘 내 식대로 했다. 앨범 제작할 때도 보통 가수들이 하루에 두 곡 정도 녹음할 때 나는 하루에 아홉 곡까지 녹음해서 녹음 기간이 1주일이 안 걸린 적도 있을 정도로 뭐든지 척척 해내야 마음이 놓였다. 세금도 월말까지 내는 고지서가 오면 나오자마자 내는 경우가 태반이었고 늘 ‘다음 할 일은 또 뭐지?’ 하고 조급해했다. 어떻게 보면 병적이었다. 아침엔 잠 깨자마자 어디론가 전화하는 경우도 참 많았다.

　　그러나 이젠 적어도 기도와 말씀 읽기가 완전히 끝나고 9시가 넘어야 전화기를 드는, 그야말로 신사가 되어 가고 있다. 예전엔 내가 급하면 새벽, 밤 가릴 것 없이 “죄송합니다” 하고 전화했지만 이젠 다르다. 저녁 10시가 넘으면 다음 날까지 참는다. 더욱이 공휴일이 있는 주말쯤에는 금요일 오후부터 월요일 9시까지 참는 법을 배웠다. 처음엔 매우 어려웠지만 이젠 많이 숙달되어 가고 있다. 이것도 하고 싶은 것을 참는다는 점에서 인내, 사랑과 연결된다는 것을 계속 깨달아 간다. 내가 하고 싶은 일을 하고 싶을 때 하지 않고, 참아 본다. 그러면 어떤 묘한 마음이 기쁨과 평강과 함께 찾아오곤 한다. 참음은 믿음과 비례하는 것임을 다시 한 번 깨닫는다.

의심

　　예전에 내 별명 중 하나가 '중국 사람'일 정도로, 나는 의심이 많아도 조금 심하게 많았었다. 물건을 사도, 집을 장만해도, 사람을 만나도, 무엇이든지 일단 의심하고 일을 시작했고 나중에 아닌 게 밝혀지면 웃으면 그만인 그런 책임감 없는 사람이었다. 아마 주님이 조금만 늦게 만나 주셨더라면 의심이 병적인 수준까지 갔을지도 모를 인물이었다. 성경에서 한 여인의 혈루병이 끊겼듯이 이 증상도 주님을 만나는 순간 끊어졌다.

시기

　　이전에 남이 잘 되면 배가 아프고 머리가 아팠다. 그리고 비교의식도 강해서 꼭 이기려고 했는데 주님을 만나고 나니 이 '시기'의 사슬에서도 해방되었다. 나보다 잘하는 사람을 축복해 주고 인정해 주면 기분이 좋아진다. 그도 하나님의 필요에 따라 만들어진 귀한 몸이요 나 또한 그렇기 때문이다. 그렇기에 우린 열등감을 가질 이유가 없다. 모든 것은 주님이 원하시는 대로 만드신 것임을 믿는다면……

신경질

　어려서부터 내게는 신경질이 매우 많았다고들 한다. 처음 은혜 받고 내가 어떻게 된 것인지 모를 정도로 어리둥절해 있던 시절, 친구 하나가 "다른 것은 모르겠는데 하문이에게 신경질이 없어졌네"라고 말하던 기억이 난다. 막내라서 어려서부터 귀여움을 많이 받고 자란 탓에 이 신경질은 나의 주특기이기도 했다. 특히 초등학교 때는 짜증 내면 무엇이든지 다 받아 주시던 환경이었기에 나는 자연스럽게 '신경질 많은 어른'으로 자라났다.

　그 후 중·고등학교와 대학을 거쳐 오면서도 내 짜증과 신경질로 인해 아마 많은 친구들이 불안해했을 것이다. 그들 중에는 아마 지금 이 글을 보고도 나를 만나지 않고는 못 믿겠다는 친구들이 꽤 있을 것 같다. 그저 술에 많이 취해야 즐거웠고 취해 있는 순간에만 신경질도 잠시 없어졌다. 그런데 97년 9월에 주님을 만나고 나서는 이것이 물이 마르듯 없어져 버렸다. 지난 8년간 나는 한 번도 신경질 내는 나를 본 적이 없다.

1막 2장 사람들

나의 아버지는 교육자이셨다. 많은 사립 중·고등학교를 설립하고 교장까지 역임하신 분이기에 내겐 도덕책 같은 분이셨다. 지금은 돌아가신 지 10년이 훨씬 지났지만 그분이 하신 말씀 중 아직도 내 귀에 생생한 것이 많이 있다. 그만큼 인간적인 도덕성 면에서는 완벽주의자에 가까우셨다. 그런 측면 때문에 아버지는 아마 교회에 다니지 않으셨는지도 모른다. 내가 주님 만난 것이 아버님 돌아가시고 난 후이기 때문에 아버지와 그리스도의 관계에 대해선 아는 것이 없다. 그러나 분명한 것은 자아가 강하신 분이었고 함경도 시골에서 맨손으로 내려와 자수성가하신 분이기에 예수님을 영접하기가 쉽지 않으셨으리라 생각된다. 많은 부와 명예를 지니신 분이시기도 했고, 일부 성직자들의 실망스러운 모습을 많이 보시기도 했을 터라서 종교엔 그다지 큰 관심을 두지 않으신 듯하다.

가끔 절에 다니신 적이 있긴 하다. 그러나 그것이 불교라는 종교에 대한 관심 때문이라고 보기는 어려울 것이다. 절에 계신 스님과 아버지와의 관계도 스님과 불교 신자로서의 깊은 불심이 매개가 된 것은 아니었던 것 같다. 그 스님의 태도도 그다지 성직자 같지 않았고 아버지도 인간적인 선의에서 그 절을 도와주었던 면이 더 컸기 때문이다.

한때 어느 목사님이 교회로 인도하신 적도 있었는데 그리스도인이라고 하는 교인들의 행위에 실망하셔서 더 이상 교회에 다니시지 않은 것으로 알고 있다. 어쨌든 아버지의 철학은 내게 귀한 약이 되었고 목사가 된 지금도 그분의 철두철미한 도덕성은 내게 참 귀한 가르침으로 남아 있다. 때때로 나를 포함한 많은 그리스도인들의 비성경적인 모습을 보면, 그리스도인이 아니셨음에도 웬만한 그리스도인에게는 찾기도 힘들 도덕성으로 자기 자신을 훈련시키며 주위 환경을 아름답게 하셨던 아버지의 모습이 떠올라 마음 아플 때가 한두 번이 아니다.

아버지는 바르지 못한 일에는 매우 단호하셨으며 훈계와 책망을 아끼지 않았던, 정말 교육자다운 분이셨다. 나는 아버지가 불의와 타협하시는 것을 한 번도 보지 못했다. 악법도 법이라고 준수하셨고 어려운 사람은 늘 도와주셨다. 아버지는 늘 정도(正道)를 걸으셨던 보기 드문 분이셨다. 경제적으로 비슷한 수준에 있던 사람들에 비해 세금을 너무 많이 내는 것 때문에 한번은 주위 분들로부터 조금 덜 깨끗할 것을 요청받기도 했을 정도였다.

그런 아버지는 나를 사랑하셨고 많은 것을 아무런 보상 없이 주셨다. 내가 아직 하나님을 모를 때라서 인간 이하의 삶을 살았을 때도 있었지만 아버지는 늘 동일하게 내게 모든 것을 베풀어 주셨다. 아버지는 엄하셨지만 실은 사랑이 많으신 분이라서 늘 주위 사람에게 많은 편의를 제공해 주셨고 내가 정말로 힘들고 어려웠을 때는 자상한 아버지로서 항상 내게 도움을 주시려고 애를 많이 쓰셨다.

건강이 안 좋아서 집에서 쉬고 있을 때, 나는 그런 나에 대해 불평하며 매우 우울해하고 있었다. 그때 아버지께서는 내게 어느 골프장에 가서 매일 몇 시간씩 골프를 치라고 말씀하시며 "그것이 네 직업이다"라고 덧붙이셨다. 아버지는 그렇게 자식의 불편한 마음도 책임지고 싶어했던 분이셨다. 그때 당시 골프는 아무나 칠 때가 아닌 '옛날'이었다. 1980년 초반이었으니 만약 실행했다면 아버지 주머니가 꽤 흔들거렸을 텐데도 빈말이 아니라 정말 진지하게 하신 말씀이었다. 그런 아버지께 나는 가족에 대한 사랑을 배우면서 자랐다.

그리스도인이 아니셨던 아버지의 일생이 목사인 막내아들의 지금 인생에도 크게 영향을 끼치고 있다는 사실이 가끔은 놀랍게 여겨지기도 한다. 과거 내가 불교 신자일 때 어떤 스님과의 약속을 아무런 가책 없이 어긴 적이 있었다. 그때 아버지는 내게 약속의 중요함과 남자의 말 한마디의 무게, 그리고 성직자에 대한 태도 등을 지적하시며 호되게 꾸중하셨다. 아버지는 뜬구름 잡는 듯한 진실 없고 허망한 '말'이나 경거망동함을 좋아하지 않으셨다. 아버지는 내게 허황된 야망을 추구하기보다 겸손하게 한 걸음씩 나아가는 자세가 중요하다는 것을 알게 해 주신 분이다. 그 밖에도 약속, 신의, 사내다운 태도, 부지런함, 준법정신, 아내를 대하는 태도 등에 대해서도 가르쳐 주셨다. 어찌 보면 아버지는 그가 내게 해 주신 그 수도 없이 많은 이야기들을 통해 진정한 의미에서 하나님을 만나게 해 주신 내 인생의 첫 번째 분이신 것이다. 그러한 아버지였기에 지금 살아 계시다면 좀더 효도하고 복음을 전해 드릴 수 있었을 텐데…… 하는 아쉬움이 참 많이 남는다. 그리스도인을 포함해서 정말 '남자다운' 사람을 보기 힘든 현실에서 아버지는 내 기억에 가장 남자다운 사람 중 하나로 자리하고 있다. 정말이지 "깨어 믿음에 굳게 서서 남자답게 강건하여라"(고전 16:13)라는 말씀이 생각나는 그런 분이셨다 .

내가 알고 있는 모습만 떠올려 봐도 그렇다. 아버지는 매일 새벽 4시에서 4시 반 사이에 일어나 산에 오르는 것으로 하루를 시작하셨고, 그 일을 하루도 거르지 않고 거의 평생 하셨다. 교육 사업을 통해서 어려운 사람을 많이 도와주셨으며 마지막에는 사업을 통해서 모으신 큰돈을 학교 사업에 희사하셨다. 학교는 비영리 단체이기 때문에 학교 설립에 그 돈을 쓰는 것이 물질적으로는 전혀 이익이 되지 않는다는 것을 아시면서도 방배동 지역에 여자 중·고등학교를 세우셨다. 그 정도로 본인의 주머니를 생각하지 않는 분이셨다.

지금 생각하면 아버지는 목회자가 되셨어도 아마 대단히 잘 해내셨을 것 같다. 나는 자라는 동안 아버지가 개인적인 감정에 의해 이성이 흔들리는 것을 거의 보지 못했다. 보통 아들은 아버지를 닮는다지만 나는 언제나 감정에 흔들리는 감성적인 사람이어서 더욱이, 아버지는 늘 나에게 지침서 같은 분이셨다.

아버지는 91년 1월 어느 날 내 곁을 떠나셨다. 난 상당히 당황했지만 그것은 현실이었고 인간이라면 어쩔 수 없이 치러야 하는 일이었기에 빨리 포기했다. 그러나 목사로서 아버님을 보내 드렸더라면 더 좋았을 것을…… 하는 아쉬움은 계속 남아 있다. 지금도 아버지의 교훈은 성경과 합쳐져서 나를 더욱 성경 안으로 들어가게 하는 데 많은 도움이 되고 있다. 그러나 한편으로는 아버지의 그 완벽함이 나를 너무 힘들게 했던 적도 있어서 '아버지'인 하나님의 이미지가 내게 왜곡되었던 적도 있었다. 하지만 이제는 그 잘못된 것조차 주님 안에서 아름답게 승화되어 버렸다.

어려서부터 가족을 남달리 사랑하시는 아버지를 보며 자란 덕에 가족에게 잘못하는 그리스도인을 보면 거의 본능적으로 가슴이 정말 아프다. 하나님은 그런 모습에 얼마나 더 마음 아프실까 싶지만 대개의 경우, 그분들에게 그런 말씀을 해 줄 수 없는 상황일 때가 많아서 안타깝다.

어머니는 함남 북청이 고향이시고 19세 때 아버지를 만나셨다고 한다. 우리 어머니는 아버지에게 매우 순종적이셨다. 나는 아버지에게 늘 헌신적이셨던 어머니를 뵈면서 어머니가 참 지혜로우시다고 생각하곤 했다. 성경에서는 남녀 간에, 부부 간에 필요한 순종과 사랑을 여러 모습으로 참 많이 담고 있다. 어머니는 성경을 단 한 자도 알지 못하셨지만, 남편을 대하시던 모습은 순종을 넘어서 거의 본인의 삶 전체를 드리다시피 하셨다.

나에게 어머니는 사랑 그 자체였다. 아버지에게도, 자식에게도, 친척에게도…… 난 지금까지 주변에서 우리 어머니에게 불평을 갖는 사람을 아직 보지 못했다. 어머니는 분명히 특별하신 데가 있다. 비록 종교는 달랐지만 어머니는 당신이 가진 종교의 가르침에 최선을 다하려고 늘 열심히 노력하셨다.

우리 어머니의 사랑은 몇 번의 큰 위기에서도 나를 구해 주셨고 늘 영적으로 빈곤한 나의 피난처가 되어 주셨다. 미운 짓을 하건 이쁜 짓을 하건 어머니는 어려서부터 나에게 변함없는 사랑이셨고 나는 그런 어머니의 사랑과 아버지의 공의 사이에서 매우 사리가 분명한 소년으로 또 청년으로 자랄 수 있었다. 어머니의 따스하고 자상한 사랑이 없었다면 나는 한때 곁길로 나갔을지도 모른다. 그러나 위험했던 순간마다 정이 많으신 어머니 덕택에 나는 다시금 나의 길을 제대로 찾아 걸을 수 있었다.

그리고 나의 형제들.

우리는 육 남매이다. 주님의 때가 되지 않은 고로 이제껏 모두 그리스도인은 아닌 채 삶을 사셨지만 부모님 잘 섬기는 형님과 누님들의 효성과 가족애는 일찍이 다른 집에서 찾아보기 힘든 것이었다.

우리 집의 가훈은 '화친'(和親)이며 그 뜻은 '서로서로 사랑하라'는 것이다. 나는 아버지가 당신이 돌아가시는 날까지 당신의 형님들(즉 나에겐 큰아버지들)에게 잘못하거나 예의 없이 대하시는 경우를 단 한 번도 본 적이 없다. 그래서인지 우리 형제들, 즉 세 분의 형님들과 두 분의 누님들 사이에서도 지금까지 하극상이 일어나거나 예의 없는 모습을 뵌 적이 한 번도 없다. 그러니 자연적으로 형수님이나 매형 들도 그 분위기에 같이 합류하실 수밖에 없으셨고, 우리 집은 그렇게 해서 어찌 보면 좀 엄격해 보이는 서열과 도덕성 때문에 때론 그늘진 곳이 생기기도 했다. 그러나 그 모든 것이 결국엔 각자를 위한 아름다운 일이었음을 나는 나이 사십이 훨씬 넘어서야 깨닫고 감사하게 되었다.

주님을 만나기 전, 내가 약간은 '시한폭탄' 같은 면을 가진 가족 구성원으로 지낼 때도 세 분 형님들의 자상한 인내로 인해 결국 나의 시한폭탄은 터지기는커녕 번번이 고장 난 폭탄이 되어 버릴 수밖에 없었다. 이곳 캐나다로 이민 올 때도 공항까지 나와서 짐을 꼭꼭 묶어 주던 큰형님의 사랑은 내가 천국 가는 날까지도 잊지 못할 것이다.

우리 형님, 누님, 형수님, 매형 들까지도 그렇게 아버지의 생전 모습을 본받아서 우리 가족에게는 정죄 대신 도움을, 판단 대신 이해를, 네 것 내 것보다는 가족애를 늘 실천하려 노력하셨다. 우리 식구들은 정죄 대신 늘 먼저 '이해'해 주었던 것을 기억한다. 난 이날까지 가족으로부터 "그것은 네 잘못이야, 그러니깐 그렇게 되지"라는 비아냥거림을 들어 본 적이 없다.

어머니, 아버지 그리고 세 분의 형님과 두 분의 누님이 계시지 않았더라면 지금의 나는 결코 존재하지 않았을 것이다. 그분들께 받은 사랑이 너무 많았기 때문에 곁길로 빠질 뻔했던 내가 몇 번이고 다시금 바른길로 돌아설 수 있었던 것 같다. 그런 내가 이제 나이 마흔이 훨씬 넘으니 아버지는 안 계시고 어머니는 여든을 바라보신다.

내 아픔 아시는 당신께

그대는 몰라요

그대는 몰라요 얼마나 아픈지

생각은 하나요 왜 내가 우는지

지난밤 얼마나 힘들게 지냈지

아무리 말해도 몰라요

그대는 알아도 느낄 순 없어요

느낀다 하여도 볼 수는 없어요

하루를 얼마나 힘들게 걷는지

아무리 보아도 몰라요

긴 밤이 지나 새날이 오면 다시는 울지 않을래요

이제는 정말 괜찮아요 하지만 자꾸 눈물이 나요

지나간 세월은 정말 힘들었어요

이제는 모든 게 다 끝났답니다

눈물을 거두고 함께 웃을 사람이 너무나 곁에 많이 있어요

그대는 알아도 느낄 순 없어요

느낀다 하여도 볼 수는 없어요

하루를 얼마나 힘들게 걷는지

아무리 보아도 몰라요

긴 밤이 지나 새날이 오면 다시는 울지 않을래요

이제는 정말 괜찮아요 하지만 자꾸 눈물이 나요

지나간 세월은 정말 힘들었어요

이제는 모든 게 다 끝났답니다

눈물을 거두고 함께 웃을 사람이 너무나 곁에 많이 있어요

(조하문 2집, 1989)

가족 2

고마우신 하나님은 아직 인생이 무엇인지도 모르는 어린 나에게 1985년 4월 18일, 새로운 가정을 허락하셨다. 그때까지만 해도 그녀가 그리스도인이라는 것은 나와 전혀 관계가 없었다. 그 당시엔 신의 존재를 부인하던 때라, 오직 사랑하기에 결혼해야겠다는 마음을 먹었고 나의 그런 판단만으로 그녀를 아내로 맞게 된 것이다.

나와 결혼할 당시 아내는 MBC 방송국 연기자로 잘 자리매김하고 있을 때였고, 나는 마그마 시절—그야말로 오직 나 자신만 믿던 시절, 정말 지금 생각하면 이해가 잘 안 가는 그런 시절이었다. 그 사람을 아내로 맞아들이게 된 것이 나에게는 하나님의 은혜였고, 내 삶에 일어난 커다란 변화의 작은 시작이었음을 지금은 깨닫는다.

내가 주님을 만나기 전까지 내 주변 사람들이 나로 인해 무척 힘들었을 것이라 생각하고 난 주님께 서원했다. "40년을 허랑방탕하게 살았으니 앞으로 40년을 더 주시면 주님과 주님의 백성을 위해 살겠습니다."

하나님과의 이 약속은 변하지 않을 것이다. 이제 내게 주어지는 40년 동안은 나를 위한 일이 아닌 남을 위한 일을 하며 사는 것이다. 나는 최근 들어 가족에게 잘하는 것이 주님의 일을 하는 데 있어 얼마나 큰 비중을 차지하는지 새삼 깨닫고 있다. 내 가족 내 가정을 지키지 못하는 목사가 무슨 다른 단체나 교회를 섬기겠는가.

아내는 나 하나만 믿고 사는 사람이다. 더욱이 지금은 갑자기 목사 부인이 되어서 본의 아니게 스트레스도 많이 받고 있는 실정이다. 나는 물론 하나님께서 부어 주신 은혜에 큰 감격을 경험하며 주님 앞에 사역자로 서겠다고 결단하고 감사함으로 사역하고 있지만, 아내에게도 이런 부분들을 동일하게 생각하고 느끼라고 강요할 순 없다. 내가 할 수 있는 것이라고는 그저 아내가 힘들어하는 부분을 주님 안에서 스스로 잘 극복해 낼 수 있도록 주님께 기도하는 것뿐이다. 비록 내게 그런 말을 하지는 않았지만, 가수에서 갑자기 목사가 된 남편으로 인해 무척이나 당황스럽고 힘들었을 것이다. 이전에는 이전대로 힘들게 했는데 말이다. 그래서 난 아내에게 해 줄 것이 참으로 많다. 평생을 사랑해 주어도 다 해 줄 수 있을지 모르겠다. 그 사람 곁에서 천국 가는 날까지, 그녀에게 진 빚을 갚다 보면 어느새 하늘나라 올라갈 시간이 될 것 같다.

결혼 후 우린 곧 두 아들을 갖게 되었다. 나의 노래도 히트했고 극장 사업도 번창하고 있었다. 이로 인해 우리는 별로 힘들지 않게 신혼을 시작했으며, 곧 집도 장만했다. 그때만 해도 난 가정 자체의 중요성을 별로 실감하지 못했던 것 같다. 가정 생활도 그저 살아오던 습관으로 해 나갔던 것 같다. 내가 어린 시절 자라났던 집안 분위기의 영향을 받아 약간은 엄하고 교육자적인 스타일로 아이들을 양육했으며, 나름대로 사랑했다고는 생각했지만 그건 하나님의 사랑과 같은 진정한 깊이를 가진 사랑은 아니었다. 하나님을 만나고 나서 나는 과거에 내가 잘못했던 사람들을 일일이 찾아다니며 용서를 구했었는데, 그때 가장 먼저 내가 용서를 구한 사람은 아내와 두 아들이었다. 나는 두 아들에게 정식으로 사과했다.

"아빠가 예수님을 몰라서 내 기분대로 너희를 사랑하기도 하고 사랑하지 않기도 했던 것을 용서해 다오."

아직 많이 어렸던 아이들은 그때 그러한 내 행동을 받아들여 주긴 했지만 어안이 벙벙해하는 것 같았다. 그렇지만 달라지기 시작하는 나의 태도를 유심히 보기 시작했던 것 같다. 그때가 아마 큰애가 초등학교 6학년, 작은애가 3학년쯤이어서 어느 정도 대화를 할 수 있는 시기였으므로 나는 그 아이들에게 하나님의 살아 계심을 가르치기 시작했다. 그러나 정말 중요한 것은 나의 태도였지 그 가르침이었던 것은 아니었다. 아무리 사과하면 뭐하겠으며 성경 잘 가르치면 뭐하겠는가? 그 애들이 보고 싶어 했던 것은 달라진 아빠의 새 모습이었던 것 같다. 하루아침에 술, 담배를 끊고 갑자기 온유해진 아빠를 애들은 처음엔 쉽게 믿으려 하지 않았다. 그 아이들을 이해시키는 데는 시간이 필요했다. 한 3년이 지나니까 드디어 아이들이 나를 믿기 시작했고, 아이들도 변하기 시작했다. 이것은 정말 기적 중의 기적이었다. 그때쯤엔 아내도 나를 신뢰하기 시작하며 그녀 역시 변하기 시작했다.

이전엔 내 기분대로 가족을 사랑했다. 내가 기분이 나쁘면 사랑은 온데간데없었다. 그러니 두 아들은 내 기분에 의해 그 행복이 좌지우지되는 경우가 많았으며 아내에 대한 사랑도 매우 감정적이었다. 그래서 우리 가정은 행복할 때도 있었지만 나의 다듬어지지 않은 욕망 때문에 그렇지 못할 때도 많았다. 하나님의 사랑과 나의 사랑은 확실히 다르다. 주님의 사랑은 늘 온유하고 변하지 않지만 인간의 사랑은 그때그때의 감정에 따라 너무 쉽게 변하기 때문에 사랑이라기보다는 나의 이기심이었다고 표현하는 것이 내 경우엔 더 적절한 것 같다. 그래서 나는 나를 믿지 않는다. 하나님이 같이하지 않는 '나'는 내가 보아도 형편없기 때문이다. 이젠 내가 아니라 나와 함께하시는 주님을 믿는 것이다.

이렇게 나를 보는 가족들의 태도가 변해 가면서 우리 가정의 행복의 척도도 바뀌기 시작했다. 사치스러운 것을 소유하는 것에서부터 오는 기쁨이 아니라 조건 없는 어떤 것들로 말이다. 우리는 모두 주님이 주시는 평화를 느끼며 양파가 그 껍질을 벗듯이 하루하루 변해 가기 시작했다. 주님을 알기 전 나는 꽃이 예쁜지를 정말 몰랐었다. 아기가 예쁜 것도 정말 몰랐었고 어려운 상황에 빠진 그 어떤 이웃도 긍휼히 여긴 적이 없었다. 오직 '나만' 사랑했고, 오직 '내가' 잘못되지 않으려고, 손해 보지 않으려고, 망신당하지 않으려고 노력했다. 오직 '내가' 어디 아파서 죽을까 봐 걱정했으며, 내가 잘되려고, 더 큰 명예와 부귀를 잡아 보려고, 세상의 권력을 잡아 보고 큰소리쳐 보려고, 잘난 체 좀 하려고 내 온 신경을 쏟았었다. 주님을 만나기 전 나는 이런 사슬에 꽁꽁 묶인 사람이었던 것이다.

난 모든 걱정과 두려움이 '죽을까 봐의 공포'로부터 시작된다는 사실과 '망신당할까 봐의 수치스러움'으로부터 온다는 것을 깊이 깨닫고 나서는 죽는 연습과 망신당하는 연습을 시작했다. 죽는 연습은 생각처럼 어렵진 않았다. 자꾸 그런 생각을 하며 준비하는 것이다. 가정, 돈, 직업, 사랑하는 것 등을 포기하는 연습이다. 그런데 주님과 점점 가까워질수록 '죽음'이라는 단어를 쓰지 않게 되었다. 죽음을, 그저 언젠가 '깊은 잠을 자게 된다'고 표현하곤 한다. 사후 세계와 조금 친근해지는 것이다. 앞으로의 세월은 지금보다 분명히 더 빠르게 지나갈 것이고 나는 할아버지가 될 것이다. 20대 베이시스트 로커가 지금은 40대 후반의 목사가 되어 있다. 그렇다면 이젠 이어서 70대 할아버지가 될 순서가 기다리고 있음을 받아들여야 할 것이다. 받아들이는 연습은 우리에게 매우 중요한 것 같다. 받아들이는 연습 없이 갑자기 유명을 달리하게 된다면 참 당황스러울 것이다. 죽는 연습을 해야 한다. 그리고 짐은 늘 가볍게. 내일모레 가더라도 모든 것이 괜찮게. 그렇게 늘 주위를 정리해 두어야 한다.

지극히 인간적인 욕망에서 나온 계획이나 소망을 쫓아 달려가는 삶이라면 죽음은 참으로 두려울 것이다. 그러나 그 소망을 하나님께 둔다면 그다지 두려울 것은 없다. 나는 목회를 하면서 다른 그 무엇도 아닌, 주님과의 만남 그 자체를 목표로 하고 있다.

거창해 보일 만한 선교 사역도, 큰 교회 담임도, 유명한 기독교 뮤지션도 아니다. 영향력 있는 기독교 명사가 되고자 하는 마음은 더더욱 없다. 이미 말했듯이 내가 하나님께 서원기도를 드린 것처럼 세상적으로 살아왔던 40년 이후의 40년을 주를 위해 살다 가고 싶다. 그 기도의 응답일 것이다. 주님께서 그동안 나를 매번 보통 사람들이 잘 가기 힘든 곳으로 보내 주신 것은. 부모가 없는 아이들, 장애인, 매춘 여성, 마약 환자들, 사형수들……. 난 오히려 그런 곳이 편하다. 그곳에는 주님의 향기가 물씬 풍겨 난다. 나의 목표는 오직 주님과의 만남, 즉 그분과 동

주님을 만나고 나니 화초와 강아지가 매우 좋아졌다. 우리 애들은 물론이거니와 살아 있는 생명체에 대한 사랑이 생기기 시작했다. 난 원래 화초를 좋아하지 않았다. 강아지와 동물은 좀 좋아했어도 식물엔 전혀 관심이 없었는데 주님을 알게 된 후, 난생 처음으로 꽃집에서 내 돈으로 화분 하나를 사 보았다. 그 화초의 이름은 '축복'이라 지었다. 강아지도 한 마리 샀는데 강아지의 이름은 앙겔(그리스어로 천사)이라고 불렀다. 그러면서 우리 집 환경도 변하기 시작했다. 생명체를 사랑하는 마음이 생기자 나는 파리 한 마리도 잔인하게는 죽이지 못하는 사람으로 변했다. 아이들에 대해서도 나의 기쁨보다 아들들의 기쁨을 먼저 생각하는 아버지로 변해 갔다. 그 변화는 일회적으로 끝나지 않았고 계속되었으며 지금도 진행 중이다. 그래서 난 주님 안에서 소망을 갖는다. 어제보단 오늘이, 오늘보다는 내일이 아름다울 것이라는 확신 속에서 난 기뻐할 수 있다.

이렇게 주님의 은혜를 체험한 후 조금 지나서 우리 가정에서 아들의 유학 문제가 거론되기 시작했다. 그때까지 내게 있어서 아이를 조기 유학 보낸다는 것은 꿈도 꾸지 못할 일이었다. 이제야 주님의 사랑을 배워 가며 아이들과 한창 재미있는데 큰애를 유학 보내다니 그건 절대 안 되는 일이었다. 그런데 (주 안에서 '절대'라는 말은 '절대' 하지 말라고 어느 권사님이 말씀하셨듯이) 이상하게도 모든 상황이 자꾸만 유학을 보내야 한다는 쪽으로 점점 만들어져 가고 있었다. 나는 끝까지 반대 입장을 고수했었다. 그러나 주님의 손길은 어찌할 수 없었고 난 아이를 빼앗기는 심정으로 보낼 수밖에 없었다. 그리고 수많은 나라 중 캐나다로 보내기로 했다. 그 이유는 몇 년 전부터 자꾸 주님께서 캐나다로 인도하시는 것 같아서 아들을 먼저 보내자는 결론을 내린 것이었다.

캐나다로 인도하시는 것 같은 주님의 음성에도 불구하고 우리 가족이 모두 캐나다로 이민 가는 것은 내가 자신이 없어서 벌써 중지를 시켰었다. 그리고 대신 아들만 보내기로 결정하고 모든 일을 준비하던 중 우리 이민 수속을 맡으셨던 회사에서 "그럼 다시 처음부터 일을 진행해 보면 어떻겠습니까?"라고 물어 와서 그냥 관심 없이 그래 보라고 말을 던졌고 그 작업은 다시 처음부터 시작되었다. 그러나 한 번 거절한 이민은 다시 신청했을 때 별로 가망이 없다는 것을 이미 알고 있었기 때문에 나는 내심 나만의 기쁨을 누리며 애 보낼 준비에만 신경을 쓰고 있었다.

그런데 우리 큰애가 가는 날, 아침부터 비가 샤워기 틀어 놓은 것처럼 마구 쏟아지는 것이었다. 나는 순간 '아! 이거 내가 좀 여유 있다고 내 맘대로 주님 허락 없이 아이를 유학 보내는 것이 아닌가' 하며 그때까지 들어 왔던 주님 음성을 모두 잊은 채 다시 기도했다. 물론 보내기 싫은 마음 90퍼센트였기에 주님의 음성을 잊고 싶었는지도 모른다.

우리 가문 역사상 조기 유학은 가당치도 않은 일이었기에 난 주님께 기도했다. "살아 계신 하나님 만약 주님이 보내 주시는 거라면 당장 이 비를 그치게 해 주시고, 제 욕망으로 보내는 것이라면 계속 비를 내려 주시기 바랍니다"라고 가족들 앞에서 당당히 기도했다. 왜냐하면 보내고 싶지 않았고 또한 하늘을 보니 비가 그치기는커녕 내일도 계속될 것 같은 그런 장맛비였기 때문이었다.

나는 이렇게 조금은 황당한 기도를 종종 드리는 편이었다. 하나님은 살아 계시고 나는 그분의 응답이 절대적으로 필요할 때는 '리브가'를 이삭의 아내로 택정하기 위해 이삭의 고향으로 가서 우물 앞에서 기도를 드렸던 그 종처럼 가끔 그렇게 기도를 하곤 한다. 예전에 한번은 구로동 무슨 공단 앞 야외에서 찬양 콘서트를 했던 적이 있다.

밴드들과 함께 악기를 싣고 가는데 하늘에서는 비가 억수로 퍼붓는 것이었다. 걱정하는 마음으로 장소에 도착해서 그 공연을 주선한 선교사님과 만나자마자 "우리 기도하죠" 하곤 각자 헤어져 약 3-40분가량 기도를 했었다. 그 선교사님은 무어라 기도하셨는지 모르지만, 내 기도는 물론 비를 그치게 해 달라는 막무가내 식의 기도였다. 나는 장소가 없어서 기도하기엔 좋지 않은 작은 구석에서 했지만 그 당시 나에게 장소 따위는 문제가 될 수 없었다. 왜냐하면 공연을 하느냐 마느냐가 걸린 큰 문제였기 때문이다.

기도를 마치고 다시 무대 쪽으로 오자 빗줄기가 가늘어졌다. 나와 밴드 일원들은 악기를 배치하고 공연 준비를 마쳤다. 그리고 또다시 밴드들과 기도하고 나서는 비가 거의 그치는 것을 보며 공연할 수 있었다. 그때 느낀 거지만 야외 공연이라서 누구든지 올 수 있었으며 또한 가고 싶으면 누구든지 갈 수 있는 그런 장소였다. 많은 사람이 모였고, 거기서 내가 한참 동안 찬양곡을 부르고 있자니까 여기저기에서 사람들이 일어나 객석을 떠나는 게 아닌가!

우린 너무 당황해서 찬양곡을 얼른 마치고 내 히트곡을 시작했다. 그랬더니 가시던 분들이 다시 돌아와서 계속 노래를 들으셨다. 내가 하는 말에는 관심이 없고 오직 세상노래에만 관심 있으신 분이 80퍼센트 이상은 되어 보였다. 그래서 난 틈만 나면 찬양하고 또 얼른 세상노래를 하다가 간증하다 또 세상노래 하다……, 이렇게 하다 보니 공연 시간이 벌써 끝나게 되었다. 그리고 그 공연의 마지막으로는 선교사님이 준비하신 기독교 선교 영화 필름을 약 30분가량 틀어 드렸다. 그리고 다 끝난 후엔 그 선교사님이 5분 정도 말씀하시고 전도 카드, 즉 결신 카드를 돌렸다. 그런데 그때 그 모인 관중 5백여 명 중 약 70퍼센트가 결신 카드를 써 내는 놀라운 일이 발생했다.

우린 비 오기 전에 얼른 다시 악기를 싸서 트럭에 싣고 트럭은 먼저 악기상으로 보내고 10시 30분이 넘어서 나왔다. 그리고 우리 멤버들은 차에 타고 저녁 먹으러 그 근처 식당으로 갔다. 바로 그때, 다시 장대비가 내리기 시작했다…….

글쎄, 이런 현상들을 어떻게 표현할 수 있을까? 그저 감사드릴 따름이다. 그래서 난 그때부터 비에 대해서 기도하는 습관, 조금은 황당해 보여도 그런 기도를 하는 습관이 생겼다.

그리고 그렇게 기도한 지 3분이 지났을까. 아파트 9층인 우리집에서 보이는 저쪽 하늘 끝이 파란색으로 바뀌기 시작했고 5분이 채 안 되어서 비가 멈추고 강한 햇살이 나와 젖었던 부분들을 말리고 있었다. 나는 또다시 소름이 돋는 듯한 느낌을 받고는 곧 공항으로 향했다.

주님이 동행하신다고 믿었기에 중3이던 어린 아들을 혼자 보냈다. 주님이 다 해 주시리라 믿었던 것이다. 지금 생각하면 참 위험한 일을 한 게 아닌가 싶기도 하다. 결국 사랑하는 아들은 내 품에서 떠났고, 그 아이의 삶은 어린 나이에 타국에서 새롭게 시작되었다. 큰애는 그렇게 시작한 유학 생활로 눈물 젖은 빵을 수도 없이 먹어 가며 이전과는 확연히 다른 아이로 변해 갔다. 주님의 도움이 아니었다면 나쁜 길로 빠질 수도 있었겠지만, 하나님의 손길로 인해 그 애는 그곳에서 무척이나 강하고 담대한 사람으로 자라났다. 나중에 우리가 이민 와서 합치게 되었을 때는 오히려 큰애의 도움을 많이 받았다. 주 안에서 부쩍 성숙해진 큰애를 보면서 참 많이 감사했던 기억이 난다.

그러나 아이를 보낼 당시에는 그 애가 떠난 후에도 한동안 얼마나 힘들었는지……. 그 아이 방을 지날 때마다 시려오던 가슴은 말로 다 표현하기 힘들다. 그러나 오직 주님만을 믿고 그 모든 것을 내려놓을 수 있었다. 그래도 힘든 건 힘든 것이었다. 하나님을 모를 적에는 사실 가족과 떨어져 있어야 더 좋을 때도 있었다. 그러나 주님을 만나고 난 뒤에는 한 번도 가족과 떨어져 있고 싶다는 생각을 해 본 적이 없다. 이제야 사랑을 조금 안 것이라고나 할까. 너무 사랑하기에 보낼 수밖에 없었지만 그것으로 인해 한편으로 더 외롭고 쓸쓸해지는 마음도 역시 어쩔 수가 없었다.

그렇지 않아도 외로움을 잘 느끼는 나인데 친구 같은 아들 하나 보내는 것이 얼마나 괴로웠는지. 그런데 그때부터 주님은 내게 외로움이라는 상황을 철저하게 훈련시키기 시작하셨다. 때로는 24시간, 48시간, 72시간 동안 말 상대 없이 은혜 충만하게 잘 있을 수 있도록 하신 것이다. 그래서 지금은 많은 사람들과 함께 있으나 혼자 있으나 마음의 상태가 비슷하다. 물론 지금도 외로움을 느낄 때가 있지만 사람이 많아 시끌벅적한 게 더 싫을 때가 많다.

요즘은 이상하게도 바다보다 산이 좋아졌으며 음악만큼 책이 좋아졌다. 이전에는

1년에 한 권도 읽지 않던 책을 요새는 책과 성경이 없이는 살 수 없는 사람이 되어 버렸다. 보통 경건 서적을 많이 읽는데 일주일 정도면 한 권을 읽는다. 예전 같았다면 상상도 못할 일이다. 책을 읽는 속도도 속도지만, 성경과 책을 읽지 않으면 살 수 없는 사람이 되었다는 것 자체도 이전엔 상상도 못하던 일이다. 그리고 또, 얼마나 사람 만나길 좋아했었던가…… 주변에 사람이 없으면 금방 외로워지고 우울해지고 그래서 매일 전화를 붙잡고 있던 적이 한두 번이 아니었다.

그러나 이제는 오히려 주님 안에서 적당한 외로움이 필요하다는 것을 느낀다. 그것은 외로움이라기보다는 고독이다. 고독은 나에게 많은 안식과 새 힘을 준다. 그 고독을 활용하지 못한다면 난 아마도 정상적인 목회자가 될 수 없을지 모른다. 고독할 때 성경 읽고 묵상하고 기도하고 설교문을 작성하고 글 쓰고 책 읽고 감사하게 된다. 주위에 사람이나 사물이 너무 많으면 감사할 시간이 없다. 그러나 조용히 혼자 있어 보면 기도와 함께 감사의 시간을 향유할 수 있게 된다. 목회자에게 이 '혼자 있음'은 필수 조건이라고 생각된다. 이민 와서 보니 가족의 중요성을 더욱 실감하게 된다. 하나님께서 가장 가까운 곳에 예비해 주신 이웃이 바로 가족이다. 그 가족을 사랑하지 못하면 누굴 사랑할 수 있을까.

가끔 둘째 녀석을 물끄러미 바라보는데, 그 애 얼굴만 봐도 즐겁다. 그 애가 나를 위해서 무엇을 해서도 아니고 아빠 쓰라고 어디서 돈을 벌어 와서도 아니다. 그냥 이쁘다. 그리고 감사하다. 새 눈을 뜨게 하셔서 바른 정신으로 사랑을 알게 하시니 이 얼마나 감사한 일인가. 이전에는 무슨 좋은 일이 생겨야 감사가 나왔다. 그러나 지금은 아무 조건 없이 하박국 선지자의 기도처럼, 내가 가진 게 없어도 그냥 주님 때문에 기쁘다. 이것이 바로 감사 그 자체인가 보다.

우린

우린 친구잖아요 우린 연인이에요

우린 진실이에요 우린 하나잖아요

우린 사랑이에요 우린 믿음이에요

우린 희망이에요 우린 또 사랑이에요

당신이 곁에 있으면 마음이 편안해요

당신은 항상 내 곁에 나는 당신 품으로

사랑해요 이 세상 끝난 뒤라도

사랑해요 정말 사랑해요

당신이 곁에 있으면 마음이 편안해요

당신은 항상 내 곁에 나는 당신 품으로

사랑해요 이 세상 끝난 뒤라도

사랑해요 정말 사랑해요

정말 사랑해요

(조하문 3집, 1991)

내 아픔 아시는 당신께

친구

내 삶에서 친구는 매우 소중한 존재였다. 그만큼 나의 옛 모습은 친구를 의지하고 그들과 놀고 그들과 시간 보내는 것을 아주 중요하게 생각했다. 그래서 한때는 생일 파티에 모든 친구를 초청해 약 30명가량이 집에 온 적도 있을 정도로 친구를 좋아했고 그만큼 친구도 많았다. 중학교 때부터 유난히 많았던 친구들은 대학 졸업 때까지 더욱 많아져서 서너 부류로 나누어 만나기도 했다. 만약 열여섯 명의 친구가 있는 경우 한꺼번에 만날 수 없기도 했고, 또 그들끼리는 서로 가까운 관계가 아니라서 서너 명을 기준으로 나누어 (음악친구, 술친구, 노는 친구, 공부하는 친구, 힘쓰는 친구 등 그 종류는 매우 다양했다) 만났으며 나에게 그들은 늘 웃음과 기쁨의 대상이었다.

20대에는 이 친구들이 영원하리라고 생각했고 그 친구들과 나 사이엔 어떤 것도 우릴 멀리하지 못한다는 신념이 있었다. 그래서 더욱 친구들에게 헌신했다. 어떤 일이든 친구와의 관계가 우선이었다. 친구 일이라면 가끔 음악 연습도 중단하고 시간을 조정했을 정도로 나의 생활에서 친구는 제일 우선이었고 그것은 백발 노인이 될 때까지 영원하리라 생각했다. 그래서 내겐 친구에 대한 것이라면 이성간의 사랑도 늘 뒷전으로 밀려났으며 그저 친구가 좋아 강남 간다는 식의 일은 거의 매일 생기다시피 했다. 그 당시 난 노래를 해서 번 돈도 있어서 경제적으로 여유가 있었다. 그래서 대개 평범한 학생이던 다른 친구들과 어디 가서 먹고 마실 때는 주로 내 주머니에서 해결했고 난 그것을 늘 기쁨으로 생각했다. 때론 이 세상 무엇보다도 중요한 것이 친구라 생각할 정도로 나는 친구를 믿고 의지하고 같이 방황하며 인생을 마음껏 즐겼다.

그런데 1981년 10월, 내가 갑자기 병을 얻게 되자 약속이라도 한 듯이 동시에 많은 친구들이 내 곁을 떠났다. 나는 그때 몸도 아픈데 그 상황을 이겨 내느라 너무 힘들었다. 내 나이 스물세 살(대학 4년). 처음으로 당해 보는 심한 고통이었던 것 같다. 그들은 단지 내가 아프기 때문에 그들과 함께 놀 수 없고 다닐 수 없어서 나를 기피했는지도 모른다. 그러나 아픈 나로서는 그 모든 친구들이 내 아픔까지도 이해하며 계속 같이 있어 줄 줄 알았던 것이다. 그러나 그런 나의 기대와는 달리 친구들은 다시 돌아오지 않았다. 그 후 10년이 지난 뒤, 내 건강이 어느 정도 좋아졌을 때 떠났던 친구들을 몇 번 만난 적이 있다. 그러나 마음 상태와 여러 가지 상황은 이미 너무나 많이 변해 있어서 대화가 계속 이어지지 않았고 난 그냥 허탈하게 집에 올 수밖에 없었다. 우리는 이미 예전으로 돌아갈 수 없을 만큼 서로가 변해 있었던 것이다.

그때쯤 나는 집에서 쉬면서 주로 곡을 쓰고 지냈는데 그때 새롭게 형성된 친구들이 있었다. 나의 허물을 알고 만나기 시작한 이 친구들이 생기고 난 후에 나는 다시금 그들에게 사랑을 주었고 이전처럼 얼마간은 다시 행복한 나날을 보내게 되었다. 그러나 나를 괴롭히는 병마는 나를 자주 낙담시키고 우울케 했다. 내 인생에서 '우울'이란 단어를 처음으로 쓰게 된 것이 바로 이 시기였던 것 같다.

그동안 내가 지나온 친구들과의 관계를 생각해 보면, 친구의 사랑엔 어떤 '목적'이 있는 것 같다. 그래서 그 목적이 성취되거나 혹은 이룰 수 없는 상황이 되면 친구 관계는 변질된다. 기쁨과 술을 함께 나누던 그 처음 친구들은 내가 그들과 함께 기쁨과 술을 나눌 수 없어졌을 때 떠났다. 그리고 그 이후에 만났던 친구들, 즉 인생의 또 다른 시기에서 만난 친구들은 그래도 나를 이해해 주었고, 때론 아가페적인 사랑도 해 주어서 난 이 친구들과의 관계야말로 영원하리라 믿었다. 그런데 그 중 한 친구가 스물일곱의 젊은 나이에 교통사고로 죽었다. 친구의 죽음 앞에서 나는 심한 슬픔에 빠졌고 처음으로 사후 세계에 대하여 생각하게 되었다. 그 친구의 죽음 이후, 친구들은 다시 이리저리 헤어지게 되고 난 또다시 혼자가 되어 한두 명의 친구들과만 가끔 만나며 관계를 지속하고 그 외엔 그저 내 일만을 하게 되었다.

그 즈음에 내가 〈이 밤을 다시 한 번〉으로 큰 히트를 내며 갑자기 유명 인사가 되자 또 한 부류의 친구들이 생겼다. 그들은 당시의 나와 비슷한 친구들로서, 다들 경제적 여유가 있고 시간 있고 사회적 기반도 어느 정도 탄탄한 사람들이었다. 그때부터 난 약간 멀리 떨어져서 바라보는 심정으로 그들과 사귀고 술 마시고 골프 치며 지내게 되었다. 그들도 나도 서로에게 기대하는 것은 별로 없었다. 내가 한 번 사면 그들이 한 번 사고, 그야말로 '사회친구'가 된 것이다. 그렇게 몇 년을 지냈는데, 어느 순간 그들은 내가 영문도 모르는 사이 또 내 곁을 떠났다. 당시엔 이해가 안 되고 섭섭한 마음이 들기도 했지만 자신의 사회적 성공을 위해서 그 친구들은 또 그렇게 다른 쪽으로 갈 수 밖에 없었다는 것을 곧 이해할 수 있었다.

물론 '모든' 친구 관계가 다 그런 것은 아니다. 좀 특별한 경우도 있다. 내가 사람을 잘 보는지 그렇지 못한지는 잘 모르겠지만 언제나 한결같고 또 내게 좋은 영향을 많이 준 친구도 몇 명 있다.

그런 친구 중 한 명은 동년배가 아닌 음악하는 선배 형이다. 내가 외롭고 어려울 때 찾아가 이야기하면 그 형은 늘 참 따뜻하게 말을 해 주곤 했었다. 나랑 나이가 열두 살이나 차이 나는 그 형은 그리스도인은 아니었지만 생활에 절제를 아는 사람이다. 내가 목사 되기까지, 즉 주님 만나는 그날까지도 그 형은 늘 내 옆에 한결같은 자세로 있었다. 난 그런 형을 참 좋아했고 존경했다. 그 후에 내가 주님 만나고, 음악계를 떠나고, 신학대학원에 가고, 목사가 되자 자연스럽게 만날 기회는 없어졌지만 그 형은 내가 그동안 만나 본 사람들 중에서 정말로 사내답다고 느낀 몇 안 되는 사람 중 하나였다. 그 형의 노래가 히트되거나 안 되거나에 상관이 없이 난 늘 그 형이 참 고맙고 좋았다. 그 형은 너무나도 아름다운 인간미가 흐르는 사람이었다. 아울러 자기 음악에 대한 주관도 뚜렷하고 생활의 절제력도 강했다.

얼마 전 모 잡지를 보니 형의 콘서트 소식이 실려 있었다. 이제는 쉰이 한참 넘은 나이인데도 불구하고 열정적으로 콘서트를 하는 그 형의 모습이 참 좋아 보였다. 아마도 그래서 한국의 언더그라운드 출신 유명 가수들이 그 형을 많이 따르고 하는 것 같다. 언젠가 그 형이 그리스도인이 된다면 참 아름다운 신앙인이 될 것 같다는 생각을 해 본다. 아픈 중에 음악을 하는 동안 그 형에게 받은 위로가 참 많다. 〈이 밤을 다시 한 번〉을 시작으로 주님 만나기 전인 1997년까지 나는 거의 10여 년을 솔로로서 음악 생활을 했는데, 나의 음악적 삶에 가장 깊은 영향을 준 사람도 바로 그 형이다. 사실 자기 자신이 어려운 상황에 있을 때는 왠지 친구 만나기가 꺼려지는 것이 보통인데 나는 어려울 때마다 꼭 그 형을 찾아갔고 형은 밤이든 낮이든 나에게 귀중한 친구 역할을 해 주었다.

1997년 예수님을 만난 이후 내게 더 이상 '세상 가르침'의 선생님이 필요 없게 되었을 때, 난 그 형을 찾아가 주님 만난 이야기를 하고 모든 문제가 다 해결되었다고 했더니 마치 자기 일처럼 기뻐하며 나를 격려해 주었다. 그 형을 떠올리면 친구 사이에서 가장 필요한 것은 상대방에게 필요한 것을 주는 것이라는 생각을 하게 된다. 위로가 필요한 사람에겐 위로를, 칭찬이 필요한 사람에겐 칭찬을, 같이 울어 주는 것이 필요한 사람에겐 같이 울어 주는 것이 바로 친구인 것 같다.

그러한 친구 중엔 그 형 말고 동년배 친구도 두 명 있다. 내게 소중하게 남아 있는 친구들이다. 그 둘은 내게, 친구이기 때문에 서로 위로하고 또 내가 혹은 그 자신들이 손해를 좀 봐도 괜찮은 그런 친구들이다. 실수를 해도 이해해 주고 때론 의견이 틀려도 들어 주는 친구. 이들은 81년, 내가 갑자기 병이 난 후 거의 모든 친구들이 내 곁을 떠났을 때에도 곁에 계속 남아 있어 준 친구들이다. 지금까지 약 30년간 내가 술을 퍼마시든, 실수를 하든 또는 상식에서 벗어난 어떤 행동을 해도, 비난하거나 멀어지지 않고 그저 조금 떨어진 곳에서 조용히 지켜봐 주던 친구들이다.

그들은 목사가 된 나를 지금도 조용히 그리고 유심히 지켜봐 주고 있는 것 같다. 그런 사람들과 함께하는 것은 참 행복한 일이다. 늘 변함없는 사람, 금방 이랬다가 금방 저랬다가 하지 않고, 30년을 한결같이 지내 온 친구가 나에게 있고, 그것도 두 명씩이나 있다는 것은 하나님의 은혜라 생각된다. 물론 처음엔 그들도 술친구였고 노는 친구였고 때론 함께 망가지기도 했지만 세월이 흐름에 따라 성숙한 어른으로 변해 버린 아름다운 사람들이다. 나는 그런 사람이 좋다. (그들이 아직 하나님을 알지 못한다는 점이 안타깝긴 하지만.) 이렇듯 나의 일생에 친구는 매우 중요한 요소였다. 그들 때문에 울었고 그들 때문에 웃곤 했다.

이민 오기 전 서울에서 옛날 친구들을 만난 적이 있다. 그들 중에는 고등학교 동창도 있었고 사회생활할 때 만난 친구들도 있었는데, 그때 그들은 완전히 변해 버린 내 모습을 보고 모두 심각한 표정이 되어 버렸다. 여전히 친구 사이였는데도 불구하고 그들은 어쩐지 내 앞에서 예전처럼 술·담배 하기도 꺼려했다. 친구들의 그런 모습을 보면서 나는 그들을 위해 기도하지 않을 수 없었다. 그 중 몇몇은 내가 한참 어둠에 빠져 있을 때에 함께 지내던 친구들이어서 누구보다도 과거의 내 모습을 잘 알고 있는지라 나의 변화가 두렵기까지 하다는 말을 했다. 하나님께서 살아 계시다는 게 어떤 것이기에 하루에 양주 몇 병을 먹어 치우던 저 친구가 저렇게 변할 수 있는가 하며 그 친구들은 그저 계속 놀라고 의아해했다. 그러나 난 오히려 그들의 모습이 안타까워서 그들이 하루빨리 주님과 가까워지길 기도하고 있다. 그 친구들이 세상 욕심 그만 쫓고 이제 주 안에서 평안하길 진심으로 바란다. 하나님을 만나지 못하고는 결코 세상의 집착에서 벗어날 수가 없기 때문이다.

하나님의 은혜가 없었으면 난 이곳 캐나다에 오지도 못했을 것이다. 그건 내가 한국 스타일을 너무 좋아했기 때문이다. 식성도 성격도 모든 관습도. 하지만 주 안에서 그것도 변했다. 식성도(육식에서 채식으로), 성격도(해결 안 됨에서 해결됨으로), 모든 관습, 습관도 다 변했기에 이곳에 올 수 있었다.
이전에 캐나다 공연차 처음 와 봤을 때 이곳은 정말 사람 살 곳이 못 된다고 말했던 기억이 있다. 그러나 주님을 만나고 보니 캐나다는 내게 살기 좋은 곳으로 변했다. 예전에 나는 술, 담배, 친구 없이는 살 자신이 없었지만 이젠 이곳이 고요하고 책 읽기도 좋은 곳이라서 좋다. 그래서 지금은 친구를 별로 찾지도 않고 만날 친구도 없다. 이제는 친구가 책이요, 강아지요, 혹은 피아노가 되기도 한다.

주님 안에서 처음으로 외롭게 사는 법을 배운다. 이전에는 외로우면 못 살았다. 늘 친구랑 만나야 하고 한 시간이라도 즐겨야 했다. 그렇기에 외로운 것은 딱 질색이었고 우울한 것은 더욱 싫었다. 그러나 어느 날부터 하나님이 자꾸만 외로움과 친구 되는 법을 가르쳐 주셨다. 고독함은 이제 내가 나의 자아를 돌아보며 성숙해 가는 시간으로 소용될 때가 많아졌다. 그래서 지금은 가끔 일부러 상황을 외롭게 만들기도 한다. 그래야 평안히 책을 읽을 수 읽고 조용히 기도할 수도 있기 때문이다. 주님 안에서 새롭게 만난 친구들도 있지만 각자 사역의 영역이 다르므로 만나기가 쉽지 않다. 더욱이 '잔디 광야'라는 캐나다에서 한인 친구를 만들기란 쉬운 일이 아니다. 그러므로 가족과 친구가 되는 경우도 많다. 사실 나는 목사로서 친구가 자주 필요하지는 않기 때문에 대부분의 시간을 아내와 차를 마시며 대화하는 것으로 보내곤 한다. 나의 이러한 변화에 비해, 이전에 만나던 친구들이 아직도 예전과 똑같이 지내는 것을 보면 참 놀랍고 아득한 느낌이 든다. 그 친구들을 보면 정말이지 지금의 나의 변화는 분명 그분의 한없는 은혜가 아닐 수 없다.

그리고 나는, 이제야 비로소 내가 '친구' 노릇을 온전히 해야 할 때인 것을 느낀다.

내가 일주일에 한두 번 고정적으로 방문하는 캐나다 장애인 공동체에는 친구가 많다. 그들은 내가 오는 시간을 정말 많이 기다린다. 노래 때문일까, 하는 말 때문일까, 아니면 외로워서일까. 그들은 하나님이 나에게 주신 캐나다의 좋은 친구들이다. 그들과 있으면 참 행복하다. 잘난 체하는 사람도 없고, 정죄하거나 비판하는 사람도 없고 오직 순수한 영혼을 지닌 장애인들밖에 없기 때문이다. 가끔 내 마음을 아프게 하는 것은 오히려 그곳에서 일하는 '비장애인'(staff)들일 때가 훨씬 많다. 그럴 때면 나는 '아, 저분은 마음이 장애구나'라는 생각이 들어 가슴이 참으로 답답해진다.

우리 장애인 친구들과의 대화는 매우 단순하다. 그들은 나를 친구로서 또 성직자로서 굳게 믿고 있으므로 나의 말은 무조건 믿는다. 그래서 나는 그들을 대할 때 내 말에 대한 책임감을 더욱 크게 느끼곤 한다. 얼마 전에 어느 자매님은 죽을까 봐 두렵다고 내게 고백한 적이 있다. 그때 나는 그로 인해 매우 두려워하는 그녀에게 담대하게 말해 주었다. 그런 일은 일어나지 않을 것이며 두려워하지 말라고……. 사실 그녀는 늘 누군가가 자기를 공격해 죽일 것 같다는 망상에 시달렸는데, 그날 내가 그녀에게 예수님을 믿느냐고 하자 믿는다고 해서 그러면 그런 일은 절대 일어나지 않는다고 강하게 말해 주었더니 얼굴색이 비로소 편안해지며 웃음을 터뜨렸다.

나는 웃음을 좋아한다. 특히나 목회자는 성도들과 친구가 되어야 하는데 웃지 않는다면 참으로 너무 힘들 것 같다. 그래서 난 조금 덜 목회자같이 보이더라도 남을 잘 웃기고 웃는 것이 좋다. 주님 만나기 전부터 나는 이런 면이 좀 많았는데, 은혜 받은 이후 한동안은 잘 그러지 못했다. 신학교에 다니던 때만 하더라도 웃음을 자아내는 일은 거의 안 했다. 늘 심각한 얼굴로 성령 충만한 상태를 유지하곤 했는데 얼마 전부터 상황이 변해 가면서 내게 새로운 마음이 하나가 들어왔다. 그것은 바로 "기뻐하라"는 말씀이었다. 그래서 그 이후로 나는 웃는 데 인색하지 않기로 했다. 내 얼굴은 웃지 않으면 너무 심각해 보인다는 아내의 말도 아마 그 이유의 하나로 작용했을 것이다. 한때 근엄하고자 했던 내 모습을 떠올려 보면 웃음이 난다.

아무리 화날 때라도 웃을 수 있으면 화내지 않아도 되는 것을, 그 쉬운 것을 잊어버리고 우린 너무 어렵게 웃는다. 이곳 캐나다인들은 참 잘 웃는다. 별다른 코미디 극을 보지 않더라도 쉽게 웃으면서 말한다. 그런데 나는 처음에 그것이 잘 안 되었다. 웃으려면 크게 웃든지 아니면 가만히 있었지, 잔잔한 미소라는 것은 내게 거의 없었다. 그런데 주님을 만나고 시간이 좀 흐르자 가면이 아닌 진정한 웃음을 배우게 되었다. 난 이제 쉽게 웃을 수 있는 사람이 되어 있다. 웃는다는 것은 참 좋다.
그런 면에서 난 개그맨이나 코미디언을 존경한다. 그들은 남에게 웃음을 주기 위해 본인의 인생을 바치지 않는가. 이전에 나는 코미디언 서영춘 씨의 팬 중의 팬이었다. 얼마나 철저하게 준비를 하고 공연을 하시는지 난 지금까지도 그만한 프로 의식을 가진 분을 별로 본 적이 없다. 그분과의 만남은 사실 마그마 시절 MBC 여의도 방송국 로비에서 마주친 게 전부였고 그 후 얼마 안 되어서 돌아가셨다. 만났을 그 당시에 그분은 노란 모자에 녹색 양복 아니면 녹색 모자에 노란 양복을 입고 계셨다. 난 그분의 그 모습에서부터 '이분은 진짜 코미디언이시구나' 하며 감탄했었다. 일찍 돌아가셔서 지금 젊은 분들은 잘 모르겠지만 나는 지금도 방송 중이나 콘서트 중에 가끔 그분 이야길 하곤 한다. 왜냐하면 내가 그분 때문에 많이 웃었기에 감사해서 그렇다. 예전에 '웃으면 복이 와요' 라는 장수 코미디 프로그램이 있었다. 그 프로그램에서 나에게 귀한 친구인 장애인들에게도 웃음이 참 많이 필요하다. 그래서 난 수요일마다 세상 공연을 하며 때론 그들을 웃기려고 노력하는데, 내 영어 실력 때문인지 내 머리의 한계 때문인지 쉽지가 않다. 그런데 모두가 함께 노래하고 무언가 두드리면서 같이 참여할 때 참 많이들 웃는다. 친구는 친구에게 웃음을 주는 존재가 되면 참 좋을 듯하다. 남을 인정하고 받아들이는 일은 참 쉽지 않다. 그러나 웃음 속에서는 다른 사람을 이해하고 받아들이기가 훨씬 쉬운 것 같다.

그대에게

아주 예쁜 노래로 나의 사랑을 보여 주고 싶어

아주 맑은 노래로 나의 영혼을 보여 주고 싶어

그대에게

내가 살고 있는 기쁨의 나라에서

함께 노래하고 싶어

내가 살고 있는 사랑의 나라에서

함께 이야기하고 싶어

그날을

아주 예쁜 노래로 나의 기다림을 보여 주고 싶어

아주 맑은 노래로 나의 그리움을 보여 주고 싶어

그대에게

내가 살고 있는 기쁨의 나라에서

함께 노래하고 싶어

내가 살고 있는 사랑의 나라에서

함께 이야기, 함께 이야기하고 싶어

내가 살고 있는 사랑의 나라에서

함께 이야기, 함께 이야기하고 싶어

그날을

그날을

(조하문 4집, 1993)

내 아픔 아시는 당신께

목사

사실 주님을 만난 것과 죽은 것은 어떻게 보면 같은 이야기라 할 수 있다. 캐나다에 처음 이민 와서 만난 분 중 12년 전 내가 이곳에 콘서트 겸 왔을 때의 조하문을 기억하는 분을 만나 뵌 적이 있다. 그분은 내가 가수였을 때 나를 자신의 차에 태우고 다녔다고 하시면서 나를 보는데, 그 느낌이 불편하고 이상했다. 그래서 난 곧 그분에게 "집사님, 집사님이 생각하시는 그 10년 전 조하문은 97년 9월에 죽었습니다. 그리고 지금 여기에 있는 조하문은 이름만 같을 뿐입니다"라고 말씀드렸더니 그제야 비로소 얼굴 표정이 풀리셨다. 그분은 아마 옛날의 나를 기억하고 '어떻게 그런 사람이 목사가 되나' 하고 생각하신 것 같았다.

세월이 지나면 지날수록, 주님을 만난다는 것이 옛사람의 죽음을 분명하게 포함한다는 것을 더욱더 느끼게 된다. 주님을 만나고 난 후 나는 진심으로 용서를 구하기 위해 그동안 알고 있던 분들을 많이 찾아다녔다. 그 중에는 당시 내가 운영하던 사업장의 직원들도 있었다. 동일하게 용서를 구하는 과정에서 직원들 중에는 (물론 그렇지 않은 분도 있었지만) 내 달라진 모습을 보고 교회에 출석하는 분이 생기기도 했다. 사업과 음악을 가진 채 만난 예수님은 결국 나에게 모든 것을 내려놓게 하고 한참 동안 조용히 혼자 있게 하셨다. 그리고 그 후, 신학대학원에서 3년을 공부하게 하셨다. 계속되는 훈련 속에서 주의 도구로 만드신 것이다. 극장 사업 이후 내가 손대고 있던 사업을 그만둔 것도 망해서가 아니라, 신학을 시작하고 보니 두 가지를 동시에 섬길 수 없었기 때문이었다. 난 '돈'으로부터의 자유함을 얻었고 그로 인해 스스로 폐업할 수 있었던 것이다.

그분의 손을 쥐고 동행하면 별 문제가 생기지 않는다. 지난 9년간 나에게 문제된 것들이 있다면 가끔 그분보다 앞질러 가거나 가끔 나의 생각을 그분 생각이라고 우긴 경우다. 이런 경우를 제외하고는 늘 그분은 평안인 것을 말씀 중 깨닫는다. 주님이 그동안 내게 여러 번 주신 말씀 중 하나가 바로 "여호와께서 너희를 위하여 싸우시리니 너희는 가만히 있을지니라"(출 14:14)이다. 정말 그렇다. 가만히 있는 것이 참 힘들다. 움직이고 바삐 일하는 것은 쉬워도 그분의 음성이 들릴 때까지 인내하며 기다리는 것은 쉽지 않다. 이 쉽지 않은 일을 하기 위해선 우리에게 훈련이 필요하다. 그리스도 안에서의 훈련……. 그것은 나로 하여금 말씀에 잘 순종하게 되는 특별 훈련이었다.

지금 내가 주님과 동행한다면 무슨 일도, 어떤 곳도 다 받아들일 수 있지 않겠는가. 문제는 바로 이것이다. 주님과 동행하느냐 아니면 그냥 교회 출석하는 데에만 그치느냐는 정말이지 진지하게 생각해 볼 문제이다. 그분과 동행하면 강제가 아니라 '자발적'으로 그분께 헌신할 수 있다. 난 그분의 은혜로 사업들을 폐업할 때 어떤 것은 필요한 이웃에게 거의 드리다시피 하면서 모두 정리했다. 그렇지만 그 이후로 지금까지 단한 번도 타력이나 외부 상황 때문에 굶어 본 적은 없다. 하나님을 정말 전능하신 분이라고 믿는다면 왜 나의 먹고 사는 문제와 직접 관련될 때는 신앙이 약해지는지 때론 마음이 안타깝다.

서울도 그렇고 이곳 토론토도 마찬가지로 일 때문에 주일성수(主日聖守)를 거르는 분들이 많이 있다. 그러나 우리는 이런 부분에서도 용감해져야 된다고 생각한다. 자꾸 내가 나의 삶을 책임지면 이 세상 끝나는 날까지도 계속 내가 책임져야 한다. 왜 그렇게 어려운 길을 가겠는가?

나도 예전엔 내가 좀 똑똑한 줄 알았다. 그런데 지금은 다르다. 살면 살수록 더욱 모르는 게 많아지는 것 같다. 그러니 주님을 더욱 의지할 수밖에……. 어떤 때는 중학생이 아는 지식도 모를 때가 있다. 그리고 예전 일들이 거짓말처럼 기억나지 않는 경우도 많다. 그것도 참 은혜다. 그래서 이젠 너무 아는 게 없어서 말을 잘 안 한다. 그러나 성경이나 주님에 관한 이야기는 점점 많이 알아 간다. 난 그분을 이야기할 때가 가장 즐겁다.

내가 소유한 모든 게 그분 것이라는 사실도 몇 년 전에야 깨달았다. 십일조라는 것은 십의 일만 주님의 것이라는 뜻이 아니라, '십' 모두가 그분 것인데 은혜가 풍성하신 그분께서 우리에게 십의 구를 쓰라고 허락하신 것이다.

십일조 문제로 고민하시던 어느 집사님 내외분께도 나는 이 부분을 말씀드렸던 적이 있다. 다행히 그분들이 내가 시무하는 교회 교인이 아니셔서 편하게 이야기할 수 있었다.

"십일조…… '십' 모두가 주님 것인데 십의 구를 쓰라고 명하신 것이지 '십의 일을 바친다'라고 해석하시면 시험에 들기 쉽습니다. 그리고 십일조는 주님이 가라고 명하신 교회에서 내셔야 합니다."

성경을 자세히 읽어 보면 예배나 헌금은 하나님이 원하시는 장소에서 그분이 원하시는 방법으로 그분의 때에 드리라고 되어 있다. 이것을 어긴 북이스라엘 첫 왕인 여로보암은 백성을 빼앗길까 두려워서 본인이 원하는 장소에서 본인이 원하는 방법으로 본인의 때에 레위 사람이 아닌 다른 지파 사람을 제사장 삼아 하나님께 예배드리다가 결국 멸망한다(왕상 12:25-33). 이와 같이 우리는 그분이 원하시는 예배를 드려야 한다. 솔로몬이 성전을 건축했던 곳도 주님이 원하시던 장소였던 것을 우리는 기억한다.

"솔로몬이 예루살렘 모리아 산에 여호와의 전 건축하기를 시작하니 그곳은 전에 여호와께서 그 아비 다윗에게 나타나신 곳이요 여부스 사람 오르난의 타작마당에 다윗이 정한 곳이라"(대하 3:1).

주님은 아브라함에게 그의 아들 이삭을 모리아 산에서 번제로 바칠 것을 명령했고, 다윗에게 오르난의 타작마당에서 예배드리기를 명령하셨으며 솔로몬에게 바로 그 동일한 자리에 성전을 세우라고 하신 것이다. 내가 나의 욕심에 이끌려 십일조를 내가 원하는 곳에 하면 그것은 바른 십일조가 되지 못한다. 교회 목회자의 경우는 본인이 설교하는 교회에 십일조를 내는 것이 합당하다고 생각한다. 많은 그리스도인들이 이 십일조 때문에 고민하는 것은 충분히 이해할 수 있는 일이다. 그러나 그 고민에서 정말 잊지 말아야 할 것은, 다시 말하지만 십의 십이 다 그분 것이라는 사실이다.

때론 목숨이나 돈보다도 중요시 여겨지는 게 우리 자존심인 경우가 얼마나 많은지. 그런데 주님은 나에게 요구하셨고 난 그 세 가지(목숨, 자존심, 재물)를 다 드릴 수밖에 없었다. 그 이후로 정말 홀가분해진 것을 느낀다. 나에게 어떤 문제가 생겨서 나의 목숨이나 재물이나 자존심이 어떻게 된다 해도 다 그분의 계획 안에 있는 것이기에 나는 순종만 하면 된다. 그래서 마음에 큰 걱정이 없는 것이 사실이다. 성경을 지나치게 비유적으로 해석하는 것은 별 도움이 되지 않는다고 생각한다. 때론 바보처럼 그저 문자 그대로 받아들이는 것이 영적 건강에 좋을 수 있다. 그래야 천국을 믿고 성경말씀대로 살 수 있는 것이다.

나도 한때 굉장히 머리 쓰는 사람이었다. 어떤 때는 소수점 두 자리까지 계산기를 두드리며 어느 쪽이 이득일까 하며 사업하던 사람이었다. 그러나 난 깨달았다. 나보다 훨씬 지혜로우신 분이 날 구해 주시고 함께하여 주신다는 사실을……. 이왕이면 나보다 나를 더 잘 아시는 그분께 날 맡기는 것이 지혜가 아닐까. 요새는 회사도 전문 경영인에게 맡기는 추세인데 하물며 이 복잡한 인생을 경영하는 일이야 더 말할 필요가 있겠는가. 신학자 칼뱅(Calvin)은 이렇게 말했다. "아이큐 측정이 가능한 자가 아이큐 측정이 불가능한 하나님을 이해하려는 것 자체가 정신이상자의 행위이다"라고…….

진정한 지혜가 무얼까. 성경에는 하나님을 경외하는 것이 지식의 근본이라고 쓰여 있다. 그분은 나의 과거·현재·미래 모두를 아신다. 나의 지식을 사용하여 인생을 망칠 것인지 아니면 전능하신 그분께 인생을 맡김으로써 성공적인 삶을 살 것인지는 우리의 선택이다. 어떤 면에서 보면 인생은 계속되는 선택으로 이어지기도 한다. 그러나 선택의 기회가 없어질 때가 온다. 그때를 두려워해야 한다. 아직 선택의 기회가 남아 있을 때 그것을 지혜롭게 쓰는 분들이 되길 바란다.

내가 만약 그분을 깊이 알지 못했다면 지금도 나는 나를 의지하며 사는 사업가로 남아 있었을지 모른다. 그러나 그분을 깊이 알고 보니 내가 할 일과 그분이 하시는 일의 순서를 깨닫게 되었다. 돈, 명예, 목숨은 지킨다고 지켜지는 것도 아니며 노력한다고 다 얻어지는 것도 아니다. 이런 것들이 노력의 산물이라면 인생의 성공은 성적순일 것이다.

당신은 바람이니까

당신은 날 뜨겁게 하죠
항상 곁에 있어 주세요
내 그늘은 무척 추워요
당신 얼굴에 빛이 없다면

당신은 날 편하게 하죠

항상 앞에 있어 주세요

내 그늘은 무척 어둡죠

당신의 그 사랑이 없다면

나 누구도 가질 수 없는 걸 가졌죠

당신의 무한한, 무한한 능력으로

알려지지 않은 아름다운 사랑으로

아픔 뒤에 숨겨진 웃음으로

당신은 나의 희망이죠

내가 원했던 그 모든 것이죠

어떤 것보다 높이 날 수 있어요

당신은 바람, 바람이니까

나 누구도 가질 수 없는 걸 가졌죠

당신의 무한한, 무한한 능력으로

알려지지 않은 아름다운 사랑으로

아픔 뒤에 숨겨진 웃음으로

당신은 나의 희망이죠

내 아픔 아시는 당신께

내가 원했던 그 모든 것이죠

어떤 것보다 높이 날 수 있어요

당신은 바람, 바람이니까

당신은 나의 희망이죠

내가 원했던 그 모든 것이죠

어떤 것보다 높이 날 수 있어요

당신은 바람, 바람이니까

당신은 나의 희망이죠

내가 원했던 그 모든 것이죠

어떤 것보다 높이 날 수 있어요

당신은 바람, 바람이니까

당신은 나의 희망이죠

내가 원했던 그 모든 것이죠

어떤 것보다 높이 날 수 있어요

당신은 바람, 바람이니까

(조하문 4집, 1993)

제2막

내 아픔
아시는
당신께

게으름

　참 게을렀다. 담배를 피우다 휴지통까지 걸어가기 싫어서 길에 버린 적이 수도 없다. 게을러서 내 이불을 내가 정리한 적이 없다. 게을러서 오늘 할 일을 내일로 미룬다. 게을러서 돈에 더 집착한다. 게으른 사람에게는 돈이 꼭 필요하다고 생각했기 때문이다. 게을러서 뉴욕에 있을 때 삼 일치 밥을 한꺼번에 해 놓고 반찬은 스팸만 먹었다. 게을러서 한번 입은 옷은 빨아야 할 때까지 벗지 않았다.

　게으름은 곧바로 우울함과 연결된다. 나중엔 게으름이 심해져서 술집 가는 것도 귀찮아 집에서 술을 먹곤 했다. 난 그런 것이 예술가다운 생활방식(life style)이라고 생각했다. 그런데 오히려 창작 활동은 더욱더 뜸해지고 매일 술이었다. 대낮에도 술을 마시기 시작하고 막살기 시작했다. 게으름은 무서운 병이다.

　이 게으름도 하나님이 개입하시면서 많이 없어졌다. 지금은 정말 하기 싫은 것도 때론 손바닥으로 내 무릎을 치거나 심한 경우 정신 차리게 나를 한두 대 때리면서 하곤 한다. 이런 식으로 나는 내 안의 뿌리 깊은 게으름을 쫓는다. 귀찮게 생각될 땐 벌떡 일어나 그 일을 막 한다. 그럼 마음이 금방 행복해진다. 추운 날…… 싫지만 일찍 일어나 지하로 내려가서 기도하며 시작한다. 정말 피곤하지만 건강을 위해 거리에 나가 뛰기 시작한다. 10분만 지나면 머리에서 엔도르핀이 솟는다.

　주일 설교도 준비 자체가 때론 부담이지만 서재에 들어가 무조건 시작하면 주의 은혜로 원고가 써진다. 은혜가 감사할 따름이다. 일하기 싫지만 쓰레기 정리, 정원에 있는 잔디 깎는 것, 낙엽 치우는 것, 설거지, 집안 청소 모두 부지런히 한다. 게으른 자는 이웃을 용서 못한다. 그러나 근면한 자는 성실함으로 용서할 수 있다. 모두 오직 은혜로 가능하다. 360도가 아니라 180도로 바뀐 것이다. 어떤 때는 가장 하기 힘든 일만 골라서 더 하기도 한다, 빨리 성화되고 싶어서……

손톱

38년을 손톱깎이 없이 산 것 같다. 물어뜯는 것으로 거의 38년을 해결했다. 손톱의 길이는 곧 내 안에 고질적으로 존재하던 초조함의 모양 그대로였다. 내가 그것을 인식하고 있었든 인식하지 못하고 있었든 간에 말이다.

그런데 은혜 받고 나니 필요해져서 손톱깎이를 여러 개 샀다. 과거에는 다른 가수들이 손톱을 길러서 기타 치는 것을 보면 나도 저렇게 해야지 하면서도 지내다 보면 어느새 손이 입 속에 있음을 발견했고, 또 손톱은 짧아져 있었다. 그런 일이 매번 반복되었다. 그런데 요샌 손톱이 길어져서 가끔 기타를 칠 때 그 소리가 아주 멋스럽게 나곤 한다. 물론 그 후에 금방 깎긴 하지만, 이젠 물어뜯지 않고 손톱깎이를 사용한다.

이 모든 것 역시 이전엔 경험해 보지 못한 것 중 하나다. 모든 것이 평안하니 손톱 물어뜯는 버릇조차도 어느새 없어진 것 같다. 정말 은혜 아닌가.

술

참 신기하게도 성령세례 받은 날 딱 끊게 되었다.

그 이후론 아직까지 가까이 해 본 적이 없고, 요새는 한 방울도 먹고 싶지 않아져서 술에 대해서는 참 자유를 느낀다. 예전에는 일주일에 4-5회는 마셔야 하던 술이 97년 9월 그날에 그냥 끊긴 것이다. 그날 이후 한 번은 결혼 기념일에, 별 생각 없이 아내와 레드 와인을 한 모금 먹었다가 매우 혼난 적이 있다. 난 이제 명실 공히 술로부터 자유로워졌고 술보다는 청량음료가 훨씬 더 좋다.

이런 것을 보고 기적이라고 하는 것 같다.

담배

　술보다는 조금 시간을 끌었고 날 많이 괴롭혔다. 그러나 그분의 강권적인 손길에 결국은 항복했고 나는 담배 중독으로부터 완전히 해방되어 지금은 아주 '청결한'(?) 사람이 되었다. 요새는 담배 피우는 분들을 보면 안타까운 마음만 들며, 그저 나의 변화에 감사할 뿐이다.

대마초

　대마초는 81년 10월의 그 사건 이후, 두 번 다시, 생각도 해 본 적이 없다. 그것 때문에 병을 얻었고, 그 병으로 죽을 뻔했던 것을 주님이 살려 주셨기 때문에 나는 누굴 만나든 이것에 사로잡혀 이런 유의 것을 하는 분들에게는 아주 단호한 조언을 해 드리고 싶다. 이것은 결과적으로 술, 담배와는 전혀 다르다. 더 이상 말하고 싶지도 않다.

2막 1장 음악

마그마

    과거의 나에게 음악이란 절대적인 것이었다. 난 온몸과 마음을 바쳐 음악을 사랑했고 가수가 되기 위해서가 아니라 음악 자체가 좋아서 하루에 몇 시간씩, 거의 초등학교 시절부터 예수님 만난 97년까지 음악과 동고동락하였다. 그 중에서도 좋아한 분야는 오직 록이었다. 록 때문에 음악을 시작했다. 록은 인생을 투자할 만큼 어떤 특별한 '정신'이 필요한 세계라 생각했다. 많은 이념주의자들이 정신 세계에 대해 혹은 어떠한 영과 혼에 관해 이야기를 한다. 그와 마찬가지로 로커가 되면 그것이 하나의 삶의 목적이 되고 수단이 되며 모든 종교를 초월하는 존재가 되는 것이다. 그래서 그런지 트로트나 발라드, 포크 음악 하시는 분들 중에는 그리스도인이 많아도, 온전히 록을 하는 사람들 중에는 그리스도인이 거의 없다. 록에 심취하게 되면 대개는 신을 부정하게 된다. (그것이 필수는 아니라도 결국엔 거의 다 그렇게 되게 마련이다.)

    4비트(Four beat)로 강렬한 소리를 내면 모두 다 록이라고 생각하는 사람이 많은데 그건 잘못된 생각이다. 록에서 첫째 가는 필수 조건은 '가사'이다. 사랑 타령, 술 타령하는 가사로만 노래한다면 '로커'라고 불릴 수 없다. 진정한 로커라면 필수적으로 가사를 통해 지구에 존재하는 나와 사회, 문화, 철학, 종교 등의 관계를 표현해 주어야 한다. 아무리 비트가 강렬하고 멜로디가 좋아도 가사에서 주는 충격 없이 단순히 사랑

노래로만 그친다면 그것은 록이라고 할 수 없다. 반대로 조용하게 흐르는 음악이라 하더라도 가사에 무게가 있고 나와 사회에 대한 통찰을 담은 감동적인 메시지를 전달하고 있다면 오히려 그것을 록이라고 할 수 있다.

그래서 난 메탈 음악은 별로 좋아하지 않는다. 메탈이 록으로부터 나왔다고는 하지만, 내가 보기에는 거기에 어떤 특별한 감동을 주는 가사나 심오한 멜로디는 없다. 오직 부수는 데 급급하다는 인상을 받을 뿐이다. 음악인으로서의 내가 메탈 음악에 대해 갖고 있는 이런 견해는 좀 극단적이라고 할 수도 있겠지만, 그래도 여전히 난 그것이 그저 어렸을 때 잠깐 듣는 음악에 불과한, 참 단순한 세계라고 잘라 말하고 싶다.

하여간 중3 때부터 록에 빠지면서 내 인생도 록처럼 변하기 시작했다. 차분한 중학생이었던 나는 성격이 조금씩 거칠어지기 시작했다. 록 음악은 하면 할수록 자아가 매우 강해지고 처음엔 '약간' 독선적으로 변하다가 점점 '매우' 독선적인 사람으로 바뀌며 나중에는 무엇이든지 다 자기가 원하는 대로만 하려고 하는 '극도'의 독선, 곧 무질서에 빠지게 된다. 다른 사람은 몰라도 적어도 나는 그렇게 되어 갔다. 그리고 그렇게 되어 갈수록 나는 점점 더 세속적인 희열과 함께 묘한 우월감을 느끼며 (물론 건강 때문이기도 했지만) 텔레비전에 얼굴 내비치기가 싫어졌고 언더그라운드 스타일로 음악을 하게 되었다.

성격도 아주 강해져 갔으며 음악을 듣고 따라 하던 것도, 대학에 들어간 후에는 강도가 더 높아져서 더욱 희귀한 음악들을 듣고 따라 하게 되었다. 또 그 영향으로 그런 음악을 만들기도 했다. 로니 제임스 디오의 〈바벨론의 문〉(Gates of Babylon)이란 음악이 그 한 예이다. 그 곡은 마치 바로크 시대 음악같이 무겁고 그리 빠르지도 않다. '바벨론의 문'은 '어두운 세계로 들어가는 문'이라는 뜻인데 나는 이런 음악에 심취해 있었다. 그러므로 예수를 믿는다는 것은 내게 소꿉놀이처럼 느껴졌으며 진정한 로커가 예수를 믿는다는 것은 더군다나 상상도 할 수 없는 일이었다. 간혹 교회에 다니는, 착하고 아름다운 교인들을 보게 되어도 내 눈에는 그들이 그저 사오정같이 시시하고 우스꽝스러운 사람들로 보일 뿐이었다. 나의 교만은 극에 달해 갔고 같은 음악인들 내에서도 그 자부심과 자만심은 하늘을 찌를 듯했다.

그때쯤 마그마가 탄생한 것이다. 우리 마그마 멤버 세 명은 이렇게 만났다. 어느 날 학교 밴드부에 가 보니 어떤 친구가 기타를 치는데 그 기법이나 치는 품새가 범상치 않았다. 악기의 소리부터가 확연히 달랐다. 나는 그 실력이 한국에서 배운 실력이 아니라는 것을 금방 알 수 있었다. 난 즉시 이야기를 좀 하자고 했고 그 친구에게 밴드를 만들자고 했더니 그 친구도 곧바로 흔쾌히 승낙했다. 그러고 나서 우린 드럼 주자를 찾아 나섰다. 수소문 끝에 다른 대학에 다니는 한 친구를 소개받았는데 실력은 조금 약하지만 유난히 박자, 리듬에 뛰어난 것을 보고 우린 곧바로 그와 합류하기로 했다. 이어서 베이스 기타 연주자를 구하려 했는데, 우리와 호흡을 잘 맞출 만한 적당한 사람을 결국은 구하지 못했다. 베이스 기타 연주자를 구하지 못한 채 시간만 자꾸 지연되자 우리는 조금씩 지쳐 갔다. 그래서 고민 끝에 난, 내가 연습해서 베이스를 쳐야겠다고 결심하게 되었다.

멤버들과도 그렇게 하기로 결정을 보고 난 후, 나는 베이스 연습에 들어갔다. 베이스와의 인연은 그때부터 시작되었다. 어려서부터 악기를 따로 배우기보다는 그저 듣고 따라하면서 익히곤 했기 때문에 베이스에도 꽤 빨리 익숙해질 수 있었던 것 같다. 내가 베이스를 칠 수 있게 되자 드디어 우리는 본격적인 연습에 들어갈 수 있었다.

그 당시 우리 멤버들은 모두 돈 없는 학생들이라서 그저 근근이 학교생활을 이어

가는 정도였지만, 서로 힘을 합쳐서 신촌에 연습실까지 얻었다.

그 연습실을 얻기 위해 우리는 그때 우리가 할 수 있는 거의 모든 수단을 다 동원했었다. 용돈을 아끼고, 전당포도 자주 이용하는 등……. 그렇게 해서 1979년 당시에 상당한 거금이었던 70만 원을 모아서 마련한 연습실이었다. 경제적으로 꽤 부유한 가정에서 자랐던 나도 그저 근근이 학교생활하는 학생이라는 점에서는 예외가 아니었다. 우리 아버지는 자식들에게 결코 필요 이상의 돈을 주시는 분이 아니었고, 오히려 그 부분에서는 매우 엄격하셨기 때문이다. 그래서 나도 그 돈을 함께 모으기 위해 전당포를 꽤 많이 들락거렸었다.

학교 수업이 끝나면 우리는 매일같이 그곳에 모여서 연습했다. 그렇게 하기를 거의 1년. 매일 2-3시간씩 1년 정도 연습하니 나는 베이스를 치면서도 자유자재로 노래 부를 수 있게 되었다. 기타와 드럼도 날로 실력이 좋아졌으며, 서로의 호흡도 점점 더 잘 맞춰져서 우리의 연주는 완벽해져 갔다.

그러던 중 대학가요제에 나가게 된 것이다. 그 당시 모두 '건전한' 노래로 대학가요제에 나갈 때였는데 내가 만든 마그마는 메시지가 강한 영국 록의 영향을 받아서 우리나라에선 유래가 없을 정도로 강렬한 분위기를 가진 3인조 록밴드였다. 이 팀으로 대학가요제에 나가자 예선 심사할 때 심사위원들은 매우 놀란 표정이었다. 동료 출전 팀들도 우리를 매우 괜찮게 평가했었다. 그때 우린 이미 연주할 수 있는 창작곡이 열 곡 이상 되었고 외국 노래까지 합치면 2-30곡은 쉽게 연주할 수 있는 상황이었다. 우리는 예선과 본선 정도는 당연히 진출하리라는 자신감에 차 있었고, 본선에서는 1등을 하거나 아니면 본선 진출 팀 중 제일 낮은 점수를 받으리라 생각했다. 왜냐하면 그때는 우리나라에 록이 잘 알려지기 전이었고, 더군다나 마그마 스타일 같은 하드 록은 거의 없는 시절이었기에 심사위원들이 그에 대한 기준을 갖고 있지 못할 것이라고 예상했으므로 1등 아니면 꼴등을 하리라고 생각했던 것이다. 그런데 우리는 전혀 예상

밖이었던 3등, '은상'을 받았다. 나는 매우 이상하게 생각하며 무대에 올라가 마지못해 상을 받았었다.

그러나 그것은 시작에 불과했다. 대학가요제 이후에도 우린 계속적으로 만나서 날마다 3-4시간씩 연습했다. 그때 우리의 목표는 세계를 이기는 것이었다. 영국 팀들이나 미국 팀들과도 한판 겨루어, 보란 듯이 승리하고 싶어서 엄청나게 연습하고 음악을 만들면서 하루하루를 보냈었다. 가요제 이후, 각 대학과 무슨 행사 팀들에서 오는 출연 교섭이 갑자기 많아졌으며 방송 또한 KBS · MBC 가릴 것 없이 출연 요청이 쇄도했다. 곧이어 독집 앨범에 관해서도 이곳저곳에서 말이 오가고 있었다.

우린 더욱 자만심에 들뜨게 됐으며 나날이 '세속적'으로 변해 갔다. 한국에서는 이미 최고라고 생각했기에 비록 '라면' 먹고 공연해도 좋은 차 타고 공연하러 오는 팀이 전혀 부럽지가 않았다. 한국 록의 자존심은 우리가 지킨다고 생각하고 있었으니 말이다. 우리는 부르는 곳마다 가서 그들이 기대했던 것 이상으로 늘 잘했으며 특히 기타 치는 친구의 그 화려한 솜씨란……, 지금까지도 난 그런 친구를 보지 못했던 것 같다. 나의 목소리도 당시 '전성기'라는 소리를 들으며 4옥타브 이상을 오르내리고 있었기에 나는 매우 자신에 찬 노래와 음악으로 하루하루 바쁘게 보냈었다.

그렇지만 큰돈은 못 번 채 대학 4년은 후딱 지나가고 졸업 시기가 금방 다가왔다. 우리는 '로커'란 '가난해야 정상이다!' 라고 외치며 공연장에도 버스 타고 가고, 끝나고는 늘 제일 싼 술을 먹고 집에 돌아갈 정도로 록이라는 음악에 사로잡혀 있었다. 그 당시 우리에게 록은 하나의 이념이었다. 마그마 시절에 우리는 일반 유행가는 듣지도 않았고 텔레비전은 거의 보질 않았으며 늘 더 희귀한 음악을 구하러 쓰러져 가는 레코드 가게에 들르곤 했었다. 나는 이미 얼굴이 알려져 있었지만, 기타 메고 전철과 버스를 이용하며 묘한 쾌감을 느꼈다. 누가 사인해 달라고 해도 잘 해 주지 않았으며, 그렇게 늘 '쿠~울'(cool)하게 다니는 것이 나의 재산이었다.

그러다 레코드 제작자를 만나 독집 앨범을 내게 되었다. 학생으로서는 제법 적지 않은 액수를 받고 앨범 한 장을 내기로 계약해서 81년 10월에 마그마 독집 음반이 발매되었다.

그 앨범은 당시에는 비록 많은 사람들에게 사랑받지 못했지만 나중에 '우리나라의 명반'으로 올라가는 명예도 얻게 되었고 24년이 지난 지금은—얼마 전 한국에 있는 친구한테 전화를 받았는데—그 앨범이 희귀 앨범이 되어 얼마 전 그 CD가 한정판으로 2천 장이 예약발매되었다고 한다. 그 친구는 다름 아닌 이전 마그마 멤버였는데, 앨범 발매에 관해 내가 몰랐다고 하니까 어떻게 모든 음악의 저작권자인 너에게 알리지도 않고 음반이 나올 수 있냐고 하면서 조금 언짢아하기에 나는 웃으며 '이해하자'는 식으로 이야기하고 전화를 끊었다. 그렇다. 이런 경우, 상식적으로는 분명 말이 안 되지만 지금은 내가 목사이기에 그런 것들이 말이 되기도 한다. 바꾸어 말하면 나는 그것에 대해 마음에 아무런 동요도 일지 않았다는 뜻이다. '아, 아직도 내 음악을 이렇게 사랑해 주시니 감사하구나' 하는 생각만 들었다. 또 그것이 잘되면 주의 영광과 전혀 관계가 없지는 않겠구나 싶기도 했다. 난 그저 복음 전하는 데 도움이 되는 일이면 다 이해하려 애를 쓰고 있고 그러다 보면 어떤 일이 생기더라도 마음이 평안해진다.

어쨌든 마그마는 이름처럼 폭발적인 음악을 했고 그 당시 우리도 인생을 폭발적으로 살았다. 음악 하는 사람들은 보통 자기가 표현한 음악과 심성이 비슷한 경우가 많다. 음악이 폭발적이면 본인도 그런 면이 있고, 사랑스러우면 노래하는 이도 그렇고, 괴팍하면 작곡한 이도 그런 면이 있다. 표절을 잘하는 작곡자는 인생 자체가 남의 것을 좋아하는 인생이라고 보면 될 것이다. 성격이 록 아닌 사람은 록을 할 수 없다.

그 당시 우린 록 아닌 다른 분야의 음악인들에 대해서는 전혀 이해하지 못할 정도로 우리 분야에만 충실했다. 그 후에도 많은 곡을 만들었지만 우린 진로 문제로 2집을 내지 못한 채 헤어졌다. 대학 졸업이 다가오자 각자 자기 길을 찾아갔던 것이다. 사실 처음에 함께 음악 하기로 하고 모였을 때, 졸업과 동시에 헤어지기로 하였기에 우린 미련 없이 헤어질 수 있으리라고 생각했지만 미련은 엄청 남았고 우린 가까스로 헤어질 수 있었다. 둘은 대학원 가고 나는 군대에 갔다.

내 인생에서 마그마 시절은 프로 근성을 가르쳐 준 귀한 시간이기도 했다. 비록 주님은 몰랐지만 음악에서만은 어떻게 해야 진짜 음악인이 되는가 배운 시기였다. 학생의 신분이면서도 나는 매일매일 음악 듣기와 연습에 몰두했다.

그런데 요새 나온 음반을 들으면 마음이 편치 못할 때가 많다. 미국도 그렇고 한국도 그렇고 전반적인 분위기가 그저 '흘러가는 음악'으로 변하고 있다. 무언가를 말하는 음악이 아니라 그저 분위기에 곁들이기 좋은 음악이 추대받고 있다. 이것은 분명 슬픈 일이다. 예술은 예술다워야 한다. 예술이 엔터테인먼트가 될 때 그것이 곧 타락이다. 엔터테인먼트는 즐기는 것이 목적이지만 예술은 메시지를 전달하는 작업이다. 누구는 음악으로 누구는 그림, 조각, 무용 등으로…….

마그마가 대한민국에서 지금처럼 사랑받은 적은 이제껏 없었던 것 같다. 내가 목사가 됐기 때문만은 아닐 것이다. 요즘 인터넷상에서 마그마가 여러 가지 측면으로 분석되고 재조명되고 있음은, 분명 당시 우리 멤버 세 명이 그 당시 상술과 타협하지 않았기 때문이라고 생각한다. 셋 다 매우 교만했기에 우리 음악이 상업적으로도 꼭 히트해야 한다는 생각을 전혀 갖고 있지 않았다. 그것보다는 음악인으로서의 자세가 더 중요하다고 여겼다. 그리고 가장 중요한 것은 자존심이었다. 다른 것은 다 남에게 줄 수 있다 해도 마그마의 자존심만은 결코 줄 수 없었다. 그래서 버스나 지하철 타기를 더 고집했던 것인지도 모른다. 지금의 나로서는 이해하기 힘든 부분도 있지만 암튼 그때는 그랬었다.

한번은 내가 다니던 대학의 대강당 앞에 무대를 차려 놓고 7시 즈음에 시작해서 10시 정도까지 콘서트를 한 적이 있다. 그 유명한 '백양로'가 공연을 보려고 몰려든 사람들로 꽉 메워졌다. 기타 치는 친구와 나는 블루스 음악으로 문을 열기 시작하여 3시간 동안 폭발적인 공연을 했다. 1981년 5월, 학교 축제 때의 그 콘서트는 앞으로도 나의 기억 속에 영원히 간직될 것이다. 약 2만 명의 관중이 모였는데, 그들의 온 시선은 오직 우리에게만 향해 있었다. 처음 몇 곡이 끝나자 우리를 바라보던 그 많은 사람들이 마치 얼어붙은 듯, 숨죽이며 서 있던 장면은 지금도 눈에 선하다. 그리고 그 콘서트 이후, 나는 내 노래 중 하나인 〈해야〉를 학교 응원가로 영원히 후배들에게 선사하였다.

참고로 그 당시 내가 좋아했던 아티스트들을 열거해 보면 다음과 같다. 딥 퍼플(Deep Purple), 레드 제플린(Led Zeppelin), 레인보우(Rainbow), 밴 헤일런(Van Halen), 핑크 플로이드(Pink Floyd), 저니(Journey), 에이시디시(ACDC), 지미 헨드릭스(Jimmy Hendrix), 퀸(Queen), 주다스 프리스트(Judas Priest), 스콜피온(Scorpion), 크레프트베르크(Kraftwerg), 블랙 사바스(Black Sabbath), 지지 탑(ZZ Top), 예스(Yes), 로니 제임스 디오(Ronnie James Dio) 등등. 그 당시 팝에 관심이 있는 분들은 이 이름들만 들어도 그때 나의 취향을 느끼실 것이다. 예를 들어 비틀즈(The Beatles)나 롤링 스톤즈(The Rolling Stones) 같은 팀의 음악은 나의 관심 분야가 아니었다.

위에 열거한 팀들은 마그마 시절 내가 가장 깊게 빠져들었던 팀들이다. 그들은 내 대학 4년 동안의 절친한 친구나 마찬가지였다. 이런 하드록을 좋아하는 사람들은 대부분 종교를 갖기가 쉽지 않다. 그런데 놀랍게도 하나님은 하드록에 푹 빠져 있던 나 같은 사람을 깨워 내신 것이다. 나에게 음악은 곧 철학이고 이념이자 사는 이유였는데도 말이다.

〈라스트 사무라이〉라는 영화를 본 적이 있는데, 사무라이가 그 정신을 살리기 위해 목숨을 버린다는 것이 내겐 참 인상적이었다. 나는 원래 자기가 옳다고 생각하는 것에 대해 철저한 '사나이'를 좋아했다. 그래서 나도 내게 삶의 의미이자 '정신'을 의미했던 록과 음악에 대해서 그렇게 되고 싶었다. 사무라이처럼 목숨을 버리지는 않았지만, 음악이 내게 준 영향은 그 정도로 굉장히 컸다. 그래서 주님 만나는 데 시간이 오래 걸렸는지도 모른다.

그러나 이젠 나의 목적이 바뀌었다. 음악이 아니라 예수님이다. 그렇기에 난 철저한 그리스도의 정신을 배우고 싶다. 어정쩡한 중간은 싫다. 예수님을 죽도록 따르고 싶다.

진짜 음악인은 아름답다. 그런 음악인이 자기가 추구하는 것을 향해 몰두하는 모습은 그 자체가 감격이 될 때가 많다. 진짜 보석은 아름답다. 어떤 모조 보석하고 비교해봐도 그 아름다움이야 어찌 말로 표현할 수 있을까. 나는 대학에서 지질학을 공부했는데, 내 전공 분야는 지질학 중에서도 암석학이었다. 음악 덕택에 지금까지 남아 있는 지식은 거의 없지만, 그래도 생각나는 것이 하나 있다. 보석은 원래 돌이었다. 돌멩이가 오랜 화학적, 물리적 작용을 받다 보니 불순물이 제거되고 보석이 되는 것이다. 그러니까 보석의 원래 모습은 그냥 돌멩이다. 즉, 돌멩이가 심한 연단을 받으면 보석이 되는 것이다.

모든 그리스도인은 돌멩이라는 생각이 든다. 그가 감당한 연단에 따라 그냥 돌덩어리로 남기도 하고 보석이 되기도 하는 것이다. 이왕이면 보석 같은 그리스도인이 되면 얼마나 좋겠는가. 그러기 위해선 참기 힘든 고난이 필수일 것이다. 그 고난을 이겨 냄 없이 은혜가 넘치는 그리스도인이 된 것은 본 적이 없다.

예전에 텔레비전 어느 채널에서 미국의 할리우드 스타들을 한 명씩 초대해 특집으로 방송한 것을 본 적이 있다. 그때 마침 나는 여배우 산드라 블록 편을 보게 되었는데, 그 프로그램에 출연한 사람들 모두가 한결같이 그녀를 매우 칭찬하는 것이었다. 그러자 사회자는 산드라 블록 본인에게 물었다. 왜 그렇게 사람들과의 관계가 좋고 평판이 좋냐고. 그때 나온 사람들 모두가 남녀노소 할 것 없이 산드라와 함께 영화를 찍거나, 일을 하는 것은 기쁨이라고 입을 모았기 때문에 사회자는 더욱 궁금하였던 것 같다. 그때 그녀의 대답은 이랬다.

"내가 남들과 다른 면을 가졌다면 그건 아마 어려서부터 고생을 많이 한 것 때문일 거예요." 그 순간 나는 겸손히 말하는 그녀를 보며 성경의 진리는 모든 진리 위에 있음을 또 한번 실감할 수 있었다. 고된 훈련 없이 총 잘 쏘는 군인이 없으며 연단 없이 생겨진 보석이 없고 고난 없이 충만한 그리스도인이 없다는 진리.

아무리 생각해도 인생은 짧다. 특히 허송세월하기엔 너무나 아깝다. 하루하루가 우리에겐 보석이 되어야 한다. 세상을 보면, 사회의 여러 분야에서 결국은 썩어 없어질 것들을 위해 전 생애를 투자하고 어떤 경우엔 목숨까지 내놓기도 한다. 자기의 삶을 열정적으로 바치는 '헌신'이라는 측면에서 그리스도인들은 어느 정도나 그들과 비교될 수 있을까 생각해 본다. 그러기 위해서 우리는 현실에 대한 바른 견해를 가질 필요가 있다.

얼마 전 집회하러 LA에 갔다가 그곳에서 이전에 나와 함께 '거하게' 노시던 형님 한 분을 만나게 되었다. 그런데 그분 인생도 주님으로 인해 180도로 변화되어 있어서 내가 아주 깜짝 놀랐다. 그분은 치과 의사인데 물질의 십일조뿐만 아니라 생활의 십일조도 실천하고 계셨다. 치과 의사의 한 달 수입이 얼마쯤인지는 잘 모르지만, 그 형은 지금까지 몇 년째 12개월 중 1-2개월(약 36-40일)은 병원 문을 닫고 아프리카와 멕시코 교도소에서 이름도 빛도 없이 환자들을 섬겨 오고 있다는 것이었다. 정말 오랜만에 가슴이 후련해지는 것을 느꼈고, 그곳을 떠날 때 나는 그 형에게 참으로 감사했다. 더욱이 그 형님은 이런 간증까지 해 주셨다. 상식적으로 생각해서 그런 식으로 말씀에 의지해 살면 수입은 당연히 줄어야 할 것 같은데도 신기하게 그렇지가 않다고. 오히려 늘곤 한다고. 그 모습을 보며 내 마음엔 그저 '감사, 감사'라는 단어만이 계속 귓가를 맴돌았다.

마그마 시절은 어떤 면에서 지금의 내게도 삶의 좋은 모델이 되어 주고 있다. 비록 허무한 것을 좇긴 했지만, 그 시절의 나는 적어도 음악과 함께 불같이 뜨겁게, 그리고 열정적으로 살았다. 그래야 눈앞의 목적을 거머쥘 수 있었기 때문이었다. 음악인으로서의 확실한 목적을 향해 열정을 불태웠던 내 젊은 시절을 떠올리며 다시금 생각해 보게 된다. 이제 그리스도인인 내가 열정적으로 달려가야 할 목적은 무엇인가.

지저스 크라이스트 슈퍼스타
Jesus Christ Superstar

내 음악 인생에서 가장 많이 듣고 따라 부른 곡 중의 하나는 1960년대 말에서 70년대 초반 영국에서 초연된 록 오페라 〈지저스 크라이스트 슈퍼스타〉(Jesus Christ Superstar)이다.

나는 고등학교 때 이 앨범(그 당시 LP를 말함)을 원판으로 구입하고 약 1년 6개월 동안 이 음악만 듣는 특별하고도 유별난 나날을 보냈었다. 많은 이유가 있지만 가장 큰 이유는 '이언 길런' 때문이었다. 딥 퍼플의 보컬리스트였던 이언 길런은 그 당시 나에게는 거의 우상과도 같은 존재였는데 그 앨범에서 예수님 역을 맡아 열창했었다. 둘째 이유는 유다 역을 맡은 머레이 헤드(Murray Head)의 가창력에 매료되었기 때문이었다.

내 손에 들어온 그 앨범을 나는 하루에 서너 시간씩 1년 6개월을 들었던 것이다. 그 결과 모든 악기의 편성에서부터 작사, 작곡, 편곡에 이르기까지 완벽하게 그 오페라를 분해할 수 있었으며 전 곡을 암기하고 가사도 모두 암기하게 되었다. 그 당시 우리나라에서는 외국 록밴드의 실황 공연이나 실황 비디오 테이프를 전혀 구할 수 없었기 때문에 나는 그 18개월 동안 온갖 상상력을 동원하여 눈을 감은 채 무대를 그려 보곤 했다.

전 곡의 악기 편성, 작사, 작곡, 편곡까지 몽땅 외우고 나니 그 공연을 한 번 해 보고 싶다는 생각이 들었다. 그리고 난 그 일을 교회에서 바로 시행할 수 있었다. 당시 다니던 교회에서 여러 가지 일들이 있긴 했지만 공연은 무사히 잘 마칠 수 있었다. 그때 내게 교회란 그런 장소였다. 나의 무대였고 놀이터였으며 때론 미팅 장소에 불과했다.

4옥타브를 자유자재로 넘나들며 노래하는 예수님 역의 이언 길런과, 옥타브는 그리 넓지 않지만 갈라지는 듯한 쇳소리로 통곡하며 부르는 머레이 헤드의 창법은 나를 완전히 사로잡았다. 어떻게 하면 나도 저런 소리를 낼까 하면서 그때부터 갈라지는 쇳소리를 연습했고, 이언 길런의 한없이 소리 높여 지르는 그 두성을 수도 없이 따라 하였다. 난 내 고등학교 3년을 그를 닮기 위한 노력에 모두 바쳤다. 그 결과 목에서 피를 몇 번 쏟기도 했지만.

고등학교 때 무대에 설 일이 있으면 그 뮤지컬 중 예수님의 노래 〈겟세마네〉를 원어로 자주 불렀으며 꽤 흡족한 결과를 얻곤 했다. 이렇게 〈JCS〉로 인해 처음으로 록오페라에 완전히 빠지기 시작한 나는 가수들의 창법뿐만 아니라 그 작곡자 앤드류 로이드 웨버와 작사자 팀 라이스에 대해서도 각별한 관심을 갖게 되었다. 그 이후 작곡자 웨버를 따라 그 이후 작품인 〈캣츠〉와 〈에비타〉 등 많은 뮤지컬에 더욱 관심을 갖게 됐지만 〈JCS〉와 같은 감동은 오지 않았다. 1995년 뉴욕에서 머물 당시에도 많은 뮤지컬을 보았지만 그것들은 그냥 뮤지컬일 뿐이었지 날 사로잡진 못했다.

내가 그토록 〈JCS〉를 좋아한 이유는 첫째 '록' 오페라였기 때문이었고 둘째는 내용이 흥미진진했으며 셋째는 가수들이 노래를 다들 너무 잘해서였다. 당시 나는 형식적으로는 교회에 다니고 있었지만 사실은 집안 분위기에 따른 불교 신자에 더 가까웠고 불교에 더 익숙했다. 따라서 이 뮤지컬에 나오는 예수님 이야기는 내게 새로웠고,

새로운 만큼 또 흥미로웠던 것이다. 〈JCS〉 전체의 가사는, 기본적으로 무신론이 깔려 있던 내 마음에 신선한 재미를 주었으며 어쩌면 이 가사가 옳을지도 모른다는 생각이 들게도 했다.

난 지금도 뮤지컬이나 공연을 볼 기회가 많다. 주님 만나기 전에는 노래 못하는 가수나 뮤지컬 배우가 등장하면 인내하지 못하고 그 자리에서 벌떡 일어나 밖으로 나오는 그저 그런 매너를 갖고 있었으나 지금은 가수가 노래를 좀 못하더라도 끝날 때까지 잘 앉아 있는다.

주님을 몰랐을 때는 노래뿐 아니라 영화도 10분 안에 재미없으면 나와 버리기 일쑤였으며 주위의 시선은 전혀 아랑곳하지 않았다.

한번은 뉴욕에 여행 갔을 때 친구와 〈미스 사이공〉, 〈레 미제라블〉 등 좋은 뮤지컬을 잇달아 예약하고 15년 전 그때 값으로 로얄석 150달러 정도 내고 들어가서는 5분도 채 되지 않아 그냥 나왔던 적이 있다. 그것도 두 번씩이나. 그런 해프닝을 뉴욕 극장에서 두 번씩이나 치르고도 당시의 나는 아무런 심적 동요도 없었다. 뉴욕에 있는 뮤지컬 극장 대부분은 객석 중앙통로가 없다. 그리고 로얄석일수록 앞에서 다섯 번째 정도 줄의 가운데 쪽 좌석을 주는 것이 보통이다. 나는 그런 위치의 좌석에서 보다가 공연 도중이라 어두운데, 관람하던 사람들의 발을 밟으면서까지도 굳이 나오곤 했던 것이다. 돈 아까운 줄은 모르고 그 재미없는 것을 보는 시간이 아깝다고 생각하며 늘 그런 식으로 살고 또 그렇게 행동하고 다녔던 것이다.

주님 만나기 전에 나는, 이 정도로 인내라는 것을 모르는 사람이었다. 인내를 너무 하면 정신건강에 안 좋다는 등의 별 근거도 없는 궤변을 늘어 놓으면서 주위를 환기시키고, 그렇게 나이만 먹은 미숙아로서 정신없이 이곳저곳 다니며 많이 방황했던 것이다.

딥 퍼플이란 밴드는 그 당시 록의 정상으로 자리매김을 하고 있던 레드 제플린과 쌍벽을 이루는 영국 록의 대가였으며, 그 시절의 난 그들의 판을 모으는 것만으로도 마냥 행복했다. 그 결과 딥 퍼플의 앨범은 한 장도 빼지 않고 모두 소장하게 되었고 목소리도 점점 그 밴드의 싱어인 이언 길런과 비슷해져 가기 시작했으며 나는 이에 만족했다. 그때까지만 해도 창작을 모르던 때라 그저 모방이라도 좋으면 최고였다. 그 중에서도 내가 특별히 철저하게 모방했던 보컬리스트 몇 명이 있는데 이언 길런, 로니 제임스 디오, 로버트 플랜트 등이 그들이다.

그러다 보니 자연히 나의 음역은 이전보다 훨씬 넓어졌고, 나는 조용하게 〈빈센트〉를 부르던 중학생에서 어느새 록 보컬리스트인 고등학생으로 바뀌어 있었다. 기타를 똑같이 치기 위해서 한 음절, 두 음절을 한자리에서 수백 번 이상 들은 적도 있다. 비록 외국 노래를 모방하여 하는 공연이었지만 난 늘 그들보다 더 낫게 연주하고 노래하고 싶었다. 그러나 대학에 들어가서 창작곡을 만들고 정식으로 음악을 하게 되면서부터는 그렇게 열심히 따라 부르던 〈JCS〉도 까맣게 잊어버리게 되었다.

그러다가 어느덧 나는 대학을 졸업했다. 그리고 결혼하고, 또 솔로 음반이 크게 히트를 하고도 몇 년이 지났다. 그런데 어느 날 문득 어느 극단의 캐스팅 디렉터라는 여자 분으로부터 전화를 받게 되었다. 자기네 극단에서 이번 겨울에 〈JCS〉를 공연하고자 하는데 유다 역을 해 줄 수 있겠느냐는 내용이었다. 그러니까 내가 한창 그 음악을 들을 때가 1975-6년이었으며 그 여자 분의 전화를 받은 때는 1994년 봄이었다. 나는 아무 말 안했지만, 속으로는 드디어 올 것이 왔구나 하며 쉽사리 승낙했다.

얼마 후 극단 사무실에 가서 대본과 함께 연습 일정, 공연 일정 등을 들은 후에 집으로 돌아왔다. 그런데 또 얼마 후에 캐스팅 디렉터에게서 다시 연락이 왔다. 이번에는 유다 역이 아닌 예수 역을 맡아 달라는 것이었다. 난 마음이 좀 불편했다. 유다 역의 노래가 나에게 더 잘 맞는다고 생각했기 때문이었다. 그래서 처음엔 내 뜻을 굽히려 하지 않았는데 이상하게도 아내의 엄청난 반대에 부딪히자 다시 생각해 보게 되었다. 아내는 내가 유다 역 하는 것을 아주 심하게 싫어했다. 이러한 아내의 반응은 아마도 여태까지 〈JCS〉에서 예수 역을 한 사람은 모두 목회자가 되거나 아름다운 생을 산 반면, 유다 역을 한 사람은 그렇지 못했다는, 다분히 미신적인 생각에서 비롯되었던 것 같다. 하지만 나의 그런 생각은 마음속에만 접어 두었고, 어쨌든 일은 계속 진행되어 갔다.

배역 교체에 대한 이유를 극단에 물어 보았을 때 내가 그들로부터 듣게 된 대답은 좀 의외였다. 록 가수 중에서 교회 다니는 사람은 대한민국에서 내가 혼자였다는 것이다. 그러면서 교회도 다니지 않는 사람에게 어떻게 예수 역을 시킬 수 있느냐며 내게 정중히 양해를 구하는 것이었다. 난 결국 승낙은 했지만 걱정이 되었다. 예수 역의 노래들은 굉장히 정교하고도 엄청나게 폭발력 있는 록이었다. 이에 비해 유다 역은 그저 조금 소리를 내어 지르는, 어느 정도 덜 어려워 보이는 노래라는 것을 익히, 잘 알고 있었던 나였기에 과연 내가 그것을 잘 해낼 수 있을까 하는 걱정이 앞섰다. 하지만 아직 연습할 시간이 많았기 때문에 우선은 승낙했던 것이다. 그리고 사실 '안 되면 안 하지 뭐' 하는 심정으로 시작한 것이기도 하다.

때마침 1992년 시드니에서 이 공연을 마친 팀이 있어서, 그 호주 사람들을 음악과 무용 및 노래 코치로 영입하게 되었다. 그들은 음악 감독과 무용 감독, 보이스 코치, 엔지니어 등으로 초빙되어 한 부대가 들어왔다. 특히 네 살 때부터 클래식 피아노를 쳤다는 보이스 코치와의 만남은 내게 참 귀한 경험이 되었다. 그와 같이 연습을 한 번 해 보고 난 후에 그 친구가 "당신은 정말 예수님 역에 적격이다"라고 말해 주어서 나는 어느 정도 자신감도 얻게 되었다. 그리고 급기야는 더 이상 그 친구를 만나지 않아도 될 만큼 그 친구는 내 노래 실력을 믿게 되었다. 난 원래 느린 노래를 잘 못하는 편인데 이상하게도 그때는 모든 게 다 잘 풀려 나갔으며 결국 난 예수 역의 전곡을 아주 잘 소화한다는 평을 듣게 되었다. (그 당시엔 몰랐지만 이 모든 게 하나님의 손길이라는 사실을 뒤늦게야 깨달았다.)

그리고 이때, 내 인생에서 아주 중요한 만남을 시작하게 되었는데, 바로 윤복희 권사님과의 만남이었다. 그분은 나보다 십 년 이상 선배님이셨는데도 첫 대면부터, 또 평상시에도 늘 이름을 부르지 않으셨고 나를 꼭 예수님이라고 부르셨다. 난 그게 불편해서 "그냥 절 제 이름으로 부르세요"라고 여러 번 말씀드렸지만 그분은 듣지 않으시고 나를 꼭 진짜 예수님 모시듯 그렇게 대하셨다. 무대 안이건 밖이건 개의치 않으셨다.

그리스도인이던 그분은 원래 다른 뮤지컬을 하기로 되어 있었는데 이 〈JCS〉 뮤지컬 공연에서 누군가에게 도움을 줄 일이 있을 것이라는 느낌과 기도 응답을 받으시고 사명감에 오셨다고 하면서 나를 유심히 대하셨다. 그분의 그런 말씀에 대해서도 나는 그저 '저분의 스타일은 저렇구나' 하는 정도로만 생각했고 내 할 일만 했다. 그런데 윤 권사님은 가끔 기도도 해 주시고 집에서도 기도하고 있노라 하시면서, 기도해 보니 여러 가지로 배우고 느끼신 바가 많다고 하셨다. 하나님이 나를 사랑하신다고 이야기해 주시는 게 아닌가! 난 그런 말을 태어나서 처음 들어 보았다. 아니, 살아 있지도 않는 하나님이 날 사랑하신다니……. 그런데 기분은 좋았다. 누군가 날 사랑하고 있다고 생각하니 괜히 기분이…… 괜찮았다.

가끔 궁금할 때가 있다. 그분이 그때 날 위해 뭐라고 기도하셨을까. 왼편엔 성경책을 들고 오른편엔 담배를 물고 나타나는 예수 역 조하문을 볼 때 신실한 그리스도인이셨던 그분이 얼마나 안타까워하셨을까.

그러나 곧 이런 모든 것들을 잊어버리고 연기와 노래에만 열중하게 되면서 다섯 개 도시 33회 공연을 모두 마치게 되었다. 그때 만일 윤 권사님이 안 계셨더라면 나는 도중하차했을지도 모른다. 물심양면으로 도와주신 권사님의 기도와 세심한 배려로 나는 모든 것을 잘 마칠 수 있었다. 공연 중에도 늘 몸이 좋지 않아 약을 먹었는데, 윤복희 권사님의 특별 지시로 후배 의상 담당이 예수님 옷에 주머니를 만들어 주는 등 윤 권사님 힘(?)이 아니면 안 되는 일들이 나를 위해 이루어지곤 했다. 그래서 그때 당시 하나님을 전혀 몰랐던 나는 지극히 인간적인 심정에서 그분에게 참으로 감사했다.

윤 권사님은 그 연극계에선 신인이나 다름없는 나를, 그리고 엄연히 분야가 다른 사람들과 은근한 경쟁과 시비 속으로 충분히 휘말려들 수 있었던 나를, 한없이 막아 주었을 뿐만 아니라 공연진 모두가 하나 되는 데 절대적인 공헌을 했던 분이었다. 그 래서 유다 역을 맡았던 강산에 씨는 심지어 윤 권사님을 어머니라 부를 정도였다. 윤 권사님은 그렇게 가수들과 뮤지컬 배우 사이를 잘 조화시켜 주신 '피스메이커'이시기 도 했다. 또한 그분이 노래를 부를 때면 가수, 탤런트, 뮤지컬 배우를 떠나 누구든지 그분의 연기와 노래에 완전히 매료되곤 했다. 그분은 그런 특별한 분이셨다.

나는 프로를 좋아한다. 그런고로 가수는 기본적으로 노래를 잘해야 하고 또 목사는 말씀대로 살아야 하는 게 기본이라고 생각한다. 노래 잘하는 가수를 보면 정말 신나고 기쁘다. 그건 예나 지금이나 변함없다. 내가 윤 권사님을 그렇게 좋아하고 따를 수 있 었던 것도 곰곰이 생각해 보면 일단은 '가수'로서 그분을 존경하는 마음이 있었기 때 문이었다. 〈JCS〉 공연 때 뮤지컬 식구들 7-80명 중 제작진을 모두 포함해서 내가 순 종했던 사람은 오직 윤 권사님 한 분뿐이었다. 그분은 정말 노래를 잘하시는 가수라서 처음부터 존경심이 저절로 쏟아져 나왔던 게 아닌가 싶다. 일단은 가수로서의 그분을 인정한 것이었기에 그분께는 당연히 고개를 숙일 수도 있다고 생각했던 것 같다.

그 당시 나는 다른 사람에게 고개를 숙이는 일이 거의 없었다. 지금 생각하면 참 죄송하지만 그때 나의 느닷없는 행동들은 제작진들을 매우 당황하게 했었을 것 같다.

특히, 권사님이 안 오시는 날은 그 정도가 더 심해지곤 했다. 막달라 마리아 역을 했던 그분은 더블 캐스팅이 된 것이었기 때문에 안 오시는 날도 있었다. 한번은 그분이 안 오신 공연 어느 날, 호주 사람인 엔지니어 한 명이 자그마한 실수를 했는데 그것 때문에 나는 그날 거의 원시인 상태가 되어 난리를 쳤었다. 그때 나의 모습이 떠오른다. 그 당시의 나는 늘 마음에 어떤 분노 같은 것들이 가득 차 있어서 가끔 화가 나면 그렇게 심한 소동을 벌이곤 했다. 그 순간에는 나 스스로를 전혀 통제할 수 없을 정도였다. 그래서 그날 밤 내 안의 분노들이 사소한 실수를 한 호주인 친구에게 엄청나게 쏟아 부어졌던 것이다. 마침 권사님도 계시지 않은 터라 그를 좀 심하게 괴롭혔던 기억이 난다.

지금 이런 나의 과거를 쓴다는 자체가 사실 나에겐 참으로 어려운 일이다. (그러나 다 하나님의 뜻이 있으시리라 믿고 쓰는 중이다.) 언젠가 그 호주 형제를 만나면 사과하고 싶다. 그리고 지금은 그에게 하고 싶은 말도 참 많다. 지금 와서 생각해 보면 주님을 알기 전엔 왜 그렇게도 분노와 미움이 많았는지 때론 잘 이해가 안 된다. 아까 원시인이란 표현을 썼지만 나의 옛 모습 중에는 분명히 그런 면이 있었다. 그러나 그런 모습도 주님 안에서 8년이라는 세월을 거치면서 조금씩 깨어지고 변해 가고 있음을 느낀다. 내게 이 사실은 정말 기적 중의 기적이다.

어느 자매님과 함께 장애인촌에 가서 선교 콘서트를 하고 온 적이 있었는데, 그때 그 자매가 "목사님은 혈액형이 무슨 형이에요?" 하기에 맞혀 보라고 했더니 세 번 기회를 주었는데도 결국 맞히지 못했다. 과거와 비교하면 참 놀랄 만한 일이다. 과거에 내 성격은 매우 강해서 내 혈액형이 뭔지를 누구라도 대번에 맞히곤 했기 때문이다. 그런데 요새는 다들 잘 못 맞힌다. 내 본래의 혈액형이 가진 일반적인 성격 특성이 거의 사라졌기 때문인 것 같다. 뭐랄까, 이제 난 예수님 형으로 바뀌어 가고 있는 게 아닐까. 그러니 잘 못 맞힐 수밖에.

갈라디아서 5장 22절 말씀에 나오는 사랑, 희락, 화평, 오래참음, 자비, 양선, 충성, 온유, 절제를 온전히 행한다면 그 누구라도 혈액형으로 추측될 수 있는 성격적 특성에서 상당히 자유로울 수 있을 것이다. 난 아직 진행형이므로 완벽하지는 못하지만 계속 노력하고 있다.

주님을 모르던 그 시절, 난 내 위에는 아무도 없다고 늘 생각하고 다녔으므로 가히 그런 저런 일을 하고도 남음이 있었다. 그것으로 인해 공연 일정 중에 몇 번의 위기가 있기도 했지만 결국은 하나님의 보살핌으로 모든 공연을 잘 마칠 수 있었다.

한번은 〈JCS〉의 서울 공연을 한창 하고 있을 때였다. 갑자기 기자 회견을 하게 된 적이 있었는데, 그때 어떤 기자가 내게 "과거를 보면 예수님 역 하신 분들은 모두 목사님이 되셨는데 어떻게 생각하세요?"라고 질문했다. 당시 '선데이 크리스천'이었던 나는 한마디로 잘라서 "그런 일은 없을 겁니다"라고 말했다. 그리고 정말 희안한 질문을 한다고 여겨져서 속으로는 기분이 좀 언짢아지기까지 했다. 그러나 그 언짢은 와중에도 그 말이 왠지 마음에 강하게 박혀 오는 듯한 느낌 또한 지울 수 없었다.

이민 오기 전 윤 권사님을 만나 뵈었을 때 나는 그때 그 기자들 생각이 나서, "권사님 그때 제가 목사 될 줄 아셨어요?" 하고 여쭤 봤더니 윤 권사님은 그저 하나님이 깊이 사랑하신다는 것만 알 수 있었다고 대답하시는 것이었다. 역시 참 겸손하신 대답……. 아무리 돌아보아도 나는 윤복희 권사님에게 신세를 너무 많이 졌고 빚진 것도 많다. 그래서 난 평생을 두고 그 빚을 갚고 싶다는 생각을 늘 한다.

윤복희 권사님 이야기를 계속 하다 보니 그리스도 안에서의 '의리', '선후배' 등과 같은 '한국적인' 단어가 생각난다. 이상하게도 사람들은 주님의 은혜를 받고 그리스도인이 되기로 결심하고 나면 의리, 친구, 선·후배도 중요하지만 '은혜'가 가장 중요하다고 생각하는 것 같다. 그래서 그런지 그리스도인이라고 하면서도 정작 '사람의 향기'는 잘 나지 않는 사람들을 종종 보게 된다. 태초에 하나님이 만드신 것은 분명 '사람'이었지 '그리스도인'이 아니었다. 난 이 점이 참 중요하다고 생각한다. '사람 냄새가 나는 그리스도인', 느낌이 좋지 않은가. 사람 냄새 없이 늘 성령 충만, 할렐루야만 큰 소리로 외치면서 주변 사람들을 형제·자매라 부르는 것은 사실 얼마나 공허한가.

이전에 어느 상갓집엘 갔는데 남편을 먼저 보낸 부인께서 몹시 울고 있었다. 그러자 그 장례의 입관예배를 위해 오신 어느 선교 단체 목사님께서 그 부인에게 막 뭐라 하시는 것이었다. 천국 갔는데 왜 우시냐고, "믿으면 아멘 하세요" 하면서 억지로 울음을 끊게 하고 찬양하시는 것이었다. 그분 말씀도 물론 전혀 틀린 것은 아니다. 그러나 인간으로서, 일단 헤어짐은 슬플 수 있지 않은가. 천국 간 것을 믿는다고 해서 그 헤어짐의 슬픔이 금방 씻은 듯 사라질 수 있겠는가. 다시 만날 날까지 참 얼마나 그립겠는가. 그리스도인이라고 해서 '사람'이 '로봇'이 되어야 한다고 생각하지는 않는다.

내가 이전에 기독교 신자들을 싫어한 이유 중 하나도 기독교인이 인간 본연의 기본 예절을 지키기보다는 지나치게 종교의식 위주로만 행동한다고 생각되었기 때문이다. 그런데 그것은 목사가 된 지금에 와서 봐도 그렇다. 그리스도인 사이에서 '의리'란 실제로도 찾아보기가 너무 힘들다. 그저 '은혜'라고만 하면 상대방이 할 말이 없어진다. 난 이런 현실이 슬프다. 물론 제대로 은혜 받으신 분들은 인간관계에 있어서나 도덕적인 면 등 모든 면에서 일반적인 비그리스도인들보다 더 좋으시리라 믿는다. 그러나 대부분의 현실은 그렇지 않은 것 같다.

보통, 사람 사는 곳에는 기본적으로 위아래가 있다. 그리고 우정, 의리, 정…… 뭐 이런 것들이 인간 사회에서의 관계들을 아름답게 만들어 준다고 생각한다. 그런데 만 8년을 주님과 동행하다 보니 참으로 표현하기도 힘들고 이해도 안 되는 상황들이 너

무나 많았다. 분명 그 속은 다 같은 ‘사람’일 텐데 곁에서 보기엔 소위 너무나 ‘종교적’
이신 분이 많다. 이해와 배려 그리고 의리와 우정보다는 영성, 내 교회, 수련회, 부흥
회를 더 자주 이야기한다. 사람을 사람의 훈훈한 향기 이전에 종교인으로 먼저 무장(?)
시키고 싶어 하는 분들을 그동안 너무 많이 보아 왔다.

어떤 것이 더 옳은 것이라고 판단하고 싶지는 않지만 적어도 어떤 모습이 더 자연스러운지는 확실히 느낄 수
있다. 그래서 난 토론토 CBS 방송국에서 아침 음악 방송을 할 때 어느 가수의 노래를 틀게 되면 좀더 자연
스럽게 진행하기 위해서 가수에게 붙는 수식어는 뺀다. 예컨대, 나는 “조하문 목사님의 노래
를 듣겠습니다” 같은 부자연스러운 멘트보다는 “조하문의 ○○○을 듣겠습니다”라고 하는 게
훨씬 좋다.

그러나 이러한 ‘종교적’인 ‘그리스도인’에 비해 성경에는 오히려 참 자연스럽고 인
간적인 풍경들이 넘쳐 난다. 두려움에 찬 엘리야의 고백, 모세의 행동들, 예수님의 눈
물 등에서 우리는 정말 인간적이며 솔직한 상황들을 얼마나 많이 만나게 되는가.

나도 처음 은혜 받았을 때 한 3년간은 로봇이 되는 줄 알았다. 그동안의 나의 습관,
인성을 모두 버린 새 피조물이라 하셨으니 로봇 같은 새 인간이 하나 탄생하는 줄 알
았다. 그런데 지금 세월이 좀 흐르고 보니 그게 아니다. 과거의 기억 속에도 아름다운
것들이 많이 있다. 아름다운 것은 아름다운 그대로를 인정해야 할 것이다. ‘이전 것은
모두 사탄이요, 지금은 모두가 성령님의 뜻’이라는 단순한 생각은 위험하다.

인간은 모두 과거가 있었기에 지금 현재의 자신이 있다. 나의 경우도 죄악된 생활
을 실컷 해 본 과거가 있었기에 이제 그것을 되풀이하기 싫어하는 ‘현재의 나’가 있
다. 주님을 만난 이후 과거의 그 죄가 나를 얼마나 황폐케 했던지를 깨달았다.

때론 나의 어두운 과거가 빛의 세계로 들어가는 데 모든 것을 더 수월하게 해 주는

내 아픔 아시는 당신께

면도 있다. 즉 그 과거로 인해 이제 그 죄는 다시 쳐다볼 필요도 없으니 어떤 면에서

는 오히려 성화의 과정을 더 빨리 진행시켜 줄 수도 있었을 것이다.

언더그라운드
Underground

세상에는 아름다운 사람도 참 많다. 어떤 이는 그리스도는 모르지만 한평생을 바르게(?) 살기도 하고, 어떤 이는 그리스도를 알면서도 이 세상에서 그다지 아름답게 살지 못한 채 인생을 마감하기도 한다. (물론 그 결과는 성경에 써 있는 대로라는 것을 의심할 여지는 없다.)

대한민국 음악계뿐만 아니라 전 세계의 예술인 중에 조금 특이한 그룹이 있는데 그들은 소위 언더그라운드 예술인(Underground Artist) 혹은 언더그라운드 음악인(Underground Musician)이라고 불리는 사람들이다. 보통 사람들은 기회가 주어지기만 한다면 텔레비전이나 기타 대중 매체를 통해 본인을 알릴 기회를 꼭 잡는 것이 보통이지만, 이 언더그라운드 음악인 혹은 예술인들은 그 반대의 모습으로 세상에 신선하고도 아름다운 충격을 주곤 한다.

한국에서 언더그라운드 뮤지션이라고 불리는 그룹은 사실 '언더그라운드 음악인'이 가진 본뜻과는 약간의 차이가 있다. 언더그라운드 음악인이란 본래, 세상에 알려지지 않은 '무명 예술인'의 뜻과는 엄연한 차이가 있다. '언더그라운드 음악인'은, 실력은 있지만 보통의 음악인들이 하는 것 같은 음반 제작이나 공연 활동을 하지 않고 오직 작은 음악 카페에서 연주만 하는 사람들을 가리키는 말에서 유래되었다고 한다.

그러나 우리들이 알고 있는, 한국에서 통용되고 있는 '언더그라운드 음악인'이란 말은 원래 의미에서의 언더그라운드 음악인의 좋은 점은 받아들이고 그렇지 않은 점은 개선한 형태로 변형되어 사용되고 있다. 한국 음악인들이 형성한 이러한 형태의 음악인 그룹은 세계적으로도 보기 드문 것이다. 이들은 한 나라의 문화 예술 분야에서 잘 드러나지는 않지만 엄연한 거목으로 자리 잡고 있는 숨은 예술인들이다. 이분들이 가지고 있는 창작인으로서의 자세는 참으로 본받을 만하다. 사실 대한민국의 음악, 즉 현대 음악을 이끌고 있는 그 맥은, 보이진 않지만 튼튼하게 뒷받침 해 주고 있는 이 언더그라운드 음악인들의 공로 덕분에 탄탄하게 유지되고 있다. 이 사실은 아무리 강조해도 지나치지 않을 것이다.

그들은 실력이 뛰어나고 유난히 작품성이 돋보이는 음악인으로서, 음악성이 중심이 되지 않은 어떤 다른 경로의 매체도 사용하지 않고 오직 음악성만이 부각될 수 있는 매체를 통해 대중에게 알려진다. 그렇지만 그들은 일반 음악인 이상으로 대중에게 사랑을 받는 음악인들이다. 별다른 의미 없이, 그저 텔레비전에 자주 나오기 때문에 유명해지는 유명 인사가 아니다. 작품이 정말 뛰어나고, 사랑을 받아서 팬들이 오히려 그 작품의 주인공이 누군지를 찾아다니며 만나야 하는 '유명 인사'이다. 이런 면에서 그들은 '유명 인사'라기보다 오히려 '영웅(?)' 같은 존재들이다.

콘서트장에는 그들의 콘서트를 보기 위해 몇 년을 기다려 온 사람들이 차를 타고 서너 시간을 달려와 깊은 감동과 함께 아름답게 공연을 관람한다. 그들은 모두 진짜 팬인 것이다. 그 음악인은 텔레비전을 튼다고 쉽게 볼 수 있는 것도 아니요, CD 소매점에서 1년에 한 번씩 새 음반을 볼 수 있는 흔한 예능인도 아니다. 그들은 자신의 시간에, 그리고 느낌이 맞을 때 앨범을 내곤 하는데 그것이 2년, 3년, 5년, 10년 만일 수도 있다. 그러므로 당연히, 팬들에게는 그렇게 몇 년을 기다려야 그 음악인의 새 음반을 살 수 있는 기회가 오는 것이다.

그들은 자신의 작품을 일반 음악인들에게 주기도 한다. 그러나 그들 자신은 텔레비전이나 라디오, 신문과 같은 상업적인 대중 매체들을 통해 음악 활동하는 것을 가능한 한 자제하고 오직 콘서트 현장이나 공연 등을 통해 대중과 직접적으로 가까워지려고 노력한다. 따라서 그들을 만나기 위해서는 텔레비전을 통해야 하는 것이 아니라 교통 수단을 이용하여 직접 공연장에 와서 티켓을 사고 커피숍에서 한두 시간을 기다려야 한다. 그러고 난 후에도 팬들은 그들의 얼굴을 먼 발치에서만 겨우 보게 될 수도 있다. 그들은 소위 스타이길 거부하는 스타들인지도 모른다. 그러기에 그들은 오직 음악에만 정열을 쏟을 수 있다. 그래서 일반 음악인보다 음악적으로 늘 앞서 가며, 그들의 음악은 듣는 이들을 사로잡는다. 그들은 한 시대의 진주 같은 존재들이다. 공연이나 콘서트 외에 그들을 만나는 주된 방법은 '돈을 주고 음반을 사는 것'이다. '음반을 산다'는 조금은 원시적(?)이지만 사실은 매우 원칙적인 이 경로만을 주된 통로로 열어 두는 것은, 팬들 또한 그 만남을 위해 정상적인 방법을 추구할 수 있도록 해 주는 것이기도 하다. 그들의 예술가다운 예술인의 면모는 이런 측면으로도 드러난다.

그들의 주장은 매우 간결하면서 강하다. 작품으로 승부를 해야지 그 외의 다른 부수적인 것들, 즉 얼굴이 알려지는 것으로 승부를 하거나 다른 비정상적인 방법으로 사람들에게 자주 그 작품을 들을 기회를 주어서 굳이 그 곡을 좋아하는 사람이 아닐지라도 그저 무심결에 흥얼거리게 되는, 이른바 공장에서 찍어낸 듯한 유명곡 대열에 자신의 곡이 끼는 것을 수치스럽게 여긴다. 그래서 진정한 언더그라운드 음악인들은 자신의 작품이 영화나 텔레비전 드라마에 삽입되어 시도 때도 없이 여기저기서 들리게

끔 하지 않는다. 그런 태도를 고수하기 때문에 그들은 필요 이상으로 바쁘거나 스케줄에 쫓기지도 않아서 더욱 아름다운 선율을 작곡해 낼 수 있다.

그들은 결코 서두르지 않는다. 자신들이 아는 한 최대한 진리에 가까운, 보석 같은 음악을 얻기까지 몇 년이고 기다린다. 그들은 자신들이 말하는 소위 '필'(feel)이 올 때까지 기다리면서 한가로이 지낸다. 이것 또한 그리 쉬운 일은 아니다. 다른 음악인들은 세상 무대에서 열심히 돈 벌고 있을 때, 자신은 혼자 조용히 낚시하며 묵상에 잠기는 것, 아무나 하는 것 아니다. 그들은 한가로운 명상을 즐기는 가운데에서 시적인 감각을 초월하는 가사를 선보이기도 한다. 그들은 오직 콘서트와 음반에만 집중하며 그 외의 시간은 창작 활동과 그 창작을 위한 '쉼'의 형태로 일관한다. 그렇기 때문에 그들의 작품은 생명력이 매우 길다.

이렇게 '예술인'으로서 평생을 고집하고 살기란 사실 만만치 않은 일이다. 돈과 명예를 뒤로하고 예술성만을 고집하는 이러한 창작 태도가 겉보기엔 멋있고 쉬워 보일지 몰라도 자기 자신이 실제로 그렇게 실행하며 살기란 결코 쉽지 않다. 그에 대한 어려움은 흔히 들을 수 있는 연예계의 소식을 조금만 접해 보아도 누구나 상상할 수 있을 것이다. 실력 있는 음악인이 자기 자신과 자신의 작품을 가장 손쉽게 알릴 수 있는 텔레비전 출연을 자제한다는 것 자체가 사실 퍽 어려운 일이다. 새로운 음반이 나왔거나 새롭게 콘서트를 하게 될 때에는 더욱이나, 그 유혹은 참으로 떨쳐 내기 힘들 수 있다. 그래서 눈앞의 1등을 놓치지 않으려고 아름다운 자태를 잃어버리는 예술인도 많았던 것이 과거의 그리고 현재의 실정이기도 하다.

그러나 진정한 언더그라운드 음악인은, 영원하다고 생각하는 자신의 예술과 자기 이미지를 순간의 편의를 위해 실추시키는 그런 우매함을 쉽게 저지르지 않는다. 음악인이 너무 자주 텔레비전이나 잡지에 나오는 것은 곧 진지한 음악인으로서의 자기 수명을 단축시키는 어리석은 행위이다. 여러 매체에선 그들(언더그라운드 음악인)이 일반 음악인으로 갑자기 전환하여 그들 역시 현대의 대중매체 없인 존재할 수 없다는 것을 보여 주기 원하지만, 거목처럼 굳은 심지를 가지고 있는 진정한 언더그라운드 음악인은 결코 거기에 굴복하지 않는다.

장인정신을 가지고 있는 예술인에게 가장 귀중한 것 중 하나는 이런 '희귀성'이다. 즉 '아무도 그와 비슷하지 않음'인 것이다. 나는 가끔 내가 또 우리가 그리스도인으로서 자신만의 특성을 가지고 봉사하고 주님을 섬기고 있는 것인지 궁금해진다.

조금 가난하게 산다 해도 그들은 세상의 인기와 타협하지 않는다. 즉, 자기 노래가 히트가 안 되어 힘든 무명 세월을 더 견뎌 내야 하더라도 그들은 굴복하지 않기에 더욱 보석같이 빛나는 것이다. 앞에서도 말했듯이 보석은 거저 만들어지지 않는다. 자신의 음악성을 지키기 위해 이처럼 분투하는 ─ 물질적 풍요를 추구하지 않고, 세상적 인기에 휘말리지 않으며, 시간에 구애받지 않고 살아가는 ─ 이 시대의 한국 언더그라운드 음악인에게 나는 늘 깊은 애정을 가지고 있으며, 그들이 지금도 음악계에 존재하고 있는 것에 참으로 감사한다.

나는 원래부터 언더그라운드 음악인은 아니었다. 그런 계통의 그룹이 있는 것도 잘 몰랐다. 그러나 마그마 시절부터 왠지 나는 방송국과 잘 맞지 않았다. 방송국과의 생각 차이 때문에 연예계 생활이 좀 순탄치 않게 가다 보니 이 언더그라운드 음악의 친구들을 만나게 되었다. 그때는 이미 내 첫 독집 앨범에서 〈이 밤을 다시 한번〉이 대중적으로 큰 히트를 친 후였지만 난 그들과 쉽게 동화될 수 있었다. 나는 비록 나를 지키는 일에 그들만큼 강하지는 못했지만 그들에게서 비로소 참 예술인의 모습을 보았

내 아픔 아시는 당신께

고 깊은 애정을 느꼈다.

주님 만나기 전, 그러니까 1989년부터 1996년 즈음까지 어떻게 하다 보니 나는 그들과 함께 지내게 되었고 음악인으로서의 그들을 인정하게 되었으며 그들의 새로움에 무언가를 느끼며 나도 조금씩 변하기 시작했다. 그러한 언더그라운드 음악인에 속하는 분들이 누구인지는, 구태여 이름을 거론하지 않아도 음악 팬들이 더 잘 판단하고 더 잘 알 것이라 생각한다.

내가 은혜 받고 기독교계 안에 들어와 보니 내용물은 다르지만 연예인의 길, 즉 그 중에서도 음악인의 길은 목회자의 길과 겉으로 보기엔 흡사한 점이 많은 것 같다. 목회자들도 많은 청중 앞에 설 때가 많으며 만약 어떤 기회가 주어지면 유명해질 수도 있다. 예술인이 장인 정신으로 예술 하듯 목회자들이 그리스도의 정신으로 무장하고 목회하는 점도 비슷하다. 이곳저곳을 다니며 많은 청중 앞에서 설교하는 부흥사도 있고, 텔레비전에 자주 출연하는 목회자 분도 있다.

이곳 캐나다의 종교 채널에도 유명한 목사님들이 나오셔서 텔레비전을 통해 매일 그분들의 집회와 설교가 이어지곤 한다. 그래서 때로는 목사님들께서 전하시는 내용만 빼면, 그 외형이 공연하러 다니는 음악인들과 매우 비슷해 보인다. 아주 유명한 목회자들은 웬만한 보통 교회에서 초빙하기도 힘들 정도로 바쁘다. 그런 분주하고 화려한 목회자들을 보게 되면, 나는 문득문득 한국의 훌륭한 언더그라운드 음악인들이 생각나곤 한다. 물론 예수님을 아는 것과 비할 바는 아니겠지만, 그들은 적어도 자신이 지키고자 하는 예술성을 위해서라면 큰돈과 명예에 결코 연연하지 않는다.

내가 10여 년 이상 알아 온 언더그라운드 음악인들, 그리고 그와 비슷한 형태의 시각에서 볼 수 있는 현재 기독교 성직자인 목사님·선교사님·찬양 사역자들…… 난 그들 가운데에서 묘한 함수관계를 발견하였고 우리가 알지 못하는 사이에도 우리 주변 곳곳에 이 아름다운 '언더그라운드 주의 종'들이 활동하고 있는 것을 알게 되었다.

캐나다에 오기 전, 어느 일간 신문에서 소록도에서 평생을 보내고 계신 두 분의 독일인 수녀님을 취재한 기사를 본 적이 있다. 그 기사를 쓴 기자는 그 두 수녀님을 취재하러 갔다가 이야기도 겨우 몇 마디밖에 못 나누고, 사진도 겨우 뒷모습 찍는 것만 허락받았다고 한다. 그래서 그 기사에는 멀리서 뒷모습만을 찍은 수녀님들의 사진이 개재되어 있었다. 그 수녀님들은 자신의 이름을 밝히기도 꺼려 하셨고 사역의 자세한 내용도 밝히지 않으셨으며 사진은 더욱이나 사양하셨던 것이다.

내가 아는 어느 연세 많은 목사님은 일반 목회에서 오는 무의미성과 식상함에 몇 번이나 실망하셔서 지금은 일반 목회를 그만두고 서울 변두리에서 영성에 관련된 아름다운 공동체를 하신다. 그분은 자신의 이름 석 자 알려지는 것도 달가워하지 않으시고 오직 그 공동체를 섬기며 여생을 한가로이, 그리고 아름답게 보내고 계신다. 이분의 삶은 참 깊어서 옆에서만 뵈어도 이분이 인간으로부터 오는 상 받기를 싫어하신다는 것을 충분히 느낄 수 있다.

이전에 내 후배의 결혼식에서 내가 특송을 부른 적이 있다. 그때 주례하시던 목사님은 성함조차 들어보지 못한, 알려지지 않은 작은 교회 목사님이셨다. 설교도 행동도 어눌하셨다. 그래서 나는 그분께 그다지 주목하지 않고 있었다. 그런데 그날 후배가 나에게 살짝 "저 목사님이요, 성도가 신장수술한다고 해서 자기 신장을 떼어 주셨대요"라고 말해 주었다. 나는 그 말을 듣는 순간 외형만으로 그분을 바라보고 있었던 나 자신에 대해 심한 부끄러움을 느꼈다.

하와이의 어느 작은 섬에 선교사로 파송되었던 다미안 신부님은 몰로카이 섬에 집단적으로 수용되어 거의 버려지다시피 한 나환자들을 섬기기 위해 그 섬에 들어갈 것을 결심하였다. 이 다미안 신부님에 대해서는 여러 가지 이야기가 회자되고 있는데, 대체로는 몰로카이 섬으로 자청하여 간 다미안 신부님이 평생 그 섬에서 나환자들과 동고동락하다가 나중에는 신부님 자신도 나병 환자가 되어 그곳에서 일생을 마쳤다고 전해진다. 신부님의 헌신적인 노력에도 불구하고 사역 초기엔 같은 병을 앓고 있지 않다는 이유 때문에 나환자들에게 잘 받아들여지지 않았다고 한다. 그래서 신부님은 그 후로 더욱더 적극적으로 그들과 접촉하며 자신이 그들의 병을 두려워하거나, 그 병 때문에 그들을 거부하지 않는다는 것을 보여 주려고 애쓰셨다. 그리고 마침내 자신도 그들처럼 나병에 감염되어 같은 나환자로서 그들에게 하나님 말씀을 가르치다가 40대 이른 나이에 소천하셨다. 다미안 신부님의 헌신으로 인해 그 섬의 나환자들은 모두 그리스도인이 되었고, 섬 전체가 아름다운 공동체로 바뀌었다.

인터넷의 발달로 서로 간의 정보 교환은 매우 쉬워지고 있다. 그리고 신학교 나오신 분이면 대체로 다 말씀(설교)도 잘하신다. 그런데 벨기에 신부님 '다미안' 같은 분이나 아시시 태생의 수도사 '프란체스코' 같은 삶을 사는 분은 과연 어디서 뵐 수 있을까.

목회를 하면서 보니 설교 잘하는 분은 꽤 많다. 생각보다 많다. 그리고 때때로 설교도 하나의 유행처럼 번지곤 한다. 어떤 분이 좀 특이한 설교를 하거나 말씀을 풀어내는 기교에 치우친 설교를 시작하여 성도들의 호응을 많이 받으면, 실제 자신의 삶이야 어찌되었든 다른 목사님들도 거기에 영향을 많이 받곤 한다. 이전에 음악 할 때도 보면 한참 포크송이 유행하다가 갑자기 신중현 씨 때문에 한동안은 록이 유행했다. 그 이후 많은 가수들에 의해 발라드가 집권하더니 최근 서태지 이후로는 힙합이, 그리고 메탈과 랩이 혼합된 형태의 음악이 유행하고 있다.

나는 연예계에서 20년, 목회길에 8년째지만 이 두 분야가 겉으로 보면 (다시 말하지만) 정말 비슷한 점이 많다. 단 위에서 설교하는 것이나 설교 작성하는 것이 작곡하는 것과 비슷한 것 하며……. 그래서 어떤 목사님들은 마치 연예인처럼 유명세에 곤욕을 치르기도 한다.

우리 주위에는 소위 '좋은 조건'을 다 구비하고 있으면서도 일반 목회를 안 하고 특별히 더 평범(?)하게 사는 몇몇 분들이 계신다. 그분들을 보면 '목회란 무엇인가'라는 정의부터 다시 한 번 생각해 보게 된다. 꼭 '가요 톱 10'에서 1등을 하는 것이 훌륭한 음악인이 아니듯 목회 역시 외형으로만 말할 수 없는 것들이 많다. 일평생 주님 말씀대로 살았지만, 세상에서 볼 때 목회자로서 별로 주목받지 못하고 본향 가는 분이 있는가 하면 삶의 깊은 모습과는 관계없이 외형적으로는 목회자로 '스타'가 된 분들도 있다.

목회자 중에도 '스타'가 있다는 것을 알게 되었을 때, 처음에 난 굉장히 놀랐다. 나는 과거에 세상음악의 스타였지만 주님 만나서는 종이 되는 것이라 배웠는데 그 중에도 스타가 있다니……. 더구나 그런 분들을 하나님처럼 섬기는 사람도 있다고 들었다.
세상 가수도 자신의 예술성을 위해 세상과 등지고 음악 하는데 하나님의 일꾼들이, 주인이 시키는 일만 하면 되는 일꾼들이 '유명 인사'가 된다고 해서 주님이 과연 그것을 기뻐하실지……. 이 지구상에는 빛도 없이 그림자도 없이 그저 묵묵히 일하다 본향에 가시는 분도 많이 있는데 이 다음 하늘나라에서 그분들을 만나게 되면 부끄럽지 않을까.

나는 음악생활 20년 동안 단 한 번도 남이 술 마시는 곳에서 노래 부른 적은 없다. 내 노래가 돈으로 환산되는 것이 싫었다. 누가 뭐래도 난 예술가이고 싶었지 상업 음악인이고 싶진 않았다. 그런데 이 목회계에서도 종종 그때와 비슷한 느낌을 받곤 한

 내 아픔 아시는 당신께

다. 그야말로 주님의 향기가 나는 목회자를 만나기가 왜 그렇게 힘든지……. 물론 나는 그런 것을 논할 자격이 아직 없다. 아직 나 자체가 미숙하기 때문이다. 그러나 목표는 분명 있다. 그리스도의 정신으로 무장된 목사가 되는 것이다. 아직은 아닐지라도 언젠가는 꼭 그렇게 되고 싶다.

다행히도 하나님께서 내 신앙생활 초기에 만나게 해 주신 목사님들은 주로 언더그라운드 냄새가 나는 목사님들이셨다. 나의 신앙과 신학에 깊이 영향을 주신 목사님이 두 분 계시는데 두 분 다 음악인으로 말하면 언더그라운드 예술인 같은 분들이다. 난 지금도 목회 현장에서 가끔 그분들의 말씀을 떠올리며 주님께서 내게 좋은 선생님을 인도해 주신 것에 대해 감사한다. 그러나 막상 목회자의 길에 들어서 보니 생각보다 따라 하고 싶은 목사님이 그리 많지는 않다.

이전에 음악 할 때도 닮고 싶은 스타일의 가수가 한국에선 없었다. 나의 음악 인생 전체에서 내가 가장 부러워하고 따라 해 보고 싶었던 록 예술인은 모두 외국인이었는데, '레인보우'의 로니 제임스 디오, '에이시디시'의 브라이언 존슨, '딥 퍼플'의 이언 길런 이 세 사람이다. 한마디로 나는 철저하게 록 같은 로커들을 좋아했다. 사랑 타령이나 하는 로커들을 보면 일호의 여지도 없이 '가짜'라고 잘라 말하곤 했다. 요즘 마그마(나의 1979-1982년)가 인터넷 등에서 록의 앞선 주자처럼 평가되어 25년 전의 내 모습이 새로이 조명되는 것은 참 감사한 일이다. 그러나 이제 나는 한 사람의 목회자로서 이 '목회계'에서 진짜 그리스도인의 자취를 많이 보고 배웠으면 한다.

그리스도의 향기가 물씬 풍기는 목사님, 록 냄새가 코를 찌르는 록 싱어, 진짜 '꾼' 같은 실력파 배우…… 뭐 이런 사람이 많은 세상이 되었으면 좋겠다. 누구나 같이 있고 싶을 만큼 바른 마음을 가진 정치 지도자, 청결하고 청빈한 삶의 본이 되는 그리스도인 기업가…… 철저한 프로(profesional) 근성을 가진 그리스도인을 많이 만날 수 있으면 좋겠다. 사람들의 직업은 다양하다. 목사, 의사, 판사, 검사, 가수, 무용수, 연극인, 무역회사원, 제조회사원, 영업사원, 약사, 선생님, 교수, 환경미화원, 미술가, 뮤지컬배우, 전문경영인, 운동선수, 신문기자, 건축가……. 그 종류를 다 열거할 수는 없지만, 내가 맡은 영역에서 프로가 된다면 이 사회가 얼마나 아름다워질까.

난 프로라는 말을 참 좋아한다. 토론토에서 매일 아침마다 기독교 방송을 하면서도 교민들에게 프로 근성에 대해 많이 말씀드리곤 한다. 기독교 내의 예술인들을 보면 안타까울 때가 많다. 때론 '저들이 정말 음악인인가?' 하며 의아할 때가 있을 정도이다. 주님을 위한 일이라면 오히려 일반 음악인들보다도 더 최선을 다해 연습하고 최고의 것을 보여 줘야 할 텐데 말이다. 예전에 레드 제플린이라는 영국 록밴드가 있었다. 그들은 드럼 주자 존 본햄(John Bonham)이 죽자 해체했다가 10년 뒤에 존 본햄의 아들 제이슨 본햄(Jason Bonham)이 드럼을 맡았다. 결국 레드 제플린이 재결성되지는 못했지만, 그때 제이슨 본햄이 인터뷰 중에 "드럼 연습 하루에 몇 시간씩 하세요?"라는 질문을 받자 "하루 8시간씩이요"라고 대답했다. 이게 프로다. 프로는 매일 8시간씩 드럼을 친다.

하나님은 프로이시다. 내가 섬기는 장애인 공동체에 있는 어느 자매가 이런 글을 준 적이 있다. 마음이 착해서 그 공동체에서 늘 상처를 많이 받는 리사. 그 자매가 내게 준 인형에 꽂혀 있던 글이다.

"Jesus is the reason for the season." (예수님 때문에 계절이 존재합니다.)
정말 그렇다. 지금 눈에 보이는 모든 게 하나님의 작품인 것이다. 눈이 올 때 더워서 수영해 본 적 없다. 여름에 추워서 스키 타는 사람 있는가. 하나님은 '아마추어'가 아니시다. 수박 씨를 뿌렸는데 고구마가 나와 당황했던 적이 있는가. 아니면 겨울 지나 봄이 와야 할 지역에 겨울만 계속되어서 그 나라 전체가 고생한 적이 어디 있던가.

예전에 녹음실에서 앨범 녹음하던 날, 기타 치는 후배를 야단친 적이 있다. 얼마나 성의가 없으면 녹음 중에 연습을 하거나 녹음 중에 틀려서 다시 녹음할까. 이것은 한국 음악계에서나 있는 일이다. 거액의 보수를 받고 있는 기타리스트가 녹음 중 자꾸 틀린다면 이건 뭔가 잘못된 거다. 한번은 토크 박스(talk box, 녹음실 안과 밖을 연결해 주는 장치)를 열고 "너 나와" 하고 내가 대신 들어가 녹음한 적도 있다. 사람들은 전부 다 자신이 프로이길 원하지만 실상은 아마추어의 삶을 살고 있는 경우가 대부분이다. 내 생각에, 한국에서 정말 프로다운 가수라고 꼽을 만한 분은 한두 분 정도인 것 같다. 그 래서 나는 그분들이 비록 그리스도인은 아닐지라도 내가 맡은 라디오 프로그램(토론토 기독교 방송)을 진행할 때 그분들의 노래를 많이 튼다. 난 그분들이 분명 한국 가요 역사에 길이 남으리라 생각한다. 그분들은 생활 자체가 프로다. 노래만 잘한다고 프로는 아니다. 생활이 곧 프로여야 한다.

언더그라운드 음악인들의 음악이, 음악에 그들의 삶 자체가 배어 있어서 강력한 힘을 가지게 되는 것이라면 그리스도인의 문화도 그들의 삶 자체가 달라져야만 진정한 변화를 기대할 수 있을 것이다. 이런 측면에서 언더그라운드 음악인들의 삶의 태도는 타성에 젖어 그날그날 살아가고 있는 그리스도인들에게 진정으로 주님을 따르는 삶이 무엇인지 시사하는 바가 크다.

언더그라운드 음악인은 생활을 걱정하지 않는다. 먹기 위해 노래하지 않고, 그저 노래하다 보면 먹기도 하는 것이다. 내가 사랑하는 음악인들 중에 세상적으로 '잘'되기 위해 음악 하시는 분들은 거의 없다. 그저 음악을 좋아하다가 잘된 경우도 가끔 있지만 보통은 경제적으로 어렵게 산다. "참 아름답다"는 말이 절로 나오는 음악인들이다. 만약 그리스도인이 음악에 대한 이분들의 모습 같다면 얼마나 아름다울까…….

이런 언더그라운드 음악인들을 생각해 볼 때, 언더그라운드 주의 종은 어떤 사람이어야 할까. 먼저 '실력'이 있어야 할 것이다. 이 실력은 말씀을 보는 시각이라고 말할 수 있겠다. 둘째로는 말씀대로 사는 분 또는 그렇게 살기 위해 애쓰는 분이라야 하겠다. 그리고 많은 사람이 만나고 싶어 하는 분이지만 만나기 쉽지 않은 분이 되어야 할 것 같다. (이 말은 실제로 만나기 어렵다는 것이 아니라 텔레비전이나 신문 같은 매체에서 보기 힘들다는 것이다.) 또한 그 자신이 주의 종으로서 자기 관리에 철저한 분이어야겠다는 생각을 해 본다. 주의 종이 되는 것은 쉽지만 '주의 종답기'는 어렵다는 말이 생각난다. 그런데 한편으로는 언더그라운드 주의 종이 되길 원하시는 분이 실제로 많이 있을까 하는 의문도 생긴다. 과거 가수 시절에도 다같이 텔레비전 출연을 거부하자고 해 놓고는 막상 생방송이 시작되니 다 뛰어나가고 대기실에 나만 혼자 남았던 기억이 있다. 지금 나는 아직 그러한 '언더그라운드 목사'는 아닐 것이다. 하지만 그렇게 되면 좋겠다는 생각은 늘 가지고 있다.

난 미친 듯이 술을 마시며 세상을 벗하고 살던 그렇고 그런 인간이었다. 그런데 없으리라고 믿었던 주님이 살아 계셨고 나를 만나 주셨다. 프로 그리스도인. 프로 그리스도인은 내가 있는 자리에서 시작하는 것이다. 프로의 세계는 각자의 직장, 자기 직업의 현장에서부터 연습하지 않으면 되지 않는다.

언더그라운드 음악인은 연습을 열심히 한다. 예전에 하던 기량으로 한 번 더 하려 하지 않고, 늘 새로운 것을 보여 주려고 오랜 시간을 연습에 할애한다. 그리고 무대에서 노래할 때는 거의 최고 수준의 것을 보여 준다. 참 열심히 그리고 최선을 다해 노래한다. 나는 언더그라운드 가수가 립싱크하는 경우를 단 한 번도 보지 못했다. 못하든 잘하든 최선을 보여 주려고 연습하는 것이다. 과연 우리는 하나님 앞에서 최선을 다하는가. 그분을 기쁘게 하기 위해 하루 동안 얼마나 노력하는가. 왠지 씁쓸한 생각이 든다. 그리스도인은 하나님의 말씀과 기도로 거룩해져 간다(딤전 4:5). 그렇다면 내 직장과 직무에 충성하기 위해서 그리스도인에게 필요한 연습은 기본적으로 '말씀과 기도'일 것이다.

언더그라운드 음악인은 방송국 프로듀서와의 관계에 별로 신경 쓰지 않는다. 틀어 주면 고맙고 안 틀어 주어도 할 수 없는 것이지 꼭 틀어 달라고 이상한 행동을 하지 않는다. 주관과 자아가 강한 그들은 자신이 옳다고 생각하는 것에 충성하는 것이다. 손해가 오더라도 그저 꾸준히 자기 할 일에 충성하기 때문에 노래가 히트하지 않기도 하고, 발표한 지 한참 지나서 어느 순간 히트하는 경우도 있다.

언더그라운드 음악인은 꼭 히트해야 한다고 생각하지 않는다. 결과가 나올 때까지의 '과정' 그 자체에 만족하고 그것 자체를 즐기는 것이지, 히트해서 돈 벌고 그 히트곡으로 여러 곳에서 노래 불러서 계속 돈을 벌어야 한다는 생각에만 사로잡히지 않는다. 그러기에 자유롭다. 적어도 음악과 인생에 있어선 자유롭다. 돈에 얽매이지 않고 그저 자신들의 음악에 대해 자유롭고 풍성한 언더그라운드 음악인들의 모습은 그리스도인들이 추구해야 할 바에 대해서도 시사해 주는 바가 많다. 그리스도인은 무엇 때문에 주님의 이름을 빌려 세상에서 성공하기를 바라는가? 언더그라운드 음악인들에게 음악 자체가 세상적인 명예나 돈보다 훨씬 중요한 가치인 것처럼, 그리스도인들에게 가장 중요한 것도 세상적인 성공이 아니라 주님과의 동행이라는 것은 너무나 당연한 일인데…… 목적과 수단이 바뀌었다면 다시금 바로잡아야 할 것이다.

나는 예전에 어느 젊은 형제가 '교회'에서의 일만 목회라고 생각하고 '잘' 되기 위해 정신 없이 달리는 것을 보았다. 마음이 슬펐다. 그러면 '교회'의 구획 밖에서 사역

한 분들 이름도, 빛도 없이 살다 간 주의 일꾼들은 무엇이란 말인가……. 그들은 모두 실패한 목회자인가.

언더그라운드 음악인들은 팬들의 취향에 나의 음악성을 맞추지 않는다. 오히려 팬들이 그들의 음악을 통해 달라지고 같이 변해 간다. 즉, 음악인이 주체가 되는 것이다. 팬은 있으면 좋지만 없어도 할 수 없다. 그래서 그들은 통상적으로 쓰이는 ‘스타’라는 단어와는 그다지 관계가 없다. 그리스도인의 생활은 누구를 기쁘게 하기 위함인가? 보이는 사람인가? 보이지 않는 주님인가! 이런 생각을 해 본다면 사실 그리스도인은 무대 위나 단 위에서 연기할 필요가 없는, 행복한 사람들인 것이다. 있는 그대로를 보여 주는 것, 얼마나 편안한가…….

언더그라운드 음악인들은 음악 인생이 언제 끝나더라도 후회 없이 훌훌 털고 떠난다. 집착도 없고 꼭 이길 필요도 없다. 자유로이 음악만 추구하는 정말 자유인 중 자유인이다. 그래서 매스미디어가 두렵지 않고 본인의 나이 또한 음악과 관계가 없다. 칠순이 되어도 콘서트를 할 수 있으면 하고 아니면 낚시나 여행 같은 취미생활도 하면서 여생을 보낼 수가 있다. 그들은 그리스도인이 아니라도 대부분은 막연하게나마 자신과 세상사를 하늘이 보고 있다고 믿는다. 그들은 그 하늘 앞에서 깨끗하게 살려고 노력하고 삶을 마감할 때까지 자기 인생을 음악에 대한 후회 없는 사랑으로 채운다.

진정한 언더그라운드 음악인들이 음악 외의 다른 것에 집착하지 않는 것처럼 진실한 그리스도인이라면 주님 외의 다른 것에 집착하지 않을 것이다. 그리스도인은 그리스도만을 닮기 위해 노력하는, 주님 안에서 사는 진정한 자유인이 되어야 하지 않을까.

언더그라운드 예술인은 아무나 하는 게 아니다. 텔레비전 좀 안 나온다고 언더그라운드 음악인이 되는 게 아니듯 참그리스도인이 된다는 것 또한 그렇게 쉬운 일은 아닐 것이다. 장인의 정신을 가진 예술인이 세상과 타협하지 않기 위해선 어마어마한 자기부인과 노력이 필요하다. 남들이 다 걸어가는 그 길을 걸어가지 않을 용기가 필요한 것이다. 어느 음악인은 자기 삶의 방식을 '생명'으로까지 표현할 정도다. 그만큼 자기 관리에 철저한 음악인들 앞에서는 고개가 절로 숙여진다.

난 늘 배운다. 어디서든지 배울 게 참 많다. 흑백으로 자꾸 나눌수록 배울 게 없어진다. 주님은 이 우주를 창조하신 분이다. 모든 것이 그분 안에 있는 것이다. 배움은 겸손해질수록 더 풍성해지는 것 같다. 부정한 돈을 멀리하는 사업가, 그리스도를 위해 목숨을 바치는 성직자, 작품을 위해 자기가 자는 시간보다 더 많은 시간을 매일 연습에 몰두하는 예술가, 의사의 정신을 잊지 않는 참의술인, 5분간의 무용 공연을 위해 근육단련 운동을 매일 두 시간 이상씩 하는 무용수……. 프로는 정말 아름답다. 한때 타이슨은 프로복서였다. 그러나 지금은 그저 유명 인사에 불과하다. 그 두 타이슨이 우리에게 주는 의미는 곰곰이 생각해 볼 만하다. 다행히도 내게는 세상에서 삶의 모델이 되어 주신 선배 가수 몇 분이 계셨다. 그분들에게 진정으로 감사드린다. 또한 철없는 그리스도인이었던 나에게 그리스도인으로서, 목회자로서의 진정한 길을 보여 주신 분들에게도 깊이 감사드린다.

세상노래

2002년 가을 어느 날이었다. 나는 늘 그러하듯이 집사람과 우리 집 강아지와 함께 올림픽공원을 산책하고 있었다. 그 시기 나에게 공원은 많은 의미가 있었다. 쉼터, 운동하는 곳, 생각하는 곳 등 한국에서 내가 처해 있는 복잡한 상황을 잠시 잊을 수 있게 해 주는 아름다운 곳이 바로 산책로, 공원이었다.

그 당시 나는 그해 11월에 있을 대규모의 공연을 기획하고 연습하는 중이어서 마음이 분주했다. 이번에는 특별히 이전의 가스펠 공연에서 벗어나 조하문이라는 한 인간으로서 공연을 기획한 것이었다. 믿지 않는 사람들이 대부분 그냥 돌아가 버렸던 이전 가스펠 공연을 기억하면서, 이번 공연은 어떻게 해서든지 그들에게도 복음을 전하고 싶다는 생각에 세상음악을 도구로 사용하려고 기도하며 준비했던 공연이었다.

자세한 응답을 들진 못했지만, 사도 바울이 주님을 만난 후에 다 버렸던 것들(로마 시민권 등)도 나중에 주의 영광을 위해서 썼던 것을 기억하며 별 불편함 없이 모든 계획을 진행시켜 나갔다. 날짜는 한 달 뒤였고, 공연장도 약 천 명을 수용할 수 있을 정도의 규모로 선택하였다. 그리고 출연진들은 이미 본격적인 연습에 들어가 있었다. 이전에 부르던 나의 히트곡들 외에도 올드 팝송 몇 곡을 넣는 등 나는 가수도 찬양 사역자도 아닌 40대의 '크리스천 싱어'로서 공연을 기획했다. 그리고 그 공연의 관람 대상을 믿는 사람 50퍼센트, 믿지 않는 사람 50퍼센트로 정했다. 그 누구도 계속되는 찬양곡이나 간증 때문에 자리를 뜨는 일이 없도록 믿지 않는 사람들도 좋아할 곡들을 군데군데 배열하였으며 간증도 이런저런 이야기를 너무 오래하지 않도록 일종의 선교 전략을 짜고 있던 것이었다. 연습은 이미 시작되었으며, 매일 3시간씩 스물다섯 번, 즉 한 달 정도를 연습하기로 되어 있었다. 공연 준비로 동분서주하는 동안, 나는 내가 이 공연을 하나님을 위해 준비하고 있다는 생각에 대해 조금도 의심해 본 적이 없었다.

그렇게 분주하게만 지내던 어느 날, 공원을 산책하다가 문득 전혀 뜻하지 못한 느낌에 흠칫 발을 멈췄다. 갑자기 누군가 내 맘에 이야기를 하는 것 같았다. "너 세상노래 안 하겠다고 하고선 이제 와서 선교 핑계 대고 해?"라는 생각 같은 음성을 들은 것이다. 나는 깜짝 놀라 주위를 둘러보았지만 나에게 말하는 사람은 아무도 없었고 아내와 강아지만 있을 뿐이었다. 나는 잘못 들은 것이라 생각하여 다시 계속 걸었다. 그런데 이번에는 그 음성이 더 크게 들렸고 난 곧바로 공포에 휩싸이기 시작했다. 두려워서 옆을 돌아보았지만 아내는 마침 자리를 비우고 잠깐 어디론가 가 버린 뒤였다. 그 순간 나는 철저히 혼자 서 있었다. 난 곧바로 그 공원 바닥에 무릎을 꿇고 앉아 기도하기 시작했다. 사람이 보든 말든 난 주님께 절박하게 기도드릴 수밖에 없었다.

"주님, 잘못했습니다. 지금이라도 싫다고 하시면 세상노래 부르지 않겠으며 저에게 어떤 손해가 오더라도 모든 경비와 지금까지 사용한 것 모두 제가 다 변상하고 콘서트를 그만두겠습니다. 그러니 제발 저를 용서해 주십시오. 확실한 음성을 듣지 않고 시작했던 저를 용서해 주십시오."

얼마나 기도했을까…… 난 다시 자리(벤치)에 앉아 허탈하게 하늘을 바라보고 있었다. 갑자기 이번 콘서트에 대한 아무런 확신도 서지 않았다. 주님이 지지하시지 않는 일이라면 이제는 아무것도 할 수 없기 때문에 그 순간의 나는 더 이상 한 발짝도 나아갈 수 없는 심정이 되었다. 더구나 주님을 위해 준비한다고 믿고 있던 이 콘서트라면 더 말할 필요도 없었다. 막막했다. 절박하게 기도를 하고 난 후에도 당장은 아무 곳에서도 주님의 음성이 들리지 않아서 더욱 불안했다.

아내가 오면 빨리 집에 돌아가서 성경책을 보아야겠다는 생각뿐이었다. 아침에 읽은 성경말씀의 뒷부분을 이어서 계속 읽다 보면 분명히 주님께서 무언가 말씀해 주실 것이라 생각했기 때문이다. 되도록 빨리 주님의 음성을 듣고 싶은 마음이 간절했다. 불안한 심정 속에서 난 그저 아내가 오기만을 기다리고 있는데 내 마음속에선 또 계속해서 기도를 하고 있는 것이었다.

"주님 지금이라도 말씀만 하십시오. 다 그만두고 교회 일만 열심히 하겠나이다……."

나는 계속 중얼거리고 있었다.

조금 시간이 지났을까, 어떤 청년 한 명이 내 곁에 오더니 말을 붙이기 시작했다.

"저는 ○○교회에서 나온 부목사입니다. 예수 믿으십니까? 자 여기 이 신문을 받으시죠……."

난 멍하게 있다가 내가 아직도 그렇게 목사같이 보이지 않나 보다 싶은 마음에 좀 퉁명스러운 말투로 "알았어요, 신문 두고 가세요"라고 말했다. 그 목사님은 신문을 한 장 건네 주고 금방 내 시야에서 사라져 버렸다. 신문을 훑어 보니 '교회 사정 이야기', '목사님 동정', '지난주 설교', '간증란' 등 그렇고 그런 스토리만 보였다.

난 건성으로 대충 훑어 보다가 금세 덮어 버리고 계속 초조한 심정으로 아내가 오기만을 기다렸다. 얼마쯤 지나자 아내가 이쪽으로 오는 것이 보였다. 난 아내가 오자 얼른 집에 가야겠다고 재촉했다.

"집에 빨리 가서 성경 봐야겠어. 그래야 주님의 음성을 또 듣지."

나는 이번에도 당연히 여태껏 경험해 왔던 것과 똑같은 방법으로 그분의 음성을 들을 수 있을 것이라 기대했던 것이다. 그런데 내 말을 들으며 잠시 멈칫하던 아내는 집에 빨리 가자고 성화하는 내게 갑자기 엉뚱한 것을 물었다.

"이 신문 누가 주고 갔어요?"

"음 어떤 교회에서……."

그러자 아내는 놀라는 얼굴로 나를 쳐다보며, "당신이 조금 전에 하나님 말씀을 달라고 기도하지 않았어요?" 하면서 신문 맨 뒷장을 펼쳐 보여 주었다.

"여기에 하나님 말씀이 있네요."

말씀을 들으러 집에 가야겠다는 생각에만 골몰해 있던 나는 순간 너무나 황당하고 또 당황해서 "어디 어디" 하며 신문을 다시 보았는데 맨 끝 면이었다. 아까는 그 맨 끝 면까지 보지 않고 중간에 신문을 덮어 버렸던 것이었다.

그 신문의 마지막 면에는 이사야 41장 10절 말씀이 8절지 신문 전체에 꽉 차게 써 있었다.

"두려워 말라 내가 너와 함께 함이니라 놀라지 말라 나는 네 하나님이 됨이니라 내가 너를 굳세게 하리라 참으로 너를 도와주리라 참으로 나의 의로운 오른손으로 너를 붙들리라."

이 글씨가 신문 한 면 전체에 꽉 메어지게 써 있었다. 나는 그것을 보는 순간 온몸이 오 주님, 하는 전율에 휩싸였다. 감사와 감격의 눈물이 눈에 고였다. 순식간에 나의 공포는 환희로 바뀌었으며 불안 속에서 나도 모르게 하던 기도는 그 순간 찬양으로 바뀌고 있었다.

그 누가 하나님이 살아 계시지 않는다고 말할 수 있겠는가? 그 이후로 만 2년이 훨씬 지난 지금까지도 그 신문은 기타통 속에 늘 내 기타와 함께 있다. 어디서든지 찬양을 하려고 기타통을 열면 그 글을 안 읽을 수가 없게 말이다. 어느 집회에서는 간증하다가 그 신문을 직접 보여 드린 적도 몇 번 있다. 어떻게 생각하면 정말 믿기 힘든 일일 것이다. 이 우주만물을 창조하시고 독생자를 보내셔서 나를 위하여 십자가에서 죽음을 당하시고, 세상을 이기게 하신 그 하나님의 음성을 내가 듣고 있다니 정말 믿어지지 않는 일이다.

지난 8년간 나는 하루하루 이러한 주님의 임재를 경험하며 살아왔다. 그것이 기적이 아닌 생활이 되어 버린 지금, 나는 며칠만 그분의 말씀을 못 느껴도 몹시 힘들다. 나의 신앙이 냉랭해짐을 느낀다. 하나님의 임재를 느끼는 것과 그분의 말씀을 듣는 것에는 분명한 차이가 있다. 그분의 임재는 경건생활을 통하여 혹은 순전히 그분의 은혜로 느낄 수 있는 상당히 포괄적인 느낌이라 할 수 있겠다. 그래서 예배 중에, 기도 중에, 찬양 중에, 성경공부 인도 중에…… 우리는 주님의 임재를 느낄 수 있다. 그리고 그분은 늘 우리가 생각하는 것보다 더 자세히, 그리고 더 섬세히 말씀해 주신다.

비록 구약의 선지자처럼 하나님과 직접 대화하듯 그렇게 말해 본 적은 없지만 늘 성경말씀 중에서, 다른 사람의 입술을 통해, 상황을 통해, 텔레비전을 보다가 등등 그분의 임재를 경험하게 되는 상황이나 그 스타일은 너무 다양해 다 말할 수가 없을 정도이다. 나는 주로 순서대로 읽던 성경책 구절 중 가끔 상상하지 못했던 말씀을 듣곤 했다. 그러나 다른 사람의 입술을 통해서 전혀 예기치 못한 이야기를 듣게 되는 경우도 종종 있었다.

아마 신대원 2학년 때였을 것이다. 그때까지도 예전의 모습 중 많은 부분을 버리지 못해서 가끔 그로 인해 괴로워했다. 어느날 저녁, 학교에서 돌아온 나는 그날 낮에 있었던 일로 인해 매우 불안하고 괴로운 심정으로 하나님께 기도를 드렸다.

사실…… 나는 하나님을 참 무서워하는 편이다. 예전에 어떤 분들이 기도하실 때 사랑의 하나님…… 하며 시작하면, 나는 '저 분은 참 좋은 하나님 이미지를 갖고 계시구나' 하며 때론 부럽기까지 했다. 물론 지금은 주님을 좀더 많이 알게 되어서 이전보다는 그 무서움이 덜한 편이지만(하지만 지금도 하나님을 참 두려워하는 편이다). 그래도 그때 당시 하나님에 대한 그 '두려움'은 내가 빨리 깨어질 수 있게 해 주었다. 내게 빨리 회개하는 습관이 들게 해 주셨던 것이다. 그런 하나님의 모습은 내 육신의 아버지의 모습과 긴밀하게 관련되어 있는 것이었음을 나중에야 비로소 알게 되었다. 그러나 어쨌든 그동안의 일들을 돌아보면, 주님에 대한 그런 두려운 이미지조차 내 신앙의 여정에서는 꼭 필요했던 것 같다.

저녁 식사 후부터 내내 통회하는 마음으로 기도를 드리던 나는 계속 중얼거리며 주님께 말씀드렸다.

"다시는 안 그러겠습니다. 저를 버리지만 말아 주세요. 두렵습니다. 용서해 주세요. 제발 저를 버리지 말아 주세요."

울먹거리며 기도하다가, 또 십자가 모양으로 엎드려 기도하다가, 무릎 꿇고 앉아 있다가…… 몇 시간이 지났을까, 난 그만 잠이 들어 버렸다.

다음 날 아침, 일찍 일어나 학교 갈 준비를 했다. 어제 기도했던 것은 거의 다 잊어버렸고, 그저 지각할까 봐 서둘러 집을 나서려 하는데 전화벨이 요란하게 울렸다. 그때 시각 8시 30분경. 누가 이 아침부터 전화를 하겠는가. '내 전화는 아니겠지' 하며 집에서 나오려는데, 아내가 전화 좀 받아 보라고 해서 다시 들어가 전화를 받았다. 전화한 사람은 다름 아닌, 찬양 사역자로 유명한 ○○ 전도사님이었다. "형 아침부터 웬

일이십니까?” 하고 묻자 대뜸 그 전도사님이 “오늘 새벽기도 중에 하나님이 너에게 이 말씀을 주라서서……”라고 말하는 것이었다. 나는 한참 망설였다. 그 형이 장난치는 건 아닌 듯했지만, 그때 내 머릿속엔 ‘이 형이 그렇게 자주 새벽마다 기도하시는 분이었나?’ 하며 은근히 정죄하는 마음이 들었던 것이다. 그러나 일단은 “그래, 뭐라고 하셔?”라고 물어 보았다. 그러자 그 형님은 “신명기 31장 8절 말씀인데 한번 펴 봐”라고 말했고 난 펴 보았다.

그리고 또 한 번, 나는 기절하는 줄 알았다. 말씀을 읽는 순간 어제 내가 기도한 일들이 다시금 생생하게 떠오르며 주체하기 힘든 그분의 은혜가 밀려왔다. 나는 또 그 자리에 곧바로 무릎을 꿇고 감사 기도를 드렸다.

“여호와 그가 네 앞서 행하시며 너와 함께하사 너를 떠나지 아니하시며 버리지 아니하시리니 너는 두려워 말라 놀라지 말라”(신 31:8).

“하문아, 그럼 공부 열심히 하고 학교 잘 다녀와 안녕.”

말씀 구절을 알려 준 후 형은 이 말만 남기고 전화를 끊었다. 그 형과 통화한 내용은 그것이 전부였다. 그 누가 하나님이 살아 계시지 않다고 하겠는가? 어제 나는 얼마나 애걸복걸하며 떠나지 말고 버리지 말아 달라고 기도하였던가. 그러나 또 금세 까맣게 잊고 하루를 시작하려던 내게…… 오 주님, 너무 감사합니다.

지금도 어려울 때마다 그 말씀만 생각하면 마음이 평안해진다. 이 또한 그분의 선물인 것 같다. 주님의 말씀은 이렇게 여러 가지 형태로 우리에게 전달된다. 누구든지 주의 음성을 어떤 틀에 가두려고 하면 실패할 수가 있다. 주님의 음성은 늘 예측 불허의 방법으로 오는 게 보통이기 때문이다. 신명기 4장 15-18절에 보면, 주님의 형상을 절대 너희를 위하여 만들지 말라는 말씀이 나온다. 누구든지 주의 음성을 한두 번 들게 되면 다음에도 또 그 방법으로 기다린다. 그러나 하나님이 결코 우리의 기대에 맞는 방법으로만 응답하지 않으신다는 것 또한 계속 경험하게 된다. 하나님은 그분이 원하는 대로 하시는 절대자이시다. 하나님의 음성을 내 틀에 가두면 그것이 오히려 새로운 우상이 될 수 있다. 그러므로 우린 늘 겸손하게 주님 앞에 나아가야 할 것이다.

다시 콘서트 이야기로 돌아가면, 그 말씀 덕분에 난 계속해서 연습을 열심히 할 수 있었고 성황리에 공연을 잘 치를 수 있었다. 공연 중간 중간에 약간의 간증 및 설교를 섞어 가면서……. 그래서 사실 나에게는 무대 위가 그야말로 전쟁터였다. 찬양 부르며 간증이나 설교하는 것은 쉬워도 가요나 팝 혹은 록을 부르고 나서 갑자기 은혜 충만하게 간증이나 설교를 하려면 얼마나 힘들겠는가. 주님을 모르던 시절에는 세상노래 자체의 쾌감을 즐길 수 있었다. 그러나 지금의 내게 세상노래는 오직 내 안에 계신 성령님의 충만함을 빼앗곤 하는 종류로 전락하고 말았다. 다시 말하면 은혜 충만할 때 세상노래를 부르면 은혜가 조금 깨지는 경우가 있다는 것이다. 사실 목사가 세상노래를 목청껏 부르는 이유는 오직 하나, 주의 영광을 위해서이지만 그것을 하는 나, 즉 목사인 나는 먹기 싫은 것을 억지로 목구멍에 집어넣는 듯한 괴로움이 있기도 하다. 그래도 복음을 전할 수 있으면 당연히 해야 한다고 생각하기에, 난 계속 세상노래를 한다.

4-5년 전 일이다. 당시 전도사의 자격으로 많은 교도소, 마약 보호 감호소, 매춘여성들이 모여 있는 곳 등 주로 '험난한' 곳에서 간증하게 된 적이 많았다. 그 중 한번은 집회차 청주에 있는 마약 보호 감호소에 갔었다. 그곳은 마약으로 인해 정신과 마음이 병든 사람들이 조용히 쉬고 있는 병원 같은 곳이었다.

난 그곳에 도착하자마자 집회를 해야 했다. 그래서 한창 찬양을 부르기 시작했는데 단상 아래 여기저기에서 "야, 네 노래나 불러라!" 하는 소리가 들려 왔다. 그때 그 큰

강당에는 한 5백 명 정도가 모였는데 대부분의 사람들이 포승줄로 결박당해 있거나 수갑을 찬 모습이었다. 20대 젊은 여성들도 꽤 많았다. 난 그 아름다운 야유 소리를 듣고는 갑자기 분위기를 바꾸어 내 히트곡들을 부르기 시작했다.

그러자 얼마 지나지 않아 그곳은 조용해졌으며 이쪽저쪽에서 자매님들의 우는 소리가 들려왔다. 나중에서야 알게 된 일이지만, 그분들이 그 노래를 들었을 당시에는 모두 어린 중학생이었기 때문에 그 노래를 듣자 갑자기 그때 자신의 청순했던 시절이 떠올라 연민의 눈물을 흘린 것이었다.

어쨌든 그날 집회는 아름다웠다. 나중에는 모였던 분들이 앞으로 교회 열심히, 성경 열심히, 기도 열심히 하겠다는 말씀들을 해 주셔서 더욱 감사했던 하루였다. 나의 세상노래는 이렇게 내 의지와는 관계없이 철저히 주님에 의해 사용되었고 지금도 사용되고 있다.

맨 처음 '은혜 받았을 때' 세상노래는 이제 그만하겠다고 했던, '내 의지'로 뭉친 기도와는 관계없이 점점 그분의 의지로 사용되고 있는 나의 음악, 나의 노래……. 나는 지금 이곳 토론토 CBS, 즉 한인 기독교 방송국에서 매일 30분씩 하는 아침방송을 맡고 있으며 주말인 금요일에는 한 시간 동안 생방송을 한다. 처음 6개월은 복음을 전하며 세상노래만 틀었다. 이유는 간단했다. 이곳 토론토에서 한국 가요를 들을 수 있는 기회는 거의 없기 때문이다. 모두 캐나다 방송뿐이고 한인 방송이라고 해 봐야 지금은 CBS가 전부이다. 그러나 CBS는 기독교 채널인 관계로 창립 이후 늘 찬송가와 전형적인 복음성가만 취급했지 대중가요는 (더욱이 올드 팝송은) 생각지도 못했던 부분이었다.

나는 이사야 41장 10절 말씀을 주셨던 지난 '2002 삶 콘서트'가 세상노래를 무기로 잘 사용하라는 주님의 말씀이라고 믿고 있다. 그래서 이곳에 이민 오자마자 곧 CBS 관계자들을 만났던 것이다. 그래서 지금 내가 진행하는 프로그램인 '사랑의 향기로 만들어 가는 하루' 가 2003년 6월 1일부터 시작되었다. 이 프로그램을 진행하는 동안 처음에는 세상노래를 튼다고 전화로 항의하시는 분도 계셨고, 기타 여러 가지 어려움도 많았지만, 나는 교민들을 위로해 드려야겠다는 마음과 불신자들에 대한 생각을 염두에 두고 뜻을 굽히지 않았다. 그러고 나니 이제는 오히려 그 반응이 점점 더 호의적으로 변해 가고 있다.

5개월 전부터 금요일 생방송 때, 신청곡이나 전화 인터뷰를 통하여 많은 분들과 만나고 있는데, 모두들 하나같이 가요를 들으면서 복음을 접하니 더욱 은혜스럽다는 반응을 보여 주셨다. 그리고 그렇게 사랑해 주시는 교민들 덕분에 방송은 나날이 그 질이 향상되어 가고 있다. 참 감사하다. 이제는 급기야 그 생방송 중에 굳이 전화까지 하셔서 왜 가요를 틀어야 되는지에 대해 열변을 토해 주시던 (어느 고마운) 집사님도 계시고 단골로 신청곡을 주문하시는 분들도 많아지고 있다.

위로 없이, 사랑 없이 전하는 복음은 결국 참 공허할 것이다. 강제로 전한다고 듣는 사람이 얼마나 있겠는가? 위로와 사랑이 부족한 복음은 참복음이라 표현할 수 없을지도 모른다. 사랑이 넘치는, 그리고 상한 마음을 달래 주는 그런 것…… 그러한 무언가가 선행되어야 하지 않을까. 얼마 전 캐나다 월드비전(Canada World Vision)에서 주관한 캐나다 다섯 개 도시 순회 공연에서도 나는 내내 찬양과 더불어 세상노래를 서너 곡씩 꼭 섞어서 불렀다. 그랬더니 믿지 않는 분들부터 장로님, 목사님까지 모두 기뻐하시고 은혜 받으시는 공연이 되었다. 그 덕분인지 기아 난민을 위한 모금이나 스폰서 모집도 생각보다 잘 이루어졌다.

많은 분들이 이런 말씀을 하신다.

"이곳까지 와서 제가 좋아하는 그 노래를 목사님으로부터 들을 줄은 몰랐어요. 감사합니다."

아니, 감사는 내가 먼저 드려야 한다. 그래도 잊지 않으시고 가수 목사 공연에 와 주신(물론 주님이 보내셔서 오셨겠지만) 그분들…… 얼마나 감사한지…….

매주 수요일마다 내가 콘서트를 하고 있는 캐나다 장애인 공동체 파티시페이션 하우스는 세상노래 콘서트로 출발한 것이 지금은 수요 열린예배와 주일 대예배를 드리는 나의 중요한 사역지가 되었다. 처음엔 장애인들을 위로하기 위해 자원봉사자로 일하고 싶어서 갔던 것인데, 이전에 가수였다고 하니까 수요일마다 40분씩 콘서트를 해 달라던 것이 이 엄청난 일의 시작되었다.

그 첫 공연 때 내가 부른 첫 노래는 무척 세상적인 팝송이었던 것으로 기억한다. 그리고 지금은 그 수요 콘서트도 찬양과 세상음악이 어우러지는, 그리고 복음을 전하는 형태와 발상지가 불분명한(일반 콘서트+열린예배) 형식이 되어 버렸다. 시간이 좀 흐르자 매 주일 대예배에서도 영적으로 눈 뜨기 시작하는 친구들이 생겼다. 어떻게 이런 일들이 일어날 수 있을까……. 처음에는 예수님을 사랑할 수 없을 것만 같던 상황을 가진 그들이 이제는 하나둘씩 자신이 변했노라고 고백한다. 장애로 인해 말이 안 나오니 간호사에게 부탁해서 카드로, 편지로 내게 알린다.

얼마나 감사한지……. 사역자에게는 어떤 것이든 그것 자체가 무엇인지가 그다지 중요하지 않다. 오직 무슨 목적으로 그것을 사용하고 무슨 이유로 그 일을 하는지가 중요할 뿐이다. 너무 은혜가 넘칠 때는 세상노래 끝나고도 절로 아멘, 할렐루야가 나오고 기도가 이어진다. 분명 예수님이 이미 이기신 싸움이기에 우리가 그렇게 할 수

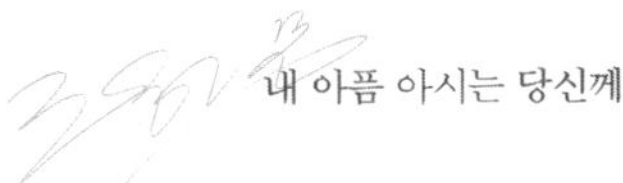

있는 것이다.

　나는 기독교 음악인들을 만날 기회가 많다. 그런데 그분들을 만날 때마다 항상 아쉬운 마음이 들곤 한다. '하나님음악'에도 세상음악에 투자하는 세상 가수들처럼 몸과 마음과 물질과 시간이 좀더 많이 투자되면 좋겠다. 세상노래와 복음성가를 함께 부르다 보면 물론 다 그렇진 않지만 복음성가들은 세상 노래에 비해 대체로 작곡 면에서 시대적으로, 기술적으로 많이 뒤떨어진 느낌을 받는다. 이 토론토에서 CBS의 음악 프로그램을 진행한 지 이제 1년이 훨씬 넘었다. 요새 나는 찬양곡이나 기독교 음악을 틀 때 매우 조심해서 선곡한다. 그래서 누가 들어도 "노래 참 좋다" 할 만한 곡으로 선곡한다. 라디오 방송 시간은 예배 시간이 아니라 선교 방송이자 교민 위로 방송이기 때문이다. 그래서 아무리 잘 알려진 찬양도 작곡이나 가수의 가창력이 약하면 여지없이 빼 버린다. 믿지 않는 분들에게 라디오를 끌 수 있는 여지를 주고 싶지 않기 때문이다.

　나에겐 작은 비전이 하나 있다.(그것은 내 생각이기에 분명히 이루어질지 아닐지는 전혀 모르지만.) 언젠가 힌두교 사원에서 공연하는 '야니'(뉴에이지 음악의 선두 주자)의 모습을 본 적이 있다. 인도에 있는 힌두교인들이 아무런 뜻도 모르면서 그의 노래에 감동받고 기립박수까지 치는 것을 보면서 기독교 음악도 최선의 것으로 공연하면 타종교인 앞에서 은혜는 못 주어도 감동은 줄 수 있겠구나 하는 수학적 계산을 했던 것이다. 음악에서는 '감동'이 매우 중요하다. '감동이 없는' 찬양이 있는 반면, '감동이 넘치는' 세상노래가 있다. 물론 용도는 엄연히 다르지만 일반 '심사위원'의 입장에서 본다면 감동이 없는 음악은 두 번 다시 듣지 않는다.

　내가 바라는 것은 이교도들 앞에서 기가 막힌 크리스천 뮤직 콘서트를 하는 것이다. 그 가사에 꼭 '하나님'이나 '예수님'이라는 단어가 있어야 한다고 생각하진 않는다. 뭔지 몰라도 듣고 나면 십자가가 떠오르는 그런 공연, 공연시간 90분 동안 고개 한 번 못 돌리게 할 수 있는 그런 음악, 그런 실력으로 세상을 감동시키고 싶다. 청중들의 종교가 무엇인지는 전혀 알 필요가 없는 엄청난 감동이 있는 콘서트, 어떤 음악이 그렇게 할 수 있을까. 분명 우리 주위에도 그런 음악인들이 많이 있다. 그러나 정작 그들은 그런 생각을 하지 않는다는 게 문제라면 문제다. 내 교회, 내 음악, 내 가정, 내 나라, 내 성향만 생각해서는 그런 음악이 나올 수 없다. 정말 예수님 같은 마음으로, 정말 나의 자아가 또 한 번 깨지는 마음으로 작곡하고 노래 할 때에만 그것이 가능하지 않을까.

우리나라 그리스도인들에겐 안 되는 게 너무 많다. 또 꼭 지켜야만 하는 외적인 규정도 너무 많다. 그러나 그래서는 진짜 예술이 나오지 않는다. 그냥 그 모습 그대로 보여 주는…… 그리고 더 이상 말로써 자꾸 규칙을 만들지 않는 자유함 속에서의 선율, 그것이 바로 가장 프로다운 음악이라 생각한다. 아울러 세상음악을 도구로 사용하기 위해서는 정말 많은 시간을 경건에 투자해야 한다. 성경과 기도 속에 파묻히는 생활, 이것은 세상을 이기는 선교사들이 기본적으로 갖추어야 하는 자세이다. 거의 하루 모두를 주님만 생각하는 사람…… 그런 사람이 된다는 것은 이미 엄청난 자유함을 누리고 있는 것이다. 분노로부터, 경쟁으로부터, 마음으로부터, 세상 쾌락, 돈, 명예로부터……. 그 무엇이 와도 이미 그리스도의 사랑으로부터 끊을 수 없는 하나님의 사람이 되어 가는 것이다.

누가 우리를 그리스도의 사랑에서 끊으리요

환난이나 곤고나 핍박이나 기근이나 적신이나 위험이나 칼이랴

내 아픔 아시는 당신께

기록된바

우리가 종일 주를 위하여 죽임을 당케 되며

도살할 양같이 여김을 받았나이다

함과 같으니라

그러나 이 모든 일에 우리를 사랑하시는 이로 말미암아

우리가 넉넉히 이기느니라

내가 확신하노니 사망이나 생명이나 천사들이나 권세자들이나

현재 일이나 장래 일이나 능력이나

높음이나 깊음이나 다른 아무 피조물이라도

우리를 우리 주 그리스도 예수 안에 있는 하나님의 사랑에서

끊을 수 없으리라

(롬 8:35-39)

소화불량

　이것 때문에 나는 한 십여 년을 똑같은 내과에 한 달에 한 번은 꼭 가야만 했다. 많이 먹어도, 찬 맥주를 마셔도, 기름기 많은 것을 먹어도, 먹다가 신경을 좀 써도 다음 날은 곧 병원에 가야 했다. 늘 위장이 안 좋아서 고생하다가 은혜 받고 이틀인가 되었을 때 하나님께 이런 기도를 드렸다. "나의 배를 낫게 하시면 담배를 끊겠습니다. 주님 원하시면 당장 고쳐 주세요"라고. 어린애처럼 기도 드렸고 그리고 잠들었다.

　새벽에 갑자기 명치 끝이 너무 뜨겁고 아파서 깼다. 새벽 3시였는데 위장 한가운데 드라이아이스가 들어 있는 것처럼 따갑기도 하고 가렵기도 하여 주전자에 입을 댄 채 물을 엄청 마셨다. 한참 있으니 드라이아이스 같은 것이 사라지고 그때부터 배가 고프기 시작했다. 난 견딜 수 없어 냉장고에 있던 것은 거의 다 먹어 버렸고 굉장히 배부른 상태에서 새벽 4시쯤 다시 잤는데 그 다음 날 아침에 깨어 보니 다시 배가 고팠다. 평소 같았다면 밤에 그 정도로 배부르게 먹은 다음 날은 당장에 내과로 직행해야 했었다. 그러나 이번엔 달랐다. 뱃속이 편했다. 그 당시 지난 10년 동안 한 달에 한 번은 내과 가서 약 조제 받고 주사 맞길 얼마나 많이 하였던가, 그 지루한 전쟁이 끝난 것이다.

　난 그날 이후 지금까지 배가 아파 병원 간 적은 거의 없다. 그때 당시 그렇게 하고도 담배는 계속 끊지 못했었는데, 담배를 한 개비라도 피운 날에는 꼭 그 다음 날 병원에 가야 했다. 그래서 나는 담배도 끊을 수밖에 없었다. 그 이후 담배도 끊게 된 나는 더욱 튼튼한 위와 장을 새로 선물 받았다. 지금도 가끔 소화불량이 오는데 몇 달에 한 번 정도…… 그것은 내가 은혜롭지 못할 때 주로 오는 소화불량이다. 예수님은 못 고치시는 병이 없다.

감기

　이전에는 일 년에 두세 번은 심한 감기 때문에 크게 고생하곤 했었다. 병원 가서 주사 맞고 약을 2주쯤 먹어야 하는 일이 연중행사였다. 완전히 드러누운 적도 있고 집에서 며칠을 누워 있던 적도 많았다. 그런데 은혜 받고는 이상하리 만큼 아직 한 번도 감기에 걸리지 않았다. 이유는 모른다. 언젠가는 증세가 심하게 오기에 주님께 한 시간가량 간곡히 기도한 적이 있는데 그날 오후에, 그러니까 만 24시간 안에 다 괜찮아졌다. 그래서 난 지금도 몸에 작은 이상이라도 있으면 그분께 알리며 도움을 청한다. 아빠한테 부끄러울 게 무엇이 있겠는가. 하나님 아빠…….

불면증

　불면증은 거의 10여 년을 두고 날 괴롭혔다. 주님 만나기 바로 전에는 너무 심각해서 아무리 며칠씩 술을 마셔도 새벽 2시에 깨고, 3시에 깨고, 4시에 깨고…… 시간마다 깨곤 했다. 이 증상으로 인해 나는 천천히 망가져 가고 있었다. 금방 잠들었는데 깨어 보면 겨우 한 시간 후거나 두 시간 후였다. 그러기를 십여 번 하다가 아침이 오는, 정말 힘든 나날이었다. 이런 불면증은 마치 그러다가 죽을 것 같은 느낌이 들 정도였다. 하루는 나의 얼굴을 본 장모님이 "조 서방 이러다 큰일 나겠네" 하시며 한약을 지어 오기도 하셨지만 소용없었다. 그 시절은 정말이지, 할 수만 있다면 잠 한 번 푹 자 보는 게 소원이어서 대낮에도 잠을 청하곤 했었다.

　그런데 지금은 오히려 잠을 너무 잘 자서 탈이다. 눈을 감았다 하면 아침이다. 언제부터인가는 내가 옛날에 불면증이 있었다는 생각 자체가 전혀 믿어지지 않을 정도다. 그래서 요즘에는 이전 같았다면 상상도 못했을 '달리기'도 자주 하곤 한다. 이전에는 늘 잠을 못 자서, 달리기는커녕 오전에는 계속 졸음 속에서 살다시피 했었다.

　이 모든 끔찍하던 불면의 증세도 주님 안에서 그냥 해결되어 버렸다. 물론 주님 만나고 나서 금방 바로 해결된 것들이 있는가 하면, 시일을 두고 일 년에서 이 년이 걸린 치유도 있다. 모든 게 그분 보시기에 아름답게 변해 가는 것이다.

호흡곤란

　81년 10월 사건 이후 병마와 함께 따라다닌 이 증상……. 심할 때는 10미터도 걷지 못했으며, 그 당시 소원은 '뛰어 보는 것'이었다. 그런데 근래 나는 이것이 완전히 나았다는 사실조차 까맣게 잊고 있을 정도였다. 그러다가 어제(2004년 11월 21일) 캐나다 내에 있는 다른 주에서 집회를 하던 중 갑자기 생각이 났다.

　이전의 나는 이 호흡곤란으로 거의 모든 것을 정상적으로 할 수 없었고 술에 만취되어야만 괜찮았다. 그 증상은 당장에 죽을 것같이 호흡이 아주 불편해지는 것이었는데 이 때문에 나는 한때 폐에 문제가 있는 줄 알고 검사도 얼마나 많이 하고 엑스레이도 찍고 했는지 모른다. 이것 때문에 노래도 한번 시원스럽게 부르지 못한 때가 한두 번이 아니었고 군복무 시절에는 심부름으로 무거운 것을 들고 다니다가 숨이 차서 화장실에 누워 쉬기도 했었다. 어쩌다가 그런 나의 상태를 잊어버리고 달린 날에는 그 후에 몇 시간씩 누워서 쉬어야 했다. 한번은 동창들과 야구를 하다가 갑자기 달린 후에 호흡이 정상이 되지 않아서 그대로 죽는 줄만 알았다. 이 당시에는 한 번 숨이 차면 그 고통이 두 시간 정도 계속되는 것이 보통이었으니, 결국에는 생을 포기할 생각을 할 만도 했다. 특별한 병명도 없는 그 증상은 나를 만 15년 동안이나 괴롭혔다.

　그런데 97년 9월 이후, 이 증상이 끊겼다. 증상을 기억하지 못할 정도로 내 건강 상태가 바뀐 것이다. 지금은 러닝머신 위에서 거의 매일 달리고 싶은 만큼 달린다. 달리는 것을 멈추는 것도 숨이 차서가 아니라 시간이 없어서 그러는 것이다. 이로 인해 나는 새로운 것을 깨달았는데 그것은 오래 달릴 때의 기쁨이다. 달린 지 10분이 넘어서면서 오기 시작하는 묘한 육체적, 정신적 기쁨이 나를 행복하게 해 준다. 오히려 다리가 아파서 뛰기를 중단하기도 한다. 지금은 말로 하니 쉬운 것 같지만, 호흡곤란 증상으로 힘들었던 그 시절을 생각하면 정말이지 상상도 못할 일이다.

허리 병

늘 허리가 안 좋아서 고생했었다. 그러던 중에 한번은 KBS팀과 촬영 차 전라남도 지방에 내려갔는데 또 허리가 아팠다. 너무 아파서 기도를 드렸다.

그러고는 내가 그렇게 기도한 사실을 잊어버린 채 촬영하며 다녔다. 그러던 중에 어느 작은 상점에서 콜라를 사 먹다가 새끼손가락을 벌에 물렸다. 나는 말벌에 물린 것이 처음인지라 두렵기도 하고 아프기도 해서 담당 프로듀서에게 "괜찮을까요?" 라고 물었다. 그분은 자기가 시골 출신이라 잘 아는데 괜찮을 거라고 나를 안심시켰다. "어떤 분은 일부러 벌침도 맞으시는데요" 하는 위로에 나는 약을 바르고 나서 안심하고 잠자리에 들었다.

사실 그때 내 허리 상태로는 오래 앉아 있을 수도 없었다. 식당에서도 방에 들어가면 누워 있다가 음식 들어오면 일어나 밥 먹고 다시 누웠고 서서 걸으면 좀 낫곤 하는 정도였다. 그런데 그날 자고 그 다음 날 아침에 깨자 무언가 달라진 것이 있었다. 허리가 삼손처럼 강해진 것이다. 그 때부터 지금까지 나는 미국 집회 때 빼고는 허리 때문에 병원에 간 적이 지금까지 한 번도 없다.

나에게 어떤 문제가 있을 때는 지금도 소화가 잘 안 된다. 그리고 또 한 엄청난 공포와 함께 과거처럼 허리가 일주일 정도 아프다. 그래도 지금까지 나는 위장 때문에 혹은 허리 때문에 아프다고 고백은 해도 그것 때문에 병원에 가지는 않는다. 그 두 가지는 하나님과 나와의 무지개 같은 언약이기 때문이다.

병

병마는 마치 사도 바울의 육체의 가시처럼 참 오랫동안 내 곁을 떠나지 않았고 나는 결국 이 장애 아닌 장애를 받아들일 수밖에 없었다. 그러나 또한 이것은 때때로 나를 큰 죄악으로부터 막아 주는 역할을 한다는 것을 알게 되었다. 지금 이 글을 쓰는 나는 2004년 8월 9일 오전 9시에 와 있다. 지금은 목사이며 캐나다 토론토에 거주하며 나이는 마흔여섯이다. 옛 이야기를 쓰다 보니 '하나님의 은혜가 아니었다면 나는 지금 존재하지 못했겠구나' 하는 생각이 계속 든다. 어제 주일예배 때 장애인 친구 중 하나인 로버트(Robert)로부터 귀한 선물을 받았다. 그것은 가스펠 테이프와 감사 내용의 카드였다. 내가 지금 이렇게 캐나다까지 와서도 장애인 공동체에서 섬기는 이유 중 하나는 아마도 그동안 내가 걸어온 길이 몹시도 험하고 험해서였는지도 모르겠다. 그래서 내가 그들(장애인들)을 더욱 사랑하는 것인지도 모른다.

서울에서도 마지막으로 섬겼던 교회가 새빛맹인교회였고 그곳에서 나는 많은 시각장애인 분들과 아름다운 나날을 보냈다. 그리고 그 후에 또 이곳을 섬기게 된 것이다. 이곳에 와서도 처음엔 한인교회에 좀 있었는데 이상하게도 마음이 자꾸 불편해서 기도하던 중 주님의 은혜로 지금 파티시페이션 하우스(캐나다 장애인 공동체)를 섬기게 된 것이다. 어쨌든 25년 전 일들부터 기록하다 보니 그동안 내가 야곱과 같이 참으로 험한 나날을 살았구나 하는 생각이 든다.

2막 2장 터[1]

미국 집회

내가 은혜 받고 제일 처음 한 일 중 하나가 하루 반나절 이상 찬양하는 것이었다. 아침에 말씀 읽고 기도하고 나면 세 시간 네 시간 계속해서 찬양을 불렀다. 어떨 때는 찬송가 1장부터 끝 장까지 CD를 틀어가며 따라 부르기도 하고 179장만 두 시간 이상 부른 적도 있다. 어느 날은 찬양을 계속하다가 머리를 전기 곤봉으로 맞는 것 같은 충격을 동시에 세 번 느낀 적도 있다. 처음에는 '이게 뭘까' 하는 생각이 들었지만 곧 잊어버리고 찬양을 계속했다.

그때만 하더라도 나는 아직 가수였으므로 자다가 깨어나면 내가 여전히 세상적인 가수인지 새롭게 그리스도인으로 바뀐 사람인지 혼동되기도 했고 때로는 반대로, 꿈속에서 찬양하고 기도하느라 잠을 잔 건지 안 잔 건지 혼란스럽게 깨어난 적도 한두 번이 아니었다. 가수 시절에는 새벽 서너 시가 되어야 잠들어서 보통 아침 11시, 12시가 넘어서야 느지막이 일어나곤 했던 나는, 이제 그러한 내 몸의 시계 자체가 조금씩 바뀌어 감을 느꼈다. 잠은 적어도 12시에 자고, 아침에는 새벽기도 때문에 4시 30분 혹은 5시에 일어나 하루를 시작하게 되었기 때문이다. 그 당시엔 어떤 목사님의 어떤 설교를 들어도 다 은혜가 되어 그저 '아멘' 하기 바빴다.

그러던 어느 날 전화가 왔다. 서초동에 조그만 교회인데 와서 찬양 인도를 해 줄 수 있겠냐고. 게다가 중등부 모임이었다. 난 무조건 순종하는 마음으로 그 제안을 수락했고, 그 집회는 나의 첫 집회가 되었다.

그 첫 집회 때, 모여 있던 아이들은 어린 중학생들이어서 나의 간증은 들으려 하지도 않고 계속 떠들어 댔다. 그 소란하고 산만한 와중에도 나는 기도하는 마음으로 계속 간증을 하다가…… 무릎을 꿇고 찬양하기 시작했다. 그랬더니 그 소란스럽던 집회장이 갑자기 조용해졌다. 아이들이 내 말을 듣기 시작한 것이었다. 나는 지금도 그때 그 어린아이들의 눈망울을 잊을 수 없다. 그날 그렇게 첫 집회를 무사히 마치고 집에 왔던 때부터 오늘까지 주님은 나를 철저히 훈련시키셨고, 이제는 세계 곳곳에 보내어 복음을 증거하게 하신다. 때로는 너무 삭막한 곳도 가게 되지만 그것은 내 선택이 아닌 순전히 그분이 보내시는 것이므로 그 결과는 주님께 맡긴다. 그리고 또한 언제나 그분께서 이루신다.

그 중등부 찬양 인도를 출발로 집회 제안이 갑자기 쇄도하여 어느 달에는 한 달 내내 집회를 하기도 했다. 그러나 그러다가 영 지칠 때는 딱 내려놓고 쉬었다. 지칠 때 쉬겠다는 결단을 할 수 있었던 것은 그 당시 내가 다니던 교회의 담임 목사님이 하신 설교 말씀 중에서 깨달은 바가 있었기 때문이었다. 난 지혜롭기 위해서도 애를 많이 썼지만 동시에 주님의 본격적인 훈련 과정에 들어섰으므로 무척 바빠지기 시작했다. 전국을 누비며 주님의 복음을 전하랴, 말씀 보랴, 기도하랴, 찬양하랴, 정신이 없을 지경이었다.

그렇게 1년이 지났을까……. 어느 날 라스베가스에서 전화가 왔다.

"집사님이세요? ○○○ 전도사인데요, 이번에 집사님을 초청하고 싶은데 괜찮으시겠어요?"

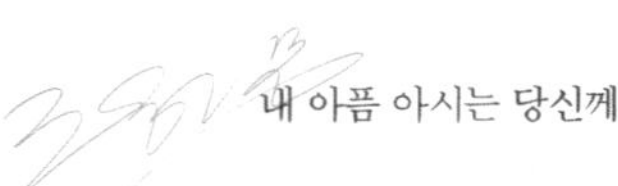

나는 무조건 승락했다. 그 다음 날 뉴욕의 어떤 목사님한테 같은 내용의 연락이 와서 두 분을 연결시켜 드렸다. 그 후 라스베가스에 계신 분이 계획을 좀 잡겠다고 하시더니, '열두 개 도시 열두 개 교회 50일간의 전도여행'이라는, 예상치도 못한 타이틀로 각 교회마다 이미 섭외를 끝내시고 전화를 주셨다. 난 그 소식을 듣고 무척 당황해서, 내가 아직은 그 정도로 단 위에서 하나님 말씀을 잘 전하는 사람이 아니니 뉴욕과 라스베가스 몇 군데만 하면 어떻겠느냐고 다시 제안했다. 이에 대해 그분은 기도하면서 결정하라는 말만을 남기셨다.

그때 당시 나는 비행기 공포증이 아주 심할 때였다. 넓고 안락하면 그 공포감을 좀 덜 느끼긴 하지만, 비행기 안에서 '넓고 안락한' 환경을 기대한다는 것은 부질없는 일이다. 더구나 비행기를 타고 미국까지 10시간 이상을 간다는 것부터가 나에겐 무리였다. 또 그곳에 도착해서도 순회 집회를 위해서는 50일 동안 비행기를 무려 여덟 번을 타야 하기에 나로선 도저히 용기가 나지 않는 일이었다. 그래서 나는 '주님도 내 건강을 아시니 이해하실 거야' 하면서 기도하던 중 어느 날이었다. 아침 6시경, 집에서 새벽기도를 하고 있는데 팩스 오는 소리가 들렸다.

그때 나는 하나님께 '저 팩스가 만일 내가 이번에 해야 되는 미국 전도여행 일정표라면 가겠습니다' 하고 기도했다. 왜냐하면 라스베가스 전도사님께는 기다려 보라고 이미 말씀드렸으므로 그 집회 추진을 중지하고 있으리라 생각했기 때문이다. 따라서 내 생각엔 구체적인 스케줄이 나오려면 최소한 보름은 걸릴 것이라고 생각했기에 머리를 써서 기도한 것이었다.

그런데 팩스 옆에 와 보니 50일간 열두 개 주 열두 교회 전도여행의 최종 스케줄과 달력에 표시까지 해 놓은 문서가 팩스로 들어와 있는 게 아닌가. 거기서 나는 '아!' 소리도 못하고 그저 "주여 가겠나이다"라고 고백하며 순순히 주님을 따라나설 수밖에 없었다. 그래도 나는 걱정이 돼서 만나는 교인마다 (친한 분들에게는 일정표를 드리면서) 기도 부탁을 하는 등 떠나기 전날까지 나름대로 노력했지만 비행기 여행에 대한 무겁고 두려운 마음은 영 가시질 않았다.

이윽고 그날이 왔다. 집을 나서기 전, 집에서 한참 동안을 예배드리고 기도하고, 또 기도하고 찬양하며 '믿습니다, 믿습니다, 아멘'을 하고 나왔는데도 (당시) 김포공항으로 가는 나의 발걸음에 여전히 공항에 대한 겁이 잔뜩 실려 있는 것은 어쩔 수가 없었다. 마중 나온 가족들과 인사한 후 그들을 다 돌려보낼 때까지도 나는 마음속으로 계속 기도했다.

'주님 살려 주세요……'

다른 사람들에게는 의연하게, "살아 돌아오면 사도 바울이요, 안 오면 스데반인 줄 아십시오" 했으면서도 그건 말뿐이었고 정작 떠나는 내 마음속은 '주님 살려 주세요……'의 연발이었다.

이제 가족들도 다 돌아갔고 난 이제 정말 기내로 들어가야만 했다. 그런데 들어가기 전, 갑자기 이런 엉뚱한 생각이 들었다. '주님 만약 누군가가 지금 백 달러를 모두 잔돈으로만 준다면 주님이 미국까지 동행하는 줄로 알고 가겠습니다.' 그때 당시 나에게 있는 미화는 모두 백 달러짜리였기에 내려서 바로 잔돈이 필요한지라 그런 기도 같은 생각을 했었는데 갑자기 뒤에서 누가 불렀다. "여보게, 여보게 늦어서 미안하네. 하마터면 못 볼 뻔했네" 하며 오시는 분은 장모님이셨다. 장모님, 힘드신데 굳이 이곳까지 나오시지 않으셔도 되는데요, 하려던 내 말이 채 끝나기도 전에 장모님은 내게 무언가를 내미셨다.

"적지만 받아. 백 달러야, 잔돈으로."

의심이 많은 나는 황급히 열어 보았다. 거기엔 정말 잔돈이 가득 들어 있었다. 장모님은 백 달러를 1달러, 2달러, 5달러, 10달러, 20달러, 50달러짜리 진짜 잔돈으로 바꿔 오셨던 것이다. 난 온몸에 소름이 돋는 것만 같았다. 그러고는 곧바로 몸을 던지듯 비행기 안으로 들어섰다.

그런데 이게 웬일인가, 비행기 뒤쪽 전 좌석이 거의 비어 있는 것이 아닌가! 그래서 나는 팔걸이를 뒤로 올리고 누워서 출발할 수 있었다. 나는 누워서 울면서 찬양을 들었다. 그 누가 하나님이 안 계시다고 이야기하나! 나는 한 30분 이상을 울다가 잠들었다. 그리고 깨어 보니 미국이었다.

그렇게 주님으로 인한 어떤 승리감과 안도감에 휩싸인 채로 처음 도착한 곳은 포틀랜드였다. 그곳은 뒤늦게 은혜를 받아서 신학을 공부한 선배 형이 목사가 된 후에 교회를 개척하신 곳이었다. 그 선배님 댁에서 신세를 지면서 이틀간 집회를 했다. 태어나 처음 해 보는 해외 집회…… 떨려서 뭐라고 말했는지 기억도 잘 안 나는데 끝나고 나니 많은 사람들이 내게 와서 은혜 받았다고 인사를 했다. 그때 나는 물론 그 말뜻은 알아들었지만, 은혜를 받으셨다면 그것은 하나님 때문이지 나 때문이 아니라는 말씀을 그분들에게 해 드리고 싶었다. 그러나 혹시 촌스럽다고 할까 봐 그냥 넘어갔다.

두 번째 간 곳은 텍사스였다. 난생 처음 와 보는 텍사스! 정말 크고 넓었다. 텍사스는 뭐든지 컸다. 집도, 차도, 사람도……. 텍사스에서는 한 곳에만 있었던 것이 아니라 킬린, 오스틴, 달라스, 휴스턴, 샌안토니오 이 다섯 곳을 방문하게 되어 있었다. 처음에 라스베가스 전도사님과 이야기할 때 보통 기독교 연예인들이 잘 가지 않는 곳으로 해 달라고 해서 큰 도시는 많이 빠졌고 오히려 작은 도시들로 일정이 잡혔다. 그 작은 도시들…… 가는 곳마다 교민들의 따뜻한 환영과 인사는 내게 큰 힘이 되어 주었다. 그곳 교민 분들은 "10년 만에 가수 구경이네" 하며 기뻐하셨다.

지금도 잊혀지지 않는 것은 샌안토니오에 갔을 때의 일이다. 어느 여집사님은 자기 집을 우리 부부에게 빌려 주고 본인은 친구 집에서 주무셨다. 나는 그 고마운 집사님을 잊을 수가 없다. 얼마나 반가우셨으면 본인의 집을 통째로 내주셨을까…… 그곳에서 집회할 때 교민 여집사님들이 어찌나 우시는지 정말 나도 같이 슬펐고 은혜를 참 많이 받았다. 그곳은 주로 국제결혼하신 분들이 많이 사시는 곳이었는데, 주님이 허락하시면 다시 가고 싶은 곳 중 하나이다. 다시 또 가게 된다면 그때 다 전해 드리지 못했던 주님의 평강을 아쉽지 않게 전해 드리고픈 마음이 간절하다.

그 집사님은 그때 나의 식성도 다 파악하셔서 냉장고 속에 내가 좋아하는 것을 가득 채워 놓기도 하셨다. 지금도 행복하게 주님 안에서 잘 살고 계시는지…… 그때 그곳에서 시무하던 목사님은 무슬림권 선교사로 파송되셨다고 들었는데…… 언젠가 주님의 날에 다시 만나리라 생각한다.

다섯 도시를 순회한 텍사스에서의 집회를 마치고, 그 다음 간 곳은 버지니아였다. 버지니아는 2년 연속 다녀왔기 때문에 지금의 내게는 마치 이웃집처럼 여겨지지만 그때는 처음 가 본 곳이었다. 버지니아에 도착했을 때, 도시가 어찌나 깨끗하고 나무도 많은지 그야말로 천국 같았다. 한국 하늘만 새파란 줄 알았는데 버지니아의 가을 하늘은 더 파랬다. 아내와 나는 주님이 보여 주시는 그 색다른 세계에 감탄해 마지않았다. 그곳 한인 교회에서는 단 한 번의 집회를 가졌는데, 그 집회는 내가 지금까지 인도했던 몇백 회 집회들 중 그 어떤 집회보다도 생생한 기억으로 남아 있다.

집회하기 전 그 동네 형제들이 도움을 많이 주었다. 그들은 내게 그곳 교민 사회 분들이 소위 '토속신앙'을 지극하게 섬기는 분부터 주먹 쓰시는 분까지 다양하다고 말해 주었다. 나는 그 사실을 집회 바로 전에 알게 되었다. 그날 그런 다양한 사람들이 모두 "공짜 조하문 공연 보러 가자" 해서 모인 것이다. 집회에는 정말 많은 분들이 각 계각층에서 오셨다. 그 모든 분들이 모인 가운데 드디어 집회가 시작되었다. 그런데 집회 시작 전에 누군가가 내 소개를 하고 곧 이어 단 위에 올라간 내가 "안녕하세요, 조하문입니다"라고 인사한 것까지는 생각이 나는데 거기서부터 마지막 찬양을 할 때까지의 과정은 전혀 기억이 나지 않는다. 참 특이한 집회였다. 처음에 인사한 것과 한참 뒤에 있었던 마지막 찬양 외에는 아무것도 생각나지 않다니…….

그러나 나중에 들은 이야기에 의하면 그때 집회를 보러 모여들었던 그 다양한 계층의 많은 사람 중 상당수가 그 집회 후에 주님께로 돌아왔다고 한다. 그 집회를 통해 토속신앙을 신봉하던 분이 주님을 영접하고, 몇십 번이나 교회 가기를 거부하던 분이 그날 주님을 만나 그 다음 주일부터 등록하고 교회에 다니게도 되었다. 또 주먹 쓰시는 분들 중에는 처음에는 보통 공연을 보는 듯한 분위기로 그저 편하게 즐기면서 보시다가 공연이 무르익어 갈수록 점점 일어서시더니, 끝나갈 무렵에는 완전히 다 일어나서 스스로 찬양하고 주님을 영접하게 된 분도 있었다.

그 중 어느 청년 한 분은 밤 11시쯤에 전화를 하셔서 꼭 좀 만나 할 얘기가 있다고 하기에 할 수 없이 만났다. 그분은 내 공연 중에 이상한 것을 보았다면서 그것이 뭐냐고 물었다. 그때 그 청년은 집회에서 한창 내가 찬양하는 모습을 보고 있었는데 갑자기 내 손에서 황금 가루가 떨어지는 것을 보았다고 한다. 그 광경은 한참 동안 지속되었고, 계속 보고 있다가 너무도 놀라고 두려운 나머지 나를 꼭 만나야겠다고 생각한 것이었다. 그때 나는 그분에게 "성경에 그런 게 없어서 나도 잘 모르겠지만 주님이 형제님을 사랑한다는 표현으로 생각된다"고 했던 기억이 난다. 사실 나는 성서에 없는 것은 잘 믿고 따르려 하지 않는 어떤 고집 같은 게 있다. 성서에 있는 것도 다 따르기가 바쁜 세상인데 그런 특별한 것까지 다 설명하려면……. 그리고 왠지 가능성은 있겠지만 어느 선을 넘어가는 것 같아 성경 외의 말은 그냥 흘려듣는 것이 지금까지도 습관이 되어 있다.

또 어떤 자매님은 너무 좋은 경험을 했다며 다음 집회지로 가는 우리에게 가는 길에 먹으라고 김밥 5인분을 넉넉히 싸 주시기도 했다. 그리고 다음 날 우린 그 김밥을 가지고 뉴저지로 향했다. 뉴저지에 도착해서 밤이 되어 성경을 읽는데 디모데후서 3장을 읽다가 문득 김밥 싸 준 자매님 생각이 났다. 난 갑자기 그 자매님이 이것을 꼭 읽어야 한다는 생각에 사로잡혔다. 나는 곧바로 그 자매님 전화번호를 알아 내어 그곳 시각으로 밤 10시경 전화를 드렸다. 그러고는 "자매님이세요? 밤늦게 죄송합니다. 저 김밥 잘 먹었구요, 그런데 성경 읽던 중 생각이 나서 그러는데요, 오늘 꼭 디모데후서 3장을 읽고 주무세요"라고 말하자 그분은 알았다고 하고 끊었다.

이튿날 오전에 호텔로 웬 전화가 왔다. 바로 그 김밥을 싸 주신 자매님이셨다. 그 자매님이 말씀하시길 그동안 매일 새벽기도를 해 오다가 어제 하루 못 갔는데 오늘 가서 보니 어제 새벽기도회에서 목사님이 설교하신 말씀이 바로 디모데후서 3장이더라는 것이었다. 그분은 너무 감사하다고 하시며 전화를 끊었다. 나는 잠시 멍했다.

"나 같은 녀석을……."

눈물까지 났다. 너무 감격해서 "주님 감사합니다……"를 계속하며 난 그 다음 날도 집회를 잘 마치고 다음 집회지인 신시네티로 향했다. 그날 이후 그 김밥 자매님(지금은 집사님이 되셨다)과 아내는 친한 사이가 되어서 지금도 서로 전화를 주고받으며 지낸다. 얼마 전에는 토론토에 있는 우리 집에 다녀가시기도 했다.

신시네티는 조용한 도시였다. 그곳에는 아는 선배가 한 분 살고 계셨다. 지금 미국에서 교수로 재직 중이신, 한때 우리 록밴드의 드러머이기도 하셨던 분이다. 그분과 좋은 교제를 나누고 집회도 잘 마치고 난 후, 나는 다시 그곳에서 라스베가스로 향했다. 주님의 은혜가 얼마나 큰지…….

그런데 시간이 가면 갈수록 나는 아이들이 보고 싶고 집에 가고 싶어서 마음이 점점 힘들어졌다. 그래서 우린 그 힘듦을 이겨 내기 위해 새벽에 더 많이 기도해야 했으며, 어느덧 나는 빨리 돌아가게 해 달라고 기도하기로 하였다. 그 당시 내가 정신적으로 얼마나 미숙했는가 하면, 새벽에 잠 깨면 아이들이 보고 싶어서 막 울었다. 그러다가 또 기도하고…… 신시네티에서 라스베가스로 오는 길에는 비행기 타는 일이 너무 힘들어서 차라리 죽는 게 낫겠다고 고백할 정도였다.

시간이 흐르면 흐를수록 전도여행은 나에게 점점 더 힘겨운 고난이 되고 있었다. 이런 영적 미숙아였기에 기도를 더욱 많이 하지 않을 수 없었다. 그러던 중, 라스베가스에 오기 전에 신시네티에서 연락을 받았다. 마지막 집회지인 덴버에서 무슨 일이 발생하여 집회가 취소되었다는 소식이었다. 전체 일정을 담당하신 라스베가스의 전도사님에게 무슨 일이 생겼느냐고 묻자, 본당의 천장이 내려앉아 보수를 하는데 한 달 이상은 걸릴 것이라고 했다. 나는 그저 너무나 감사하고 신기할 뿐이었다. 아! 이 얼마나 섬세하신 주님이신가. 그 교회에는 미안했지만 덕분에 나의 서울행은 일주일이나 당겨졌다.

군에 갔다 오신 분은 아시겠지만 말년에 며칠 앞당겨 제대하는 것이 얼마나 크게 느껴지는가. 졸병 때는 날짜 가는 줄도 모르고 그냥 지내다가 제대할 때가 되면 하루가 한 달 같지 않던가. 나 역시 그랬다. 40일간을 돌고 이제 겨우 10일을 남겨 놓은 것뿐이었는데도, 기간이 일주일이나 감해지니 너무 기뻤다. 그래서 감사하며 라스베가스를 끝으로 서울행 비행기에 올랐다.

이 전도여행을 떠나기 전에 기도한 제목이 있었다. 은혜 받고 나니까 나의 옛 모습이 싫어졌으며 남이 날 알아보는 것도 싫었다. 정말 완전히 새 인간으로 태어나고 싶었다. 그래서 남이 날 못 알아보도록 살이 쪘으면 좋겠다고 기도했다. 한 80킬로그램쯤이면 좋겠다고……. 여행 가기 전 체중은 68킬로그램이었다. 그런데 여행 다녀 온 후에 목욕탕에 가 보니 79킬로그램이었다. 43일 만에 무려 10킬로그램 이상이나 불어난 것이다. 그런데도 몸에 이상은 없었다. 그리고 몇 달 후에 82킬로그램이 된 후 더이상 늘지 않았다. 그 이후 지난 8년간, 그리고 지금도 체중은 82-83킬로그램을 오간다. (읽으시는 분 중에는 체중이 엄청나게 불어난 내 모습을 떠올려 보고 웃는 분도 아마 있을 것이다.) 주님이 이렇게 나의 일거수일투족을 인도하시고 감찰하시니 어찌 내 맘대로 살겠는가, 어찌 내 뜻대로 하겠는가. 그분이 듣고 계시고 보고 계신데…….

그 미국 집회를 통해서 집회의 느낌을 조금 알았고 노래 연습도 더욱 해야겠다는 생각이 들었다. 그리고 신학교에 가고 싶다는 열망이 주체하기 힘들 정도로 몰려왔다. 하나님이 점점 더 좋아져서 아주 새로운 사람으로 살고 싶었다. 이제 애굽에서 탈출시켜 주셨으니 내 인생이 정말 이제는 주님 손에서 쓰임 받기를 늘 기도하곤 했다. 그러다가 언제부터인지 목회자가 되고 싶다는 생각이 들었다. 그리고 그 생각이 들면서부터는 하루빨리 신학대학원에 진학하고 싶다는 마음으로 기도하기 시작했던 것이다.

'정말 내가 목회자가 돼도 됩니까' 하며 기도하던 중, 어느 날 우연히 무슨 조그만 교회 집회에 갔는데 그 집회를 인도하시는 분이 요한복음 21장으로 설교를 하셨다. 그날 나는 은혜로운 설교를 듣고 무척 기뻤다. 그런데 그 주에 다니던 교회의 수요예배에 참석했을 때에도 부목사님 한 분이 나오셔서 요한복음 21장으로 설교를 하시는 것이었다. 역시 그날도 참 은혜로웠다.

그리고 주일이 되었다. 담임목사님이 올라오시기 전 어느 여집사님이 올라와 '하나님의 손길'이던가 그런 비슷한 제목으로 간증을 하셨다. 아이 대학 문제를 놓고 기도하다가 누군가 손을 툭툭 쳐서 깨어 보니 아무도 없었다고 한다. 어느 날 또 기도하다가 잠들자 그때 또 누군가가 깨우는 것 같은 경험을 했고, 결국 아이가 대학 시험을 보는 날도 똑같은 경험을 하시고는 주님의 음성을 들으셨다는 것이다. 그렇게 주님은 꼭 세 번 말씀하신다는 내용으로 은혜로운 간증을 하셨다. 그때까지만 해도 내게 '삼세번'이란 그냥 셋일 뿐이었다. 더구나 나는 그런, 세 번이니 일곱 번이니 하는 숫자를 성경과 연결시킬 생각은 해 본 적도 없고 할 사람도 전혀 아니었다. 그런데 그분의 간증에 따르면 주님이 꼭 세 번 말씀하신다는 것이다. 그러고 나서 담임목사님이 올라오셔서 성경 본문을 읽으시는데, 또 요한복음 21장이었다.

순간 나는 심장이 멎는 줄 알았다. 나는 비로소 그때 계속해서 요한복음 21장의 설교를 듣게 된 상황이 어떤 의미인지, 주님이 내게 무슨 말씀을 하시려는 것인지 궁금해졌다. 설교는 전혀 들리지 않았고 요한복음 21장에 무슨 말씀이 써 있는지를 보느라고 예배가 끝난 줄도 몰랐다. 요한복음 21장을 자세히 읽는 중 유독 두 가지 형태의 구절들이 내 마음을 세차게 두드렸다. 그 하나는 요한복음 21장 15-17절이었고, 다른 하나는 21장 18절이었다.

"저희가 조반 먹은 후에 예수께서 시몬 베드로에게 이르시되 요한의 아들 시몬아 네가 이 사람들보다 나를 더 사랑하느냐 하시니 가로되 주여 그러하외다 내가 주를 사랑하는 줄 주께서 아시나이다 가라사대 내 어린 양을 먹이라 하시고 또 두 번째 가라사대 요한의 아들 시몬아 네가 나를 사랑하느냐 하시니 가로되 주여 그러하외다 내가 주를 사랑하는 줄 주께서 아시나이다 가라사대 내 양을 치라 하시고 세 번째 가라사대 요한의 아들 시몬아 네가 나를 사랑하느냐 하시니 주께서 세 번째 네가 나를 사랑하느냐 하시므로 베드로가 근심하여 가로되 주여 모든 것을 아시오매 내가 주를 사랑하는 줄을 주께서 아시나이다 예수께서 가라사대 내 양을 먹이라”(요 21:15-17).

“내가 진실로 진실로 네게 이르노니 젊어서는 네가 스스로 띠 띠고 원하는 곳으로 다녔거니와 늙어서는 네 팔을 벌리리니 남이 네게 띠 띠우고 원치 아니하는 곳으로 데려가리라”(요 21:18).

“그렇습니다, 주님. 주님의 양을 먹이겠습니다. 그런데 제가 어떻게 먹이는 줄 모르거든요. 주님 가르쳐 주세요. 그리고 때가 되면 주님! 두 팔을 벌리겠사오니 주님이 원하시는 곳에서 주님이 원하시는 때에 주님이 원하시는 일을 하는 참된 종이 되도록 훈련시켜 주옵소서. 예수님의 이름으로 기도드립니다. 아멘.”

이렇게 기도할 수밖에 없었다. 그리고 나는 그때부터 어디를 가나 주님의 시선에서 벗어나질 못했다. 1998년 1월 25일, 나에게 이런 일이 일어나다니……. 할렐루야!

신학교

미국 집회 후에 나는 한국에서도 계속해서 많은 집회를 가졌다. 워십 콘서트를 대학로 라이브 소극장에서 한 차례 갖기도 했다. 물론 대부분의 사람들은 가수 조하문의 일반 공연을 기대하고 왔다가 실망하기도 했지만 한편으로는 또 많은 사람들이 주님의 살아 계심을 체험하는 순간이 되기도 했다.

그 즈음의 나는 기독음악인으로 거듭나기 위한 마음을 다지고 있었다. 그리고 동시에 텔레비전 탤런트 K씨와 압구정동 스튜디오에서 드라마 음악에 관한 사업도 구상 중이었고 KBS, MBC 두 방송사의 드라마 음악도 한꺼번에 맡고 있었다. 이런 상황은 기독음악인으로서의 정체성을 막 고민하기 시작한 내게 조금 부담스러운 것이기도 했다. 이제 주의 길을 가야 하는 사람이 이런 음악을 계속해도 되는 걸까 싶은 마음이 들었던 것이다. 그래서 나는 이런 부담감을 안고 조심스럽게 기도하였다. 주님의 뜻에 합당하거든 내가 손댄 이 음악 일들이 순조롭게 진행되게 해 주시고 아니면 그 길을 아예 막아 주시라고 말이다.

그리고 난 얼마 후에 방송사로부터 통보를 받았는데, 두 드라마가 공중분해(?)되었다는 소식이었다. 즉, 하기로 했던 계획이 그만 취소되었다는 알림을 받았던 것이다. 나는 또 한 번 두렵고 떨리는 마음으로 '신학의 길을 가야 하나 보다'라는 생각을 하게 되었지만, 막상 그 길이 분명해지기 시작하자 마지막으로 한 번만 더 ‘목회자가 아닌’ 기독음악인으로 남고 싶어서 이번엔 기획 사무실을 차려 보았다.

사무실을 얻어 젊은 형제 직원 둘을 고용하고 음반 기획 사무실을 시작했던 것이다. 그러나 그때도 걱정이 되어 기도했다. 주님의 뜻이 아니거든 주님의 방법대로 모든 것이 이루어지게 해 달라고. 그리고 만약 이 길이 아니면 신학교에 가겠다고 주님께 약속을 드렸다. 그렇게 약속한 지 이틀 뒤에 직원이 둘 다 출근을 안 했다. 나는 이상해서 그들에게 연락해 보았지만 연락이 잘 안 되었다. 조금 기다리고 있으니까 그들에게 하나씩 연락이 왔다.

“저 사장님, 지방에 갑자기 볼일이 있어서 당분간 출근이 어려울 것 같습니다. 죄송합니다.”

그 말을 듣고 나는 왠지 조금 이상하다는 느낌이 들었지만, 있을 수도 있는 일이겠다 싶어서 그저 끝나는 대로 얼른 올라오라는 말만 했다. 그리고 곧이어 두 번째 전화를 받게 되었다.

“사장님, 어제 할머니가 돌아가셔서 일주일 이상 혹은 삼오제 끝날 때까진 출근하지 못 할 것 같습니다. 죄송합니다.”

두 번째 전화까지 받고 나자 나는 온몸에 소름이 끼쳤다. 이미 성경을 여러 번 읽은 후라 다른 것은 다 그럴 수 있다 해도 사람의 목숨만은 주님이 주관하신다는 것을 이미 알고 있었기 때문이었다. 만일 그것이 내 기도에 대한 응답이었다면, 내 기도가 아니었다면 노환이셨던 그 할머니는 일주일 전에 돌아가셨을 수도 있으며 혹은 한 달 뒤에 돌아가실 수도 있었던 것이 아닐까 하는 생각이 든 것이다. 나는 사무실에서 나와 집으로 향하면서 주님께 “신학교에 가겠습니다”라고 말씀드렸다.

그렇게 결심하고 나니, 이젠 신학교엘 가긴 가야겠는데 어느 곳에 가야 할지가 문제였다. 난 다시 기도하기로 마음먹고 기도를 계속했다. 한 3개월쯤 지났을까. 어느 날 꿈을 꾸었는데 꿈속에서 내가 공부를 하고 있는 게 아닌가. 그런데 꿈에서 강의실을 나와 보니 녹색 건물에 '아세아연합신학대학원'이라는 간판이 걸려 있었다. 나는 잠을 깨고 나서야 그것이 꿈인 것을 알았다. 그러나 그때 당시 나는 꿈을 믿지 않기로 했기 때문에 그냥 계속 기도만 했다. 그런데 몇 주 뒤, 나는 또 같은 꿈을 꾸었다. 여러 번 반복되니 좀 이상하다는 느낌이 들기도 했지만 그래도 꿈은 믿지 않기로 하고 주님께 이렇게 기도를 드렸다.

"살아 계신 주님, 꿈이 아니라 실제로 말씀해 주세요. 실물을 보여 주세요. 그러면 가겠습니다."

나는 살아 계신, 전능하신 그분의 대답을 꿈이 아닌 실제로 듣고 싶었다.

그리고 사흘 뒤쯤 우리 집 앞을 지나가는데 저쪽에서 무슨 물체가 오고 있었다. 내 앞으로 지나가기에 가만히 보니까 '아세아연합신학대학교'라고 써 있는 스쿨버스가 내게 접근하고 있는 것이 아닌가, 나는 '오 주님!' 하며 그 자리에 주저앉을 뻔했다. 나는 얼른 집으로 들어가 전화번호부에서 아세아연합신학대학을 찾았다.

지금(2004년)에 와서 느끼는 것이지만 그날 이후 나는 캐나다에 이민 올 때까지 그 스쿨버스를 우리 아파트 단지 내에서 다시 본 적이 단 한 번도 없었다. 즉, 바꾸어 말하면 나의 기도를 들으신 주님이 기사 분의 마음을 약간 움직이셔서 잠실 역을 통과하는 그 버스가 어쩌다 길을 잃고 잠실 역 근처에 있는 우리 아파트 단지 내로 들어와 나갈 수 있는 출구를 찾아 헤매던 길이었던 것 같다. 그 일로 인해 나는 한편으로, 믿음이란 때론 이렇게 우리의 상상을 초월한다는 것을 깨닫게 되었다.

나는 드디어 모든 것을 내려놓고 입학원서를 사기 위해 학교로 전화를 걸었다. 아세아연합신학대학교는 두 군데 캠퍼스가 있다. 하나는 서대문에 있으며 다른 하나는 양평에 있다. 서대문에 있는 학교는 한국어로 가르치는 신학대학원이고 양평에 있는 학교는 외국인 학생들과 같이 생활하며 지내는 이른바 '액츠(ACTS)'라는 신학대학원이었다. 난 이것도 모른 채 전화 다이얼을 돌렸으며, 내 전화를 받은 자매는 나의 목소리를 듣고 양평으로 찾아가라고 말해 주었다. 나중에 안 이야기지만 늦게 신학 하시는 연세 많이 드신 분들, 주로 40세 이상인 분들은 한국어로 강의하는 서대문으로 가시는데 비해 이 영어 목회학 석사(M. Div.) 과정은 대개 젊은 친구들, 특히 선교에 소명이 있고 영어에 자신이 있는 분들, 주로 20대나 30대 초반의 젊은 사람들이 선택한다는 것을 알게 되었다.

그러니까 그때 문제는 내 목소리에 있었던 것이다. 주님 만나기 전 나의 전화 목소리는 위엄과 권세와 거드름을 나타내는, 약간은 굵고 권위적인 분위기였다. (남자들은 자주 그렇지 않은가! 전화 걸 때 일부러 목에 힘을 더 주어 더 나이 들어 보이려고 말이다.) 그런데 은혜 받고 나니 목소리가 변했다. 겸손하고, 젊어지고, 친절한 목소리로 바뀐 것이다. 그래서 그때 전화 받은 자매는 무엇을 선택할 것인지 내게 묻지도 않은 채 바로 양평으로 가라고 말한 것이었다. 그 자매님은 내 목소리만 듣고 나이를 잘못 판단하신 것이다. 덕분에 나는 3년 내내 영어와 씨름하며 힘든 나날을 보냈다.

처음엔 아무것도 모른 채 학교에 다니다가 그 사실을 알게 된 것은 6학기째 되던 때였다. 우리 과목을 수강하는 어떤 낯선 사람이 있어서 나는 그에게 다가가서 어디서 오셨냐고 물었더니 서대문 아세아연합신학대학원에서 왔다고 했다. 나는 놀라서 거기에도 학생들이 공부하는 학교가 있냐고 물었더니 한국어로 강의하는 목회학 석사 과정이 예전부터 있었다고 하는 것이었다. 나는 그저 기가 막혀서 그를 물끄러미 바라볼 수밖에 없었다.

학교 다니면서 서대문의 존재는 알았지만 그곳에 그런 한국어 과정이 있는 줄은 정말 몰랐다. 6학기 내내 영어로 답안지 쓰고 영어로 과제물을 쓰고 영어로 책 읽고, 영어 쓰는 제3세계 친구들과 대화하며, 영어만 쓰는 교수님들에게 수업 받으며 지냈는데 이제 어쩌란 말인가. 지금 와서 바꿀 수도 없고. 그래서 난 그냥 그렇게 있다가 은혜 안에서 졸업을 하게 되었다.

그러나 그 3년간의 영어 훈련은 내 입과 귀를 열어 주었고 많은 외국인 학생들과 깊은 인연을 맺게 해 주었다. 외국에 나와 사역하게 된 지금, 나는 그것 또한 주님이 내게 주신 선물이었음을 깨닫는다. 그때의 경험으로 인해 나는 지금도 외국인들을 대할 때 전혀 불편하지 않고, 오히려 신대원 시절 만났던 내 외국인 친구들과의 우정 덕분에 외국인들에 대한 사랑이 각별한 편이다. 아직도 영어를 매우 잘하는 편은 아니지만 외국인들 앞에서 부끄러워하거나 그들을 대하는 데 두려워하는 감정은 없다. 그런 감정은 이미 신학교에서 훈련이 다 끝난 일들이었다.

다시 앞으로 돌아가서. 나는 그 학교에 입학하기 위해 열심히 공부했고 다행히 시험에 통과하여 신입생 오리엔테이션을 받게 되었다. 오리엔테이션 장소인 서대문으로 가는데 그날 따라 이상하게도 가다가 완전히 길을 잃었다. 그래서 한참을 헤매며 운전하다 보니 내가 어느새 이태원에 들어와 있는 게 아닌가…… 갑자기 젊었을 때 가던 술집 간판이 하나둘씩 보이기 시작했다. 내가 그때 왜 그곳에 들어가게 되었는지는 지금도 잘 모르겠다. 어쨌든 이태원, 한남동 일대를 약 2시간에 걸쳐 지나는 동안 내가 과거 20여 년간 술을 마셔 왔던 단골집 간판들이 눈앞을 죽 스쳐 지나갔다. 순간 내 눈에서 눈물이 빗물처럼 쏟아졌다. 아! 가나안으로 들어가기 전 옛사람, 즉 죽은 사람을 위한 '노제'(路祭)가 바로 이거구나. 나는 영영 울면서 운전했다.

나는 18세부터 이태원에 출입하여 37세까지 장장 20년간 대부분의 밤 시간을 그곳에서 보냈다. 물론 다른 곳도 가끔 갔지만 워낙 이태원에서 잔뼈가 굵은 사람이라, 그곳의 주인들은 거의 다 나를 알 지경이었다. '내국인 출입금지'라는 표지도 나에겐 아무 효력이 없었다. 너무 오랜 단골이다 보니 모든 주인들이 언제든지 나를 받아 준 것이다. 그곳에서도 많은 외국인들과 함께 친구 아닌 친구로 한 시절을 보냈다.

내 허기진 마음을 20년간이나 술로써 달랜 것이다. 그리고 그들이 틀어 주는 헤비 록이나 메탈 음악이 너무 좋아 그곳에 거의 출근하는 정도가 되었고 다른 사람들이 강남에서 우아하게 한잔할 때 나는 이태원 록 클럽에서 고래고래 소리 지르면서 노래하고 술을 마셨다. 왜 그랬는지 지금은 좀 이해가 안 될 정도로……. 그 당시의 나는 겉으로는 멀쩡해 보였을지 몰라도 속으로는 온갖 어두운 생각과 심한 아픔들을 갖고 있었던, 마치 시한폭탄과도 같은 사람이었다. 나는 천천히 운전하면서 과거 나의 아픔과 추억이 서린 그곳(이태원 지역)을 하나하나 찬찬히 돌아 보았다. 그러고는 그곳을 떠나 곧바로 오리엔테이션 장소로 갔다.

오리엔테이션에 참석한 후 며칠 뒤, 첫 수업을 들으러 양평에 갔는데 수업 시간에 외국인 친구들이 왜 그리도 많은지……. 처음에 난 그들이 서대문에서 몇 번 본 교수님인 줄로만 알았지 학생들일 거라고는 상상도 못했었다. 그런데 수업 시간에 강의실에 들어설 때마다 내 주변엔 늘 인도, 파키스탄, 미얀마, 아프리카, 베트남 등등에서 온 다양한 국적의 외국 친구들이 있었다. 한 수업당 한국인 학생은 한 십여 명 정도였고 나머지 30명 정도는 모두 그 외국인 친구들이었다. 따라서 수업은 당연히 영어로 진행될 수밖에 없었다. 다행히 나에게는 이태원의 경험이 있어서 외국인 친구들이 그리 불편하진 않았고 그들과 쉽게 친해질 수 있었지만 교수님의 강의는 제대로 들을 수

 내 아픔 아시는 당신께

가 없었다. 외국 친구들의 말도 거의 잘 알아들을 수가 없었다. 가장 힘든 것은 내가 영어로 무언가를 말해야 할 때였다. 그럴 때는 정말 머리에서 식은땀이 흘렀다. 그때 선배님들은 내게 한 1년은 지나야 강의가 들릴 거라고 말해 주었다. 정말 학교 다니기가 싫었다.

학교 간 지 이틀째 되던 날, 나는 주위의 형제들에게 아무리 생각해 봐도 잘못 왔노라고, 학교를 그만 다니겠다고 말했다. 그렇게 내가 시험에 들어 헤매고 있을 때, 나보다 1년 선배인 전도사님 두 분이 내게 어느 곳으로 가자고 하셨다. 내가 따라 나서자 그들은 나를 산으로 데려가셨다. 그러더니 갑자기 내 몸에 손을 대고 정말 진정으로 간절히 기도하는 것이 아닌가! 나는 굉장히 놀랍기도 했고 또 참 고마웠다. 그런데 정말 신기하게도 그분들이 기도하는 동안, 한껏 날이 서 있었던 내 마음에 무언가 무너져 내려앉는 듯한 평안함이 서서히 밀려오는 것을 느꼈다. 그리고 그분들의 기도가 끝났을 때, 나의 마음엔 어떤 따뜻한 변화가 생겨나 있었다. 나는 벅찬 마음으로 그 두 분께 감사 표시를 하고는 산에서 내려왔다. 그리고 그 일이 있은 후에 나는 다시금 학교에 계속 다니게 되었다.

그러던 어느 날 나의 친구이자 어느 교회의 집사인 가수 H에게서 전화가 왔다.

"하문아, 미국 여러 주에서 연합 집회가 있는데 가자. 전도하기에 좋은 기회인 것 같아……."

그 말을 듣자 나는 무척 가고 싶었다. 그렇지만 학기 중이라 어쩔 수가 없었다. 그런데 그때부터 마음이 계속 두 갈래로 갈라지는 것이었다.

'아무래도 난 그리스도인 가수가 돼야 하는 것 같은데……. 그럼 달란트대로 살아야 하는 것 아닌가?'

그 집회 생각이 계속 나고, 더욱이 자꾸 콘서트가 하고 싶었다. 그러던 어느 날, 집에서 재채기를 좀 크게 했는데 그게 목에 무리가 됐는지 갑자기 목이 쉬었다. 처음엔 며칠 있으면 낫겠지 싶었다. 그런데 일주일, 보름을 기다려도 목이 낫지 않았다. 신학생이 노래할 일이 많을 것 같진 않았지만 그래도 치료 받기 위해 병원엘 갔다. 의사 선생님이 말씀하시길, 목엔 아무런 이상이 없으니 좀 쉬면 나을 거라고 했다. 난 계속 쉬었지만 통 낫지 않았다.

그때쯤 친구 H에게 다시 연락이 왔다

"어때 기도해 봤지? 가기로 정했어?"

나는 쉰 목소리로 대답했다.

"이렇게 돼서 못 가겠어."

그러자 친구는 갑자기 두려워하며 "하문아 너는 정말 목사가 돼야 하나 보다! 그럼…… 그래 잘 있어" 하고 얼른 전화를 끊는 것이었다. 그 이후로 4학기가 모두 끝날 때까지 내 목은 계속 잠겨 있었다. 순간순간 학교를 그만두고 싶을 때가 너무도 많았지만, 그렇게 쉰 목소리로는 노래 한 곡도 제대로 부를 수 없었다. 그리고 노래 한 곡도 제대로 부를 수 없는 내가 당장에 신학교 밖에서 할 수 있는 일은 아무것도 없었다. 내가 생각했던 아름다운 계획들, 음반, 콘서트, 외국 전도 집회 등 모든 것은 물거품이 되었다.

음반, 콘서트, 외국 집회를 '주를 위해' 하겠다고는 했지만 그것은 사실 주님이 시키시는 일은 아니었던 것이다. 4학기 내내 교수님들은 가끔 내게 찬양 인도와 솔로 곡을 시키셨지만 그때마다 나는 '망신살'이었고 그 이유를 간증할 수밖에 없었다. 그리고 사실 액츠에서는 공부하고 교회 다니는 것 외에 집회나 다른 일은 전혀 할 수 없을 정도로 바빴다. 그래서 집회 요청도 많이 거절해야 했다. 그에 대해 이해를 잘 못하시는 분들일 경우에는 거절할 때 애를 참 많이 먹었다. 숙제하고, 페이퍼 준비하고, 프리젠테이션, 책 읽기 등을 하다 보면 하루 동안 다른 일을 하기 위해 낼 수 있는 시간이 거의 없는 곳이 바로 양평의 국제 대학원이었다. 나는 기타를 멀리한 채 오직 공부에만 열중했다.

너무 열중하다 보니 이젠 그곳에서의 기쁨도 깨닫고, 평생 느껴 보지 못했던 공부하는 기쁨도 느끼게 되어 자청해서 기숙사에 들어가기까지 했다. 집에서 학교까지 왔다갔다 하는 약 두 시간 반이 아까운 지경에 이른 것이다. 그래서 여섯 명씩 자는 방에 나도 배치되어 처음으로 기숙사 생활도 하게 되었다. 그리고 주님의 향기가 넘치는 신학생들과 늘 함께할 수 있었던 그 생활의 하루하루는 정말 잊지 못할 추억이 되었다. 그렇게 6개월이 지나자 말이 트이고, 귀도 80퍼센트는 트이면서 예배 인도나 기도, 설교 등을 영어로 해야 하는 상황이 되어도 당황하지 않고 비교적 순조롭게 해낼 수 있었다.

그 당시 함께 지냈던 친구들 중 기억에 남는 친구들이 많지만 그 중에서도 특히 모한(인도), 매튜(방글라데시), 싯들로(인도), 살림(파키스탄), 타니(인도), 아파타(나이지리아), 투앙(미얀마) 등은 내게 잊을 수 없는 친구가 되었다. 여름에 수영장도 같이 가고, 2천 원짜리 목욕탕도 같이 갔던 친구들이다.

그렇게 나는 세상과 오랜 시간 떨어져 특수 훈련을 받았다. 한번은 숙제가 밀려서 고민하며 기도하던 중 학기 과제물 두 개를 외국인 친구에게 부탁했던 적이 있었다. 그리곤 한 일주일이 지났을까, 마음이 불편해지기 시작했다. 그래도 나는 계속 하나님과 협상하려고만 했다. '숙제가 너무 많아서 그러니 좀 그렇게 하더라도 용서해 주세요……' 하며 계속 괜찮은 척했는데, 괜찮지가 않았다. 그러던 어느 날, 교회에서 목사님이 설교 중에 "주 안에서는 모든 일을 그분의 능력으로 할 수 있습니다. 두려워 마시기 바랍니다"라고 말씀하셨다. 그 말씀은 순간 나의 마음을 찔렀다. 나는 그것이 주님이 나에게 주시는 말씀이라는 생각이 들었다. 그렇게 말씀을 받아들인 나는 결국 숙제를 부탁했던 두 친구에게 전화를 했다. 내 숙제를 대신해 주는 일을 그만둬 달라고 말하고 매우 깊이 사과했더니, 그 외국인 친구는 이해되지 않는 듯한 말투로 "친구가 어려울 때 도와주는 게 왜 성서적이지 않느냐"고 물었다. 나는 그 질문에 그저 "그 경우와 이건 다르다"라고 말하며 겨우 이해를 시켰다. 그때부터 나는 도서관에 가서 책을 열 권씩 두 번을 빌려 와 숙제를 했다. 그리고 주님의 은혜로 그 숙제를 일주일 만에 다 끝마칠 수 있었다. 이런 일이 있은 후에, 외국인 친구들 사이에서 나에 대한 평판이 좋아졌고 그 친구들도 그런 일을 하면 안 된다는 것을 깨닫는 계기가 되었다고 한다.

외국인 친구들은 참 순박한 사람들이었다. 언젠가는 다섯 명이 함께 수영장에 간 적이 있었는데 그때 내가 인도 친구인 모한에게 물 속에서 쓰는 수경(水鏡)을 빌려 줬다. 그랬더니 그 친구는 물 속에서는 그것을 벗고 수영하고 물 밖으로 나와서는 그 수경을 선글라스처럼 끼고 다니는 것이었다. 그 친구 때문에 그때 얼마나 웃었는지 모른다. 또 한번은 양평 쪽 카페에 데려가서, 핫초코를 시켜 주었더니 그가 "태어나서 이렇게 맛있는 것은 처음이다"라고 말하며 정신없이 먹던 기억도 난다. 그런데 그 친구, 모한(Rev. Mohan)은 2002년 가을에 주님의 부르심을 받고 천국에 갔다. 난 정말 슬펐다. 그는 신학교에서 나와 가장 친했고 나이도 비슷하고 참 천진난만했는데, 주님이 그를 왜 그렇게 빨리 데려가셨는지 나는 아직도 그 이유를 잘 모르겠다. 나중에 천국

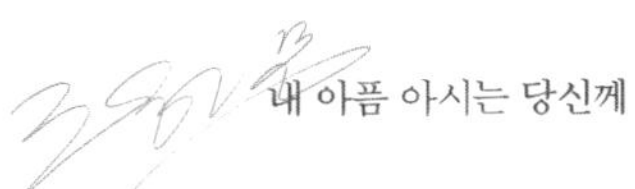

가면 꼭 여쭤 보고 싶다.

이렇게 난 마흔이 넘어서 새로운 인생을 시작했고, 다시 살기 시작했다. 신대원 3년 동안 나의 옛사람은 주님의 철저한 훈련을 통해 부서지고 또 부서졌다. 그러나 비명은커녕 아예 아무 소리도 낼 수 없을 만큼 미세한 분말로 깨어지고 또 깨어졌다. 그들(외국 학생들)이 날 좋아했던 이유는 우선 예수님을 믿게 된 나의 동기가 특이했고, 또 내가 그들에게 잘 다가갔기 때문이다. 이상하게도 나는 한국 학생보다 그들에게 훨씬 더 친근감을 느꼈던 것 같다. 한국 학생들과는 사실 나이 차이 때문에도 거리가 있었지만 그것보다도 나는, 아주 새로운 피조물이 되고 싶었기 때문에 나의 과거를 모르는 외국인 친구가 더 편했던 것이다. 그리고 그들 또한 나에게 참 잘해 주어서 내가 졸업할 때, 한국인 학생들보다 외국인 학생들이 오히려 더 섭섭해했던 기억이 난다.

내가 알기로, 우리 액츠에 오는 외국인 학생들은 각 나라에서 시험과 면접을 통하여 몇백 대 일의 경쟁률을 뚫고 선발된 사람들이다. 그리고 일단 몸만 오면, 모든 것을 학교에서 전액 부담한다. 공부가 끝난 뒤에는 본국에 가서 목사 안수를 받게 한 후 그곳에서 평생 사역하게 되는 그런 귀한 학생들인 것이다. 가만히 생각해 보면 한국 사람이 어느 낯선 곳에 가서 평생 헌신하는 것보다 그곳에 있는 사람을 데려다가 교육시키고 그 나라에서 평생 사역하게 하는 것이 훨씬 지혜로운 방법 같다. 다른 목사님들은 어떠신지 모르겠지만, 나는 정말 신학교에서 참 많은 것을 배웠다.

신·구약 시간과 교회사, 기독론, 해석학 등 신학 이론을 공부하고 난 후에 성경을 대할 때는 성서를 보는 나의 시각이 한층 더 넓어지고 차분해진 것을 발견하곤 했다. 또한 헬라어 시간은 원래 외국어를 좋아하는 나에게 참으로 행복한 시간이었다. 이 헬라어 수업에서 나는 두 학기 다 아주 좋은 성적을 받았다. 그리고 지금도 나의 설교 중에는 원어 해석에 의해 얻어진 은혜의 설교가 많다. 나는 이 점 또한 참 감사하게 생각한다. 40년을 세상에서 허랑방탕하게 살아온 나에게 신대원 3년간의 생활은 그야말로 영영 기억에 남을 한 송이 꽃 같은 3년이었다. 그 3년 동안 나는 K자동차에서 나온 9인승 승합차를 몰고 다니며 외국인 학생들에게 때론 운전 기사가 되어 주기도 했다. 하나님은 그것을 통해서도 나 자신과 그들에게 늘 무언가를 가르쳐 주셨다. 섬김의 기쁨이 그렇게 큰지 난 정말 몰랐었다. 섬김이라고는 거의 해 본 적이 없었던 내가, 섬김을 통해서 얻는 기쁨이 그렇게 큰지 그때 처음으로 알게 되었다. 그 외국인 학생들과 함께 있으면 나는 이상할 정도로 참 행복했고 기분이 좋았다. 그 덕택인지 이후 캐나다 장애인 공동체에서 섬기게 되어 많은 캐나다인들과 함께 이야기하고 교제하게 되었을 때, 그 시간이 내게 정말 편할 수 있었고 참 귀하게 느껴졌다.

신학교 다니는 동안 간증 거리도 참 많았다. 그 중 하나는 장학금에 얽힌 일화이다. 늘 2등만 하던 내가 어느 날 갑자기 1등을 하고 싶어졌다. 그러나 그것이 내 힘으로는 부족하다는 생각이 들어서 그것을 놓고 기도하기 시작했다. 지금 생각해 보면 참으로 어린아이 같은 기도였지만 그땐 꽤 진지했다. "주님, 이번이 마지막 학기입니다. 이번에 장학금 못 타면 제 평생에 장학금은 구경도 한 번 못해 보고 졸업하게 됩니다. 가능하시다면 이번엔 꼭 타게 해 주세요"라고 짤막히, 그것도 창피해서 오래 기도하지도 못하고 끝맺었다.

그런데 때마침 그 즈음에 매번 1등을 하던 전도사님이 요새 시험에 들어 공부를 안 한다는 소문이 들렸다. 그리고 어쩌면 그분이 휴학할지도 모른다는 것이었다. 난 놀라서 하나님께 다시 기도했다.

"하나님 그 친구가 휴학해서 저절로 1등 하는 것은 싫습니다. 정정당당히 한 판 겨루어서 1등 하게 해 주세요."

왜냐하면 그 친구는 S대 출신에다가 사법고시 공부하던 중에 은혜 받아서 신학교에 온 경우라, 그 친구를 이기기가 쉽지 않다는 것을 익히 알고 있었기 때문이었다. 기도의 응답인지 그 친구는 거의 한 달을 공부 안 하고 학교 다니더니 시험 때 갑자기 며칠 공부해서 시험을 쳤고 그 친구와 나의 평점 차이는 '0.02'. 나는 3.64, 그 친구는 3.62로 아슬아슬하게 내가 1등이 된 것이다. 원래 그 친구는 늘 3.9 혹은 3.95, 4.0까지도 맞던 친구였다는 걸 생각하면 그에게 그 점수는 치욕의 점수였을 것이다. 하지만 난 늘 3.5 주변을 맴도는 실력이었다. 이것은 주님이 주신 판정승이었고, 장학금과 패는 내게 주어졌다. 그래서 나는 태어나서 처음으로 장학금이란 것을 손에 쥐게 되었다.

물론 장학금으로 받은 돈은 어려운 학생들에게 다 드리고 오히려 한턱내느라 돈이 더 들었지만, 주 안에서의 도전은 해 볼 만한 것이었다. 참으로 기쁜 학기였다.

'오 주님! 내 평생에 실력으로 장학금이라뇨……'

난 지금도 그 생각만 하면 너무 송구스러우면서도 기쁘다.

최근에 들은 소식에 의하면 그 1등 친구는 자꾸만 주님과 멀어져 가고 있어서 목사 안수도 여전히 미루고 있다고 한다. 나는 그가 다시금 하나님 앞에 회복되어서 주님의 길을 찾기를 간절히 바란다. 꼭 목사가 되어야 하는 것은 아닐 수도 있다. 목사든 아니든 간에 그 친구가 주님이 주신 길을 가길 멀리서나마 늘 기도한다.

또 신대원 1학기였을 즈음에는 이런 일도 있었다. 헬라어 수업은 쪽지시험을 매일 보기 때문에 헬라어 강의가 있는 날엔 늦으면 안 된다. 그런데 일어나 보니 시간이 벌써 30분이나 더 흘렀다. 나는 기도도 하는 둥 마는 둥 하고 부랴부랴 승합차를 몰아 80킬로가 제한속도인데 120킬로로 달려서 시험 시간 5분 전에 학교에 도착했다. 안도의 숨을 쉬고 교실 안에 들어가서 시험 준비를 하고 있는데 그날 갑자기 교수님 사정으로 시험이 연기되었다. (그 교수님에게는 아마 처음이자 마지막 있는 일이었을 것이다.) 그 순간 내게 퍼뜩 든 생각은, 하나님께서는 내가 규정 속도인 80킬로를 지키기 원하셨구나, 하는 것이었다. 난 곧바로 회개했다.

이런 식으로 여러 가지 많은 은혜 속에서 나는 신대원을 무사히 졸업할 수 있었다. 순간순간 함께하신 주님의 손길이 아니었다면 아마 그 모든 과정을 무사히 끝내지 못했을 것이다. 신학교 졸업 후 얼마 안 돼서 나는 대한예수교장로회 개혁총회에서 생각지도 않았던 목사 안수를 받았다. 이 역시 하나님의 은혜였다. 이제는 명실 공히 '주의 종'이라는 사랑의 멍에를 메게 된 것이다. 가수 조하문이 아닌, 하나님의 심부름꾼 조하문……. 언젠가 거울을 보니, 가수티는 거의 없어지고 목사티가 자꾸 난다. 한번은 어느 집회에 갔을 때였는데 운전을 해 주었던 젊은 형제와 타고 가던 봉고차 안에서 30분 가량 록의 역사에 대해 열띤 토론을 벌이다가 목적지에 도착하게 되었다. 그날 집회하기로 예정된 어느 교회 앞이었는데 바로 보이는 교회 건물 유리에 어떤 목사님 한 분이 서 계신 것이 비쳤다. 그 순간 그곳에는 지금 막 차에서 내린 나밖에 없었기 때문에 나는 깜짝 놀라 뒤를 돌아보았다. 그러나 아무도 계시지 않았다. 나는 다시 한 번 찬찬히 내 바로 앞에 가로막혀 있는 건물 유리를 들여다 보았다. 그러나 역시 거기에는 목사같이 생긴 40대 후반 아저씨만 보일 뿐, 가수 조하문은 없었다. 분명 조금 전까지 차 안에서 록에 대해 열띠게 이야기하고 흥분하던 그 조하문은 온데간데 없었다. 유리에 비친 그 모습을 물끄러미 바라보다가 나는 혼자 웃으면서 교회 안으로 들어갔다.

그렇다. 나에겐 아직도 옛날 기억 중 많은 부분이 그대로 남아 있다. 그것은 내 신앙에 독이 될 수도 있고, 주님을 위한 선이 될 수도 있을 것이다. 하지만 지금 나의 역할, 이 '지구상'이라는 드라마 속에서의 내 역할은 분명하다. 지금 내게 주어져 있는 그 역할은 목사이다. 그러므로 어찌 되었든 분명한 것은 내가 '그 현실'에 충실해야 한다는 것을 다시 한 번 깊이 느끼게 되었다는 사실이었다. 그리고 나는 내 역할에 대한 그러한 깨달음 속에서 그날 집회를 은혜롭게 마칠 수 있었다.

성애원

목사님~

사모님도 저희들 보고 싶다고 하시지요? 저희도 뵙고 싶어요. 저희 집에 그리고 저희들 마음에 목사님 흔적이 얼마나 많은데요.

축복나무도 저희 집 응접실에 있어요. 목사님 다시 가져가실 때까지 잘 키우고 있을게요. 성훈이 오빠(상지영서대 레저스포츠구조학과 2학년)는 목사님 콘서트 한 번 더 꼭 들어야 한대요. 기현이 오빠(세무회계과)와 영미 언니(관광과)는 대학에 들어갔구요, 태훈이 오빠는 이상한 데 취직해서 다니고 있어요. 수현 언니는 4월 7일 일본으로 공부하러(사육사가 꿈) 갔어요. 공부 다 마치려면 6년은 있어야 한대요. 재형이 오빠는 목사님한테 혼나야 되는데…… 한 군데 못 있구 자꾸 여기저기 돌아다녀요. 태룡이 오빠는 회사에 잘 다니고 있어요. 세라 언니는 스타벅스에 잘 다니고 있어요. 그리고 신문에도 세 번씩이나 나와서 삼성동의 유명 인사가 되었어요. 윤희 언니는 표면장식 디자인을 전공하고 있는데 졸업반이라 고민이 많은 거 같아요. 목사님 딸 슬기는 여전히 씩씩하고, 힘도 좋고, 아주 많이 예뻐졌어요. 지금 졸업을 앞두고 있는 평화는 피아노 전공을 하고 싶대요. 요즘 실력도 너무 많이 좋아지고 있어요. 지선이는 갑자기 꿈이 바뀌었는데, 메이크업 디자이너가 되고 싶대요. 제가 보기에는 소질이 있는 거 같아요. 저 승은이는요 제빵사가 꿈이에요. 일본에 가서 전문적으로 배우고 싶어요. 저희 식

성애원 내 아픔 아시는 당신께

구들 소식을 다 전해 드리고 싶은데 목사님 읽으시는 데 지루하실까 봐 오늘은 여기서 마무리 지을게요. 남은 식구들은 후속편으로 쫙~ 올려 드릴게요^^ 기대해 주세요.

그리고 늘 건강하셔야 돼요~ 저희 가족 기도 많이 해 주시구요. 저희들도 매일 빠짐없이 목사님 위해 기도드리고 있으니까 몸도 마음도 아프시면 안 돼요 아셨지요?

샬롬~

목사님~

그동안 아무 사고 없이 잘 지내셨어요?

저희 식구들은 여전히 천방지축 활기찬 모습으로 살고 있답니다^^

여기 한국은 조금씩 쌀쌀한 기운이 도는 것이 무더운 여름은 가고 단풍의 가을이 오는 것을 새삼스레 느끼고 있어요.

요즘 캐나다 날씨는 어때요? 아무리 머리를 짜서 계산을 해 봐도 그쪽 날씨를 파악할 수 없네요. ㅡ.ㅡ

목사님 사역하시는 데 여러 가지로 힘드시죠? 그 와중에 저희 식구들 잊지 않고 기억해 주셔서 얼마나 감사한지 몰라요. 그러면 저희가 더욱 목사님께 힘이 돼 드려야 하는데…….

목사님께서 사역하시는 동안 저희 식구들에게는 많은 변화와 소식들이 있었어요. 먼저 저희 선배 권용일 오빠 아시죠? 이번에 최연소자로 펀드 매니저 합격했어요.^^ 저희 집에 큰 자랑이죠. 공부하면서 과외 아르바이트하면서…… 정말 뭐든지 열심히 하는 오빠인 거 같아요^^

그리고 성훈이 오빠 조정 1급 자격증 합격했어요. 대학생이 돼서 더욱 철이 든 거 같아요. ^^;;;

평화는 국립원주대 음악과에 수시 합격해서 지금은 룰루랄라예요~ 선미는 태권도 2단에 아주 무서운 아이가 되어 버렸어요. 우리 집의 든든한 경호원이 생긴 셈이죠^^ 선미는 태권도로 사역을 하고 싶어해요. 그래서 신앙생활도 아~주 열심히 하는 아이예요^^ 목사님 딸 우리 집 막내 슬기 이후로 드디어 5년 만에 아주 귀여운 새 식구가 왔어요. 그런데 아주 애기예요. 9개월 된 준영이, 11개월 된 참새 형준이, 6살이지만 아직 말을 잘 못하는 대상이가 왔어요. 너무너무 이뻐서 저희 식구들의 사랑을 한몸에 받고 있어요. 역시 집에는 아이들이 있어야 화목한 거 같아요. 대상이는 여러모로 많이 신경 써 주고 기도해야 할 아이예요.

오늘은 저희 집 찬양대회가 있었는데 서로 금메달(1등 : 영화관람권 및 식사권)을 놓치지 않으려고 거의 발악을 했어요~!! 지호가 이번에 서울 시설유소년축구대표로 뽑혀서 합숙하며 경기를 했어요(등수는 알 수 없음). 내년에는 지훈이도 골키퍼로 참석할 거라나요~? ㅋㅋ 아주 귀여운 녀석들이예요~

저희 집도 단장에 들어갔어요. 어린이 집도 새로 꾸미고, 놀이터도 이쁘게 색칠하고, 초등학생 컴퓨터실도 만들고, 지금은 운동장을 무~~진장 넓히는 공사를 하고 있어요. 이제 그 운동장에서 뛰려면 쌀이 바닥날 거 같아요^^

읽으시느라 힘드시죠.

목사님 매일 우리 식구 들이 기도하고 있으니깐 힘내시구요^^ 꼭!꼭!꼭! 건강하셔야 해요~ 그래야 뵙지요^_^ 저희 식구들이 목사님을 사랑하는 만큼 사모님도 사랑하는 거 아시죠? 또 다음 후속편 조금 더 빠른 시간 안에 올려 드릴께요~ 샬롬~

〈성애원 가족 올림〉

　　성애원을 알게 된 것은 은혜 받고 1년쯤 뒤였다. 그러니까 1998년 가을쯤 되는 것 같다. 그때 나는 잠실에 있는 '주님의 교회'(당시 이재철 목사님 시무)에 출석하고 있을

내 아픔 아시는 당신께

때였다. 그 교회의 어느 집사님으로부터 그런 곳이 있다는 이야길 듣고 처음 가 보았
는데, 그때부터 나는 그곳 어린아이들과 주님 안에서 교제를 나누게 되었다. 그들은
내가 노래하는 것을 좋아했고 나는 그곳에 가면 왠지 머리가 시원해졌다. 왜 그런지
이유는 알 수 없어도 내 평생 한 번도 가 본 적이 없는 그곳(고아원)을 보며 난 어린아
이처럼 하나하나를 새롭게 익히고 배웠다. 그곳엔 나이 어린 친구들이 많이 있었는데,
거의 다 부모가 안 계시거나 이혼 등의, 순전히 어른들간의 불화로 인해 부모와 사이
가 일방적으로 벌어져서 오게 된 아이들이었다. 4-5세의 어린 아이부터 고3 청소년까
지 있었다. 그들 중에서도 나는 특히 수더분하게 한국적으로 생긴 몇몇 친구들에게 사
랑을 느끼기 시작하면서 그곳을 섬기기 시작했다.

사실 뭐 섬긴다고 해 봐야 가끔 가서 노래하고 같이 놀다 오는 것이 전부였다. 그
런데도 그들은 나를 좋아했고 나도 그들을 참 좋아했다. 그래서 목사가 되기 전까지는
그들과 많은 시간을 보내곤 했다. 목사가 된 후 1년 뒤에 캐나다에 왔으니 지금은 벌
써 그들을 못 본 지 1년 반이나 되었다.

함께 교제를 나누는 동안 그들 중에는 나중에 가수가 꿈인 아이도 생겼고, 우리 집
에도 놀러 오게 되었으며 나와 아내 그리고 신대원 동기들인 모한, 매튜, 싯들로, 살림
등 내 주변 친구들도 종종 그들과 함께하곤 했다. 하나님 은혜가 아니고서는 나에게
도저히 그런 일은 일어날 수가 없다. 그 은혜가 아니라면 나랑 생면부지인 그 아이들
을 내가 어떻게 사랑하겠는가?

나는 그리스도인이기 때문에 다른 종교처럼 신이 요구하는 무언가를 위해 선한 ‘행
동’을 꼭 해야만 하는 것도 아니다. 선행이라는 생각 자체도 전혀 없었고 그저 사랑하
기에 가게 되었고 점점 더 그들이 보고 싶어졌다. 조금 친해지고 나선 그들에게 영어

를 가르치기 시작했다. 세상에서 무슨 직업을 갖는다고 해도 이 어린아이들이 30대쯤 되었을 때에는 꼭 필요한 것 중 하나가 영어회화라고 생각해서였다. 그래서 신대원 다니는 동안에는 영어문법과 회화를 가르치기도 했다. 아울러 우리가 왜 '목적'을 갖고 살아야 하는지, 왜 그리스도 예수가 우리에게 필요한지에 대해서도 이야기해 주었다.

아무리 생각해도 그 아이들은 잘못한 것이 없다. 그 아이들이 시설에서 자랄 수밖에 없는 이유 중 하나는 바로 우리 어른들의 이기심이다. 하나님을 알든 모르든 우린 얼마나 내 중심적이고 내 뜻대로 사는가. 미혼모, 이혼, 간음…… 사회의 이런 모든 어두운 면은 인간이 자신의 본능적인 감정을 억제하지 못하는 데서부터 나온다.

그 동안 유독 교도소, 마약보호 감호소, 매춘여성들의 쉼터 등을 다니며 집회를 하게 되었던 나는 그곳의 경험을 통해서도 더욱 내가 죄인이고 주님이 살아 계시다는 것을 전할 수밖에 없다. 그리스도를 믿어도 살짝 믿게 되면 안 믿는 사람보다 더 흉악한 상태에 이르는 것을 가끔 본다. 아울러 주를 몰랐을 때의 나는 단지 나 자신의 노예에 불과했다는 걸 깨달았다. 내 욕망, 즉 지나친 이기심, 육적 사랑, 분노, 미움, 현실도피증 등 내가 자유라고 생각하던 것들이 오히려 욕망이었고 나는 그 욕망의 노예였던 것이다.

내가 교도소에서 집회를 했을 때, 한 번은 사형수, 무기수, 일반 복역수 등 많은 형제들 앞에서 집회한 적이 있었는데, 그때 그 사형수 형제들의 눈빛은 지금도 잊지 못한다. 그들하고 나하고 다른 게 뭔가. 그들은 생각하는 것을 실천했고 나는 생각만 했던 것이다. 내가 그 형제들을 바라보며 무슨 말을 하겠는가. 은혜 받았다고 자랑을 하란 말인가……. 나는 한 시간 내내 그들을 제대로 쳐다보지도 못한 채 그저 천국에 대한 이야기만 했다. 이 다음에 천국에서 만나자고……. 그때만 해도 천국에 대한 그리움과 궁금증이 참 많았다. 지금에 와선 그래도 많이 균형이 잡힌 편이지만 한때는 살아 있는 것보다 죽어서 천국 가는 게 더 낫겠다고 생각했었다. 은혜 받고 한 일 년은 그랬던 것 같다. (지금 와서 생각해 보면 믿음에는 절제와 균형이 참 중요한 것 같다. 만일 목사가 매주마다 천국 설교만 한다면 모두 이상하게 보지 않겠는가.)

성애원에 있는 아이들을 보고 있노라면 마음에 가식이 사라진다. 그리고 감사하게도 많은 아이들이 내게 비교적 점수를 좀 잘 준 것 같았다. 사실 그곳에 와서 봉사하는 집사님들에 비하면 나는 하는 일이 거의 없는 것이나 다름없었다. 15년째 묵묵히 그들의 치아 건강과 그들의 진로를 지도해 주고 계신 치과 원장선생님, 천사라는 호칭과 함께 10년째 늘 빵을 직접 만들어 주시는 집사님, 또 아무런 조건 없이 빛도 그림자도 없이 봉사하시는, 집사 직분도 아니신 일반 성도님들. 그분들 앞에 서면 성직자라는 명칭을 단 내 머리가 그저 숙여질 뿐이다.

그곳에 있는 아이들도 사람 구별하는 데는 일가견이 생겼다. 크리스마스 절기 때 와서 라면 박스와 함께 사진 찍고 가는, 1년에 한 번 혹은 3년에 한 번 오시는 분들은 아이들에게 있어서 빵집사님이나 치과 원장님과는 확연히 다른 사람이다. 아이들은 그간의 경험을 통해 스스로 이런 분들을 먼저 구별하고 대우를 달리해 준다. 안타깝게도 때로는 아이들이 알아서 때마다 한 번씩 사진 찍고 가는, (무슨 단체에선가 오시는) 분들의 기분을 맞추어 주기도 한다. 생각보다 굉장히 똑똑한 아이들이 많다. 어린 나이에 벌써 '내가 이렇게 해야 저 어른이 좋아하겠구나' 하는 생각을 하는 것을 보면 마음이 아파진다.

내가 처음 갔을 때 내 손을 잡고 안 놓던 '은수'라는 아이가 생각난다. 은수는 그때 초등학교 4학년이었으니 지금은 고등학생이 되었을 것이다. 또 나만 보면 아빠라고 부르던 막내 '슬기'도 생각난다. '한국적 미녀'인 슬기는 언젠가 다시 한 번 꼭 보고 싶은 그런 아이로 내 머릿속에 자리하고 있다. 그 외에도 같이 공부하고 노래하던 성훈이, 기현이, 영미, 태훈이, 수현이, 재형이, 태룡이, 세라, 윤희, 지선이, 승은이, 태범이, 장균이, 임복이, 춘미, 평화, 종훈이…… 모두가 다 내 아들딸이다.

어느 날부터 난 그곳의 아빠 역할을 하기로 했다. 원장님이 여성분이시기에 원장님의 부탁을 받고는 별다른 생각 없이 그저 순종하는 마음으로 시작했던 일이기도 하다. 그런데 이렇게 머나먼 타국에 떨어져 있으니 참으로 끊임없이 미안한 생각만 든다. 내가 어디서 집회를 하든 콘서트를 하든 간에 우리 애들은 늘 일찍부터 나와서 그 좌석의 4-50석은 차지하곤 했으며, 난 그 아이들을 보며 더 힘 있게 노래하고 주님을 전했다. 내게 한국에 갈 기회가 생기면 부모형제 다음으로 그곳의 아이들을 꼭 다시 보고 싶다.

그러나 한국 가는 것도 내 의지로 가고 싶지 않다. 살아 계신 주님이 보내 주실 때 가고 싶다. 난 이제 본능적인 나의 생활, 즉 밥 먹고 화장실 가는 외에 모든 일을 주님께 상의하고 싶고, 그렇게 하고 있다. 나의 목표는 주님과 가까워지는 것이기 때문이다. 주님과 가까워질수록 나의 목회 스타일은 다른 분들과 좀 달라지곤 한다. 내 주위에는 늘 육신의 부모가 없는 주님의 아들딸, 장애인들, 몸을 도구 삼았던 여인들, 이제 곧 타의에 의해 천국 갈 형편에 처해 있는 형무소의 형제들이 있었다. 주님께서는 나를 이런 사람의 친구가 되라고 인도하시는 것 같다. 내가 할 줄 아는 것은 아무것도 없다. 그저 조금 더 기도하고 조금 더 말씀 보고 조금 더 주님 말씀대로 살려고 하는 것 외에는.

신대원 졸업여행 때 전남 소록도에 다녀왔다. 전남 고흥에 머물면서 일정 중에 소록도에 갈 날이 하루 정해져 있었기 때문이었다. 그런데 내겐 소록도에 간 사실보다 주님의 제자들 십여 명과 함께 3박 4일 동안 이야기를 나누며 지냈다는 자체가 평생 잊지 못할 추억이 되었다. 다들 어떻게나 그렇게 은혜가 넘치는지…… 엑츠 대학원에 오시는 형제들은 선교사 지망생이 비교적 많다. 거창한 목회를 꿈꾸는 친구들은 거의 없다. 그래서 우리는 함께 모이면 행복했고 마치 다른 세계에 머무는 듯한 느낌이 들었다. 분명히 전남 고흥의 조그만 마을에서 지내다 왔을 뿐인데 그곳에서 나는 하나님의 존재를 강하게 느낄 수 있었다. 정말 행복한 여행이었다. 언젠가 예전 술 마시던 시절에 어떤 어른이 하신 이야기가 기억난다. "여행은 어디로 가나가 중요한 게 아니라 누구랑 가나가 중요하다"고. 인생을 오래 사신 분들은 종교의 같고 다름을 떠나 만인의 진리(Universal Truth) 같은 말씀을 하실 때가 종종 있다.

성애원에 갈 때마다 느끼는 것은, 그곳에 있는 아이들의 미래는 바로 그곳에서 사역하시는 선생님들, 총무님, 그리고 원장님의 영향에 따라 매우 달라지겠구나 하는 것이다. 내가 지금 섬기고 있는 장애인 공동체 파티시페이션 하우스에서도 그들의 마음에 많은 영향을 주는 분들은 바로 그곳에서 사역하시는 (간호사님들 혹은 스태프라고 불리는) 간사님들이다.

육신의 부모가 없는 어린이들이나 장애인들은 선택의 여지가 없다. 언제든지 그들은 자신에게 이미 선택되어 있는 것에 복종할 수밖에 없다. 그렇기에 선생님들이 그들을 위해 어떤 선택을 하느냐가 무척 중요하다. 그 분들의 선택이 곧바로 어린아이들을 살릴 수도 있고 힘들게 할 수도 있기 때문이다. 그래서 난 그런 시설들을 방문하려는 분들이 있으면 늘 그곳에서 일하시는 사역자들에게 잊지 말고 꼭 고마움과 사랑을 전해야 한다고 당부한다. 시설 아동이나 장애인들에게 관련된 대부분의 선택과 인도가 그분들의 결정에 달려 있기 때문이다.

앞에서도 말했듯이 서울서 이곳에 오기 전, 마지막으로 했던 '2002 삶 콘서트'에서 난 가수로서 세상노래도 부르고 찬양곡도 불렀다. 그리고 주님이 내게 하신 일을 낱낱이 고했다. 콘서트장을 가득 메운 사람들 중에는 성애원 아이들도 있었고, 어느 장애인 단체에서 오신 장애인들, 새빛맹인교회 성도님들, 그리고 어느 특수사역 선교사님이 모시고 온 특별한 분들도 있었다. 나는 공연 내내 하나님께서 나를 어떻게 사용하고 계신지 느꼈고 또 앞으로 어떻게 사용하실지에 대해서도 확인할 수 있었다.

가끔은 목사로 전도하는 것보다 가수로 선교하는 게 훨씬 부드럽고 자연스러울 때도 많다. '목회자'에 대한 사람들의 시각이 긍정적이기도 하지만 또 한편 부정적인 면도 만만치 않은 데 비해 '유명 가수'를 특별히 멀리하고 싶어 하는 사람은 별로 없기 때문이다. 내가 목사 된 것을 아직 모르고 계시는 분들도 많다. 그래서 때론 인간 조하문으로 거침없이 전도할 때도 있다.

성애원은 나에게 사랑과 섬김이 무엇인지 가르쳐 주었다. 그것을 내게 가르쳐 준 사람은 바로 그곳의 어린아이들이었다. 난 그곳을 통해, 또 그들을 통해 많은 눈물과 함께 새로운 세계를 보았다. 내가 지금 몸은 비록 캐나다에 있지만 성애원 아이들 생각은 늘 많이 한다. 하나님이 언제 또 무슨 일을 하실지는 전혀 모르겠지만, 나를 새롭게 빚으신 데에는 그분만의 특별한 계획이 있으시리라 생각한다. 그분은 내가 한국의 여느 교회에서와 같은 일반적인 목사로 목회하기를 원하지 않으실지도 모른다. 지금껏 나에게 여러 가지 여유를 계속 허락하신 이유도 그것과 관계없지 않을 것이다. 내게 있는 그 어느 것도, 가정·물질·자존심·건강·목숨까지도 주님의 것이라고 배웠다. 그리고 내게 맡겨진 아이들과 모든 상황은 바로 주님이 주신 상황이요, 주님이 원하시는 일이라는 것, 또 주님의 특별한 일을 하기 위해 거대한 조직이나 계획을 ‘내가’ 세울 필요는 없다는 것을 점점 확신하게 된다.

그분을 깊이 만나면 만날수록 말수가 줄어든다. 감정의 변화도 별로 없다. 늘 그만그만하다. 그분만이 주실 수 있는 조용함과 평안함, 그것이 주님의 임재라고 난 그분께 속삭이곤 한다. 그래서 난 그분이 필요하고, 그분이 시키시는 일을 한다. 그 일이 무슨 일이 될지는 전혀 모르지만 그분을 만나면 조용한 아름다움이 내게 찾아온다. 그것은 마치 아침 햇살 같은 고요함과 함께 나도 모르게 가슴에 스며드는 순전함, 바로 그것이다.

“실로 내가 내 심령으로 고요하고 평온케 하기를 젖 뗀 아이가 그 어미 품에 있음 같게 하였나니 내 중심이 젖 뗀 아이와 같도다”(시 131:2).

새빛맹인교회

언제부턴가 천지를 만드신 그분의 인도를 받으며 하루하루 살게 된 것은 내가 백 가지를 끊고 백 가지를 새로 시작한 것보다 훨씬 더 엄청난 사건이 아닐 수 없다. 신대원 졸업 후 몇 군데서 교역자로 일하게 되었지만 이상하게도 모두 나의 상황과는 잘 맞지 않아서 캐나다 가기 1년 전부터 새로운 사역지를 놓고 기도하게 되었다. 그러던 중 어느 날 우리 아파트 우편함에서 우편물 봉투를 발견했다. 그 봉투 속에는 다른 아무것도 없이 '새빛맹인교회' 주보만이 덜렁 들어 있었다.

한 달 전에 나는 우연히 새빛맹인교회 담임이신 안요한 목사님으로부터 연락을 받게 되어 한 번 인사드리러 간 적이 있었다. 그것이 그분과의 첫 만남이었다. 그런데 한 달 뒤에 그 교회의 주보를 받게 된 것이다. 때마침 그날은 토요일이었다. 그래서 다음 날 나는 곧 그 주보에 적힌 주소로 찾아가 주일예배를 드렸다. 그때부터 나와 장애인들과의 새로운 인연이 시작되었다.

새빛맹인교회는 막상 가 보니 상상 외로 매우 낡고 허름하였다. 그러나 무언가 확연히 다른 곳이라고 느껴졌다. 난 맨 뒷줄에 앉아 예배를 드렸는데 예배를 마칠 즈음에는 일어나 인사도 하게 되었다. 그러면서 자연히 그곳에서 매주일 예배를 드리게 되었다. 그러다가 9월 첫째 주에는 처음으로 설교 부탁도 받게 되어 다른 목사님들과 함께 돌아가면서 약 3주에 한 번 꼴로 설교하게 되었다. 그곳에 계신 목사님들은 모두 자원봉사로 섬기는 분들이셨다. 나는 그 분들의 섬기는 모습을 보고 그동안 받아먹기만 하던 습관에서 벗어나 섬기는 것을 배우게 되었다. 그곳에는 물론 시각장애인 분들이 대다수지만 그렇지 않은 분들도 꽤 있었다. 그분들이 시각장애인 분들의 '눈'이 되어 주시는 것을 매주 보다 보니 내 마음에는 의문과 해답이 절로 일어났다. 그런 광경은 난생 처음 보는 것이었기에 그에 대해 깊이 묵상할 기회를 갖게 된 것이었다. 우린 왜 보며, 무엇을 보며, 어떻게 보는지 그 결과는 무엇인지에 대해 난생 처음으로 깊은 생각에 빠지게 된 것이다.

하루는 교회에서 시각장애인 성도님들을 바라보다가, 그들도 지금 물론 자신이 어디 있다는 것은 느끼겠지만 이렇게 보는 것처럼 확실히 느끼실까 하는 생각이 문득 들었다. 언젠가 안요한 목사님과 점심 식사를 같이 한 적이 있는데, 그때 목사님이 식사 후에 차가 쌩쌩 달리는 도로 바로 옆에서 사모님을 찾고 계신 것을 보고는 내가 놀라서 그분 곁에 가까이 다가가 모셔다 드렸던 적이 있다.

그때 나는 그분들이 장소에 대해 느낄 수는 있지만 낯선 곳에 처음 간다면 매우 힘들어 하신다는 것을 알게 되었다. 그날 이후로 난 집에 오면 가끔 30분에서 1시간가량씩 눈을 감고 다녔다. 처음 10분은 매우 답답했다. 그리고 10분이 더 지나자 두려움이 느껴졌다. 그러나 그 이상이 되자 전혀 방향을 느낄 수가 없었다. 그런데 뜻밖에도 그런 상황이 되자, 포기하는 마음과 함께 겸손해지고 은혜로워지는 것을 느낄 수 있었다. 아! 그래서 주님은 우리에게 "본 고로", 즉 보기 때문에 죄가 있다고 하셨나 보다. "너희가 소경 되었더면 죄가 없으려니와 본다고 하니 너희 죄가 그저 있느니라"(요 9:41).

눈을 감고 다니는 훈련은 나에게 많은 것을 가르쳐 주었다. 막상 눈을 감고 다녀보니 눈을 감아 보기 이전에 나의 연약함과 어려움이라고 생각했던 많은 것들이 얼마나 사치스러운 것에 불과했는지 알게 되었다. 바꾸어 말하면 불평과 불만은 '보기 때문에' 많은 것이었다. 또한 '보기 때문에' 두려움이 엄습하곤 하는 것이다.

우리는 본 것을 백 퍼센트 믿는다. 그러나 조금만 더 생각해 보면 우리가 보는 것을 백 퍼센트 믿을 수 없다는 것은 분명하다. 잘못 볼 수 있는 확률이 꽤 높다. 그러나 눈을 감고 기도하면 마음으로 예수님을 만나게 되고, 그분을 보게 된다. 어느 순간부터 난 보는 것으로부터 좀 자유로워지기 시작했다. 그것은 순전히 시각장애인 분들의 사랑 덕분이었다. 보는 사람들은 무슨 불평이 그리도 많은지. 보지 못하는 형제자매님들은 오히려 더 웃으면서 사랑을 하는데…… . 새빛맹인교회에 다녔던 그 일 년 내내 나는 깊은 회개와 배움의 시간을 가질 수 있었다. 보지 못하는 분들에게서 마음의 평화 찾는 법을 배운 것이다. 그 후에 나는 거기서 배운 것을 비행기에 탑승할 때 몇 번 시도해 보았는데, 결과는 아주 만족스러웠다.

그때만 해도 여전히 나에게는 옛사람의 모습에서 아직 지워지지 않은 흔적들이 많이 있었다. 예를 들면 좀 튀어 보려는 것, 내 뜻대로 하려는 것, 하기 싫은 것은 하지 않으려고 자꾸 발을 빼는 습관들이다. 그리고 그것들의 부작용 중 하나는 비행기 탈 때의 불편함이었다. 비행기 공포증은 사실 주님이 내게 주신 놀라운 은혜 중의 하나이다. 비행기에 대한 이 불편함은 주님과의 만남과 거의 동시에 이루어진 것이다. 다시 말해서 새사람이 되면서 얻어진 것이지 이전에는 전혀 없었던 증상이다. 난 그것을 주신 하나님께 감사드린다. 만일 내게 그것이 없었다면 은혜 받고 난 후 목사까지 되어서, 전 세계를 돌아다니며 얼마나 많은 집회를 하고 교만해졌겠는가.

하나님 만나고 나서 치유되었던 나의 오랜 병들도 어떤 면에서는 목사가 되고 나서도 진행형이다. 지금도 조금 삐딱하게 걸으면 갑자기 배탈이나 복통이 일어나고, 혹은 허리가 다시 옛날처럼 되어 일주일 이상 고생한다. 그리고 하나님께 순종하지 않으면 또 여러 가지 예전 병들이 도진다. 아! 나는 주님의 말씀을 들을 수밖에 없다.

가끔 설교 예화로 목사님들이 말씀하시는 일본의 미우라 아야코 같은 분 정도는 아니겠지만 분명 내가 극도로 건강하고 문제가 없는 사람이라면 난 분명 제대로 된 목회자가 되지 못했을 것이다. 이것 또한 얼마나 은혜인가. 조금만 엉뚱한 길로 접어들면 사랑의 주님은 내게 고통과 병, 괴로움 등을 주신다. 그리고 나는 그것 때문에 지금껏 엉뚱한 길로 가지 않고 주님과 동행할 수 있었던 것 같다. 너무 건강하고 만사형통하면 보통 타락한다. 나의 경우는 적어도 그랬다. 그래서 나는 나를 끊임없이 주님의 사람으로 이끌어 주는 내 연약함에 감사한다.

원양어선에서 잡은 고기를 도착지까지 계속 싱싱하게 살려서 운반하려면 그것들이 있는 어항 혹은 상자 속에 그 물고기의 천적이 되는 물고기 한 마리를 넣어 두어야 한다고 들은 적이 있다. 그렇게 하면 그 물고기들이 살려고 발버둥을 치다가 항구에 도착하기 때문에 도착지까지 살아 있게 할 수 있다는 것이다. 나에게 있는 이 병이라는 오랜 가시들, 그것도 두세 개. 어느 선교 단체에 있는 형제에게 이 이야기를 했더니 "야 너는 정말 좋겠다. 하나님이 그렇게 가까이 계시니 말야" 한다. 그렇지만 그 병의 고통과 함께해 온 긴 날들을 생각하면 또 한편으로 옛날에 남자들끼리 농담 반 진담 반으로 하던 이야기가 생각난다. '아빠 되긴 쉬워도 아빠답긴 힘들다.' 그렇다, '목사 되긴 쉬워도 목사답긴 힘들다.'

새빛맹인교회 성도님들은 중도 실명자가 대부분이다. 나중에 안 이야기지만 중도 실명자 분과 선천성 실명자 분과는 서로 상이한 점이 많아서 종종 대화가 잘 안 된다고 한다. 그래서 이곳은 유독 중도에 실명하신 분들의 모임이라고나 할까? 그렇다면 그분들은 한 5년 전, 3년 전 혹은 10년 전만 해도 지금의 나처럼 운전까지 하던 분들일 것이다. 그런 생각을 하면 나는 다시 한 번 하나님을 바라보지 않을 수 없다.

이 교회를 개척하시고 담임하시는 안요한 목사님은 다 아시다시피 이청준 씨의 소설 《낮은 데로 임하소서》의 실제 주인공이다. 너무 잘 알려진 분이라 따로 더 설명을 할 필요는 없을 것 같다. 그러나 그분의 이야기 중에 함께 나누고 싶은 것이 있다. 어느 날 우연히 점심 식사를 하다가 나온 이야기이다.

지금으로부터 한 10여 년 전, 안요한 목사님이 독일에서 집회를 하시다가 그곳에서 안과전문의 부부를 만나게 되셨다. 그 내외분은 목사님을 집으로 초대하셨고, 안과전문의인 만큼 눈에 대한 이야기를 한참 나누다가 그 의사 분이 내일 병원에서 한 번

뵙자고 해서 간 적이 있으셨다고 한다. 그 의사는 병원에서 목사님 눈을 한참 진료하시더니 개안수술을 하시면 그때 의료 기술로 시력을 다시 찾으실 확률이 99퍼센트 이상이라며 개안 수술을 권하셨다.

그런데 목사님은 숙소로 돌아와 그 수술에 대해 기도하며 생각하던 중에 이런 결론을 내리게 되셨다. 즉, 내가 볼 수 있을 때 허랑방탕하게 살다가 시력 잃고 예수님을 만나 마음의 눈으로 보며 지금 새 생명을 살고 있는데 이제 눈을 다시 뜨면 또다시 범죄할까 두렵고, 다시 예전 같은 불성실한 마음이 떠오를 것 같아서 싫고, 또한 이 시각장애를 통하여 만난 하나님을 전 세계에 다니며 전파했는데 내가 눈을 뜨면 그때그때 은혜 받으신 분들은 어떡하냐고. 그래서 다시 의사 분을 만나셔서는 그 제안을 일언지하에 거절하셨다고 한다. 그 말을 듣고 난 할 말을 잃었다.

마치 성경 속 인물들에게서나 보는 이야기 같았다. 빌립보서 1장 21절에서 24절에는 "이는 내게 사는 것이 그리스도니 죽는 것도 유익함이니라 그러나 만일 육신으로 사는 이것이 내 일의 열매일찐대 무엇을 가릴는지 나는 알지 못하노라 내가 그 두 사이에 끼었으니 떠나서 그리스도와 함께 있을 욕망을 가진 이것이 더욱 좋으나 그러나 내가 육신에 거하는 것이 너희를 위하여 더 유익하니라"라고 되어 있다. 이 말씀은 사도 바울께서 자기 일신을 위해서는 지금 당장 천국에 가는 게 좋지만 복음 전파를 위하여는 더 살아야만 한다고 고백한, 정말 뜨거운 신앙고백이 아닐 수 없다.

이 고백과 너무도 비슷한 안 목사님의 이야기에 나는 고개가 절로 숙여졌다. "눈을 뜨는 것이 내게는 유익하겠지만 그리스도와 복음을 위해서 계속 감고 있겠노라"라는, 정말 살아 있는 신앙을 체험하는 순간이었다.

화평

　　마태복음에 나오는 산상수훈에 화평케 하는 자는 하나님의 아들이라 일컬음을 받을 것이라고 되어 있다. 화평케 하는 것은 그만큼 힘들다. 평화를 싫어하는 사람이 어디 있겠는가. 누구든지 평화를 사랑한다. 그러나 정작 자신이 관련되는 실제 상황에서는 굳이 자기 자신이 그 평화를 만들어 내는 사람이 되길 원하지 않는다. 평화를 만들기 위해서는 수많은 고통이 따르기 때문에 나는 늘 남이 만들어 주는 평화에 안주하며 그 평화를 그저 누리기만을 원했었다.

　　그러나 은혜 받은 이후로는 평화를 만드는 일이 나의 몫이 되는 것에 늘 즐거운 부담을 느낀다. 얼마 전 집회차 외국에 다녀온 적이 있었다. 그곳에서 오랜 친구를 만났는데 그는 그리스도인이 된 지 30년이나 된 친구였다. 그러니까 내가 불교 신자일 때 그는 교회에서 청년부로 고등부로, 대학부로 열심히 신앙생활했던 친구이다. 그런데 난 그때 그를 만나고 나서 가슴이 참 답답하고 슬펐다.

　　그의 삶은 다른 종교인이나 무신론자보다도 더욱더 개인적이었고, 진정한 섬김이라고는 찾아볼 수 없었다. 하나님의 말씀을 깊이 체험하지 못했기에 용서와 사랑의 실천 자체를 모르고 있는 그의 모습은 무척 안타까웠다. 다른 사람에게 줄 영향에 대해 생각할 때는 그가 '그리스도인'이라는 것이 오히려 약간 걱정될 지경이었다. 그리스도인은 살아 계신 그분 말씀에 순종해 나날이 내 자아가 깨어지는 삶을 살아야 함을 다시 한 번 깊이 느낀다. 그럴 때에야 비로소 우리는 화평을 주는 자들이 될 수 있는 것 같다.

사랑

　　이전엔 사랑이 그냥 남녀 간에 서로 좋아하는 감정인 줄만 알았다. 이미 앞에서 다룬 바와 같이 이기적인 사랑, 말초적인 신경자극 사랑밖에 모르던 내게 하나님은 그분의 사랑을 가르쳐 주셨다. 그것은 내가 죽는 것이었다. 매사에 내가 죽으면 모든 일이 순조롭다. 반면 아는 체하고 떠들면 모든 게 복잡해진다. 주를 더 깊이 알수록 말수가 줄어든다.

희락

　　그저 술에 취해야 기뻤고 돈을, 수표를 많이 가져야 기뻤다. 내가 손해 보는 기쁨, 지는 기쁨, 바보가 되는 기쁨, 봉사하는 기쁨…… 등을 전혀 몰랐다. 그래서 금방 기뻐하다가도 갑자기 화를 내는 변덕스러운 사람이었다. 그런데 이젠 늘 비슷한 수위의 웃음과 적당한 강도의 기쁨을 유지하는 사람이 되었다. 그야말로 늘 불안정하게 끓던 냄비가 바위가 된 것이다. 이것은 인간의 힘으로는 절대 불가능하다. 은혜 받았다고 하루아침에 되는 것도 아니다. 시간이 필요하다. 그래서 성경에 "새로 입교한 자도 말찌니"(딤전 3:6)라는 말이 있는 것 같다. 오랜 기간의 훈련을 거쳐 얻어지는 기쁨이야말로 참기쁨이라 할 수 있다.

오래참음

　　오래참음 없이는 예수님과 어떤 관계도 가질 수 없다. 그냥 참는 게 아니라 '오래' 참는 것이다. 끝이 없는 것, '오래'라는 말은 어느 정도의 기간을 말하는 게 아니므로 다시 생각해 봐야 하는 대목이다. 이것 없이 무슨 사랑이 있겠으며 무슨 용서가 가능하겠는가. 난 원래 참는 자질이 부족했다. 주님 만나고 나서야 처음으로 참는 것이 미덕이라는 것을 깨달았지, 이전에는 안 참는 것이 사내다운 성격이라고 완전히 잘못 이해하고 있었다. 그런데 요새는 오래 참음이 내 삶에 많은 이유를 던지곤 한다.

자비

　　과거의 나는 이 단어를 많이 생각해 본 적이 없었다. 파리 한 마리를 죽여도 아주 잔인하게 죽였다. 자비라는 단어는 머나먼 타국 종교에서나 나오는 것으로 생각했지, 인간이 해야 할 덕목이라고는 생각지 않았다. 그러나 주님을 알고 난 후 예수님의 자비로우심으로 인해 처음으로 자비를 배웠다. 잘 안 될 때도 있지만 계속해 보니 자비를 베푸는 것도 이전보다는 잘 되는 편이다. 모든 게―자비도―연습과 훈련이 필요하다는 것을 깨닫는다.

양선

　　나는 남을 돕거나 좋은 일을 할 필요성을 느끼지 못했다. 내가 가진 것들은 내가 쓰기도 바빴다. 그런데 '그날' 이후 눈물이 잦아지면서, 내 것을 나누는 법을 배웠다. 심지어 너무 나누려다가 주변 사람에게 피해를 준 적도 있다. 그렇지만 나눌수록 좋다. 은혜도, 사랑도, 물질도…… 개신교 신자들이 매우 인색한 부분이 바로 이 점이 아닌가 싶다. 너무 믿음만 강조한 나머지 행위는 뒷전으로 밀려나고 있는 것은 아닌지. 그렇지만 사실, 아름다운 행동은 진정한 믿음에서 나오는 것을 많이 본다.

충성

　누구에게도 충성해 본 적이 없었다. 그 누구도 나에게 평안을 주겠다
고 한 적이 없었다. 그런데 내게 평안이 필요할 때 그것을 주셨던 그분(예
수님)을 난 평생 잊지 못할 것이다. 그래서 그 이후 나는 매우 '충성적'으
로 변했다. 내 성격 자체가 원래 뭘 자꾸 바꾸는 것을 좋아하지 않는다.
한번 하기로 하면 끝까지 가는 거다. 사랑도, 친구도, 진리도, 가정도. 그
런데 하물며 나의 모든 것이신 주님이야 더 말할 필요가 없지 않은가.

온유

　록 싱어였고 작곡자 겸 베이스 연주자였으니 이 단어와는 거리가 있
었다. 그리고 온유한 사람은 조금 '여자 같은' 사람이라고 단정지었다.
매사에 '쿠울' 하게 사는 것이 남성적이라고 생각했다. 그런데 주님은 날
바꾸셨다. 목소리까지도 부드럽게, 모든 면에서 부드럽게 하셨다. 그러
나 주님을 욕되게 하는 자리에선 매우 담대해진다. 처음에 난 온유라는
말뜻과 그런 나의 성품은 전혀 관계가 없는 줄 알았다. 그런데 성경에
서 말하는 온유한 자란, 주 앞에서 당당한 자라는 것을 깨닫고 난 뒤에
는 그것이 단순한 부드러움과는 의미가 다르다는 것을 알게 되었다.

절제

　처음 은혜 받았을 때는 절제가 무엇인지 깨닫지 못했다. 그런데 어느 날 다른 분의 입을 통해 주님이 가르쳐 주셨다. 나쁜 것을 절제하는 것은 쉽다. 그러나 나에게 기쁨을 주는 충만함까지도 절제해야 한다는 것이 처음엔 잘 이해가 가지 않았다. 절제 없는 웃음, 절제 없는 기쁨, 절제 없는 축복, 절제 없는 구제·사랑·선교 등 절제가 없는 곳에선 사고가 난다. 좋은 것이었다 하더라도 너무 지나치다 보면 이상하게 되어 텔레비전 뉴스에 웃음거리로 나오기도 한다. 절제가 늘 함께하는 잔잔한 믿음은 얼마나 아름다운가. 소리 질러 기도하다가도 기도가 끝나면 금방 화를 내곤 하는 절제 없는 믿음이라면?

　절제는 우리 마음에 꼭 필요한 덕목이다. 슬픔도, 연민도, 자랑도, 이것도, 저것도 절제 안에서 진정으로 아름다워지는 것을 본다.

겸손

그리스도 예수를 영접하면서 경험하게 되는 여러 가지 변화들 중에서 가장 어려운 것 하나를 꼽으라면 겸손이 아닐까 싶다. 많은 신자들이 겸손하지 못해서 시험에 빠지거나 어려움을 겪는 것을 본다. 목사인 나 역시 겸손한 마음을 갖지 못할 때 많은 어려움과 힘듦에 처하곤 한다. 그러나 이 겸손 역시 은혜가 아니면 할 수 없음을 고백한다.

저번에 LA에서 집회를 했는데 마침 카페에서 이틀, 교회에서 하루 했었다. 참으로 신기하게도 교회에서 할 때는 교회 다니는 분들만 오셨고 카페에서 했을 때는 교회 다니시는 분이 거의 없으셨다. 카페에서는 뒤에서 술과 담배를 하시는 분들도 계셨지만 난 그들도 주님이 보내 주신 귀한 백성으로 여겨져서, 그곳에서도 겸손하게 복음을 잘 전할 수 있었다.

지금 와서 생각해 보면 하나님을 만나는 것이 얼마나 큰 은혜인지 모르겠다. 바다를 만드시고 온 우주를 만드신 그 신이 나의 아버지 하나님이신데 무엇이 걱정이겠는가.

우리 주위에는 종교도 많고, 또 그 종교마다 지도자들이 있다. 그들 역시 자신이 좀 괜찮은 사람이라고 생각하면서부터 보통 이상한 길을 걷게 된다. 내가 좀 특별하다는 생각은 그리스도인으로서는 더욱이나 위험한 생각이 아닌가 싶다. '겸손'은 우리 그리스도인이 특히나 더 가져야 할 마음이라고 생각한다. 주 안에서의 '겸손함'은 복음을 전하는 데 가장 좋은 통로가 된다. 그 '겸손'을 위해 갖추어야 할 정신 중 하나가 바로 담대해지는 것이다. 이것은 곧, '질 수 있는 담대함, 용서 할 수 있는, 그리고 참을 수 있는' 담대함을 말한다.

2막 2장 터²

캐나다

나는 원래 이민을 생각해 본 적이 없다. 30대 초반에 한 번 미국 뉴욕에 거주하며 음악적 야망을 펼쳐 보려던 시도를 잠시 해 본 것 외에 이곳에 오기 전까지 나는 여행을 제외하곤 다른 곳에서 살거나 오래 체류해 본 적이 없었다. 그만큼 나는 한국을 좋아하고 또 웬만해선 자리 이동하는 것을 싫어하는 부류의 사람이었다. 그런데 하나님의 부르심을 받고, 외국으로 가야 되는 상황이 되자 그것이 나에게는 너무나 큰 시련이었다. 더욱이 그동안 한국에서 자리 잡은 여러 가지 터전이 송두리째 뽑히는 느낌 때문에 매우 힘이 들었다. 그런 느낌을 받으면서 난 이민을 가야 한다는 사실과 싸우기 시작했다. 주님 말씀이고 뭐고 너무 가기가 싫고 두려워서 이민 인터뷰를 거부할 정도였다.

그러나 나는 하나님의 뜻이라면 결국 이루어진다는 것을 알고 있었으므로 두 번째, 즉 3년 뒤에 다시 인터뷰를 하게 되었을 때는 두려운 마음으로 응해야 했으며 결국 이곳까지 오게 된 것이다. 즉, 나는 미루고 또 미뤘지만 6년 동안이나 지속된 하나님의 작업으로 인해 '결국은' 오게 된 것이다.

미국이나 호주에는 친지나 지인들이 꽤 있어도 캐나다에는 단 한 명도 없었다. 그리고 한 십여 년 전 이곳에 선교 콘서트차 한 번 와 보았을 때도 난 그저 따분할 정도로 조용한 나라라는 인상만 받았을 뿐이었다. 그런 기억 또한 나를 무척 혼란스럽게 했다. 그러나 나는 이제 주님의 음성에 마지막까지 순종하지 않으면 안 되는 몸이라는 것을 알기에 결국 비행기에 몸을 실을 수밖에 없었고, 그분의 약속은 이루어졌다. (6년 동안 들은 주님의 음성, 즉 캐나다로 가라는 주님의 음성은 이 책에 쓰기엔 너무 개인적이고 때론 이해하기 힘든 부분도 있기에 싣지 않기로 하겠다.) 그래서 어쨌거나 오랜 우여곡절 끝에 난 2003년 3월 12일, 한국을 떠났고 이곳 캐나다로 왔다.

하나님이 아니었다면 아마도 난 그런 식으로 쉽게 한국을 포기할 수 없었을 것이다. 그러나 주 안에 있다 보면 때론 매우 담대해진다. 그때도 이미 많은 것들을 포기했기에 담대해질 수밖에 없었다. 모든 것, 내 주위에 있는 모든 것을 주님께 맡긴다는 것이 사실 쉬운 일은 아니었다. 그러나 하나님께서는 내게 그렇게 하도록 시키셨고, 나의 인간적인 명예 · 자존심 · 물질 · 건강 · 생명마저도 온전히 맡기길 원하신다는 것을 깨달을수록 나는 담대해져 갔다. 한편으로 내 안의 여러 가지 마음의 병이 치유되어 감도 느꼈다. 더 많이 내려놓을수록 더 마음이 편해졌고, 그것이 잘 안될 때는 "내려놓을 수 있게 해 주세요"라고 매번 기도하면서 비로소 하나씩 내려놓을 수 있었다. 이런 과정을 통해서 나의 욕망은 점점 하나님 안의 소망으로 바뀌어 가고 있었다.

처음 이곳에 왔을 때는 아는 사람도 하나 없고 오란 곳도 없고 갈 수 있는 곳도 없었다. 덕분에 그 처음 얼마간은 이곳에서 매우 특별한 시간을 보내게 되었다. 갈 곳도 아는 사람도 없으니 나는 그저 기도하고 성경 읽는 것 외엔 달리 할 것도 없었다. 당시 캐나다에 내가 아는 사람이 그렇게도 없었다는 것이 사실 쉬운 일은 아니었을 텐데 왠지 그땐 그렇게 되어 있었다. 당시에 우리가 아는 사람이라고는 그저 큰애 유학 문제로 아내가 한두 번 정도 만난 교민 몇 분이 전부였다.

이곳 캐나다는 조용한 곳이다. 비록 대도시 토론토라고 해도 미국 뉴욕이나 LA와는 다르게 다운타운만 빼면 전체적으로 주거도시라는 느낌이 들지, 이곳에서 사업을 크게 해서 뭔가 한번 해보겠다는 생각을 갖게 될 만한 곳은 아니다. 그래서 사람들이 보통 여유롭다. 물질적으로는 조금 풍족하지 못하다고 해도 캐나다는 정말 광야 같았고 하늘은 더욱 파랗게 느껴졌다.

2003년 10월경, 아랍권에 있는 나라 두바이를 다녀온 적이 있다. 그곳에서 집회가 끝나고 사막을 구경하러 나간 적이 있었다. 난생 처음 사막 한가운데 서 보았던 그때, 느낀 게 있다. 사막에선 왜 그리도 하늘이 가까이 보이는지…… 바로 손에 잡힐 것 같이…… 낮게 느껴졌다. 그리고 밑에는 온통 모래뿐이었다. 그곳에서 할 수 있는 것이라고는 하늘을 바라보는 일 외엔 아무것도 없었다. 나는 다윗, 모세, 사도 바울 모두가 왜 하필 광야에서 훈련을 받았는지 그 이유를 그때 비로소 피부로 느낄 수 있었다.

두바이는 이곳 캐나다에서 여덟 시간씩 두 번 비행기를 타야 갈 수 있다. 즉, 열여섯 시간 비행에 중간 기착지에서 기다리는 시간을 포함하면 적어도 약 20시간은 족히 걸리는 거리에 있는 것이다. 그리고 나는 비행기 타기를 무척 힘들어 하는 사람이다. 그래서 나는 처음 그곳에서 집회 요청이 들어왔을 때 너무도 당연하게 '이건 불가능한 일이다'라고 생각했다. 그래서 기도해 보고 결정하겠다는 말씀만 드려 놓고는 사실 별로 기도도 하지 않았다.

그런 상태로 시간이 흘렀다. 그런데 내 생각에 전혀 불가능하다고 생각했었던 두바이 집회 역시 주님의 간섭하심을 깊이 느끼면서 가능하게 되었다.

어느 집사님으로부터 들은 이야기가 있어서 나는 6월까지는 캐나다 밖으로 나가지 않겠다고 다짐하고 있던 상태였다. 집사님이 해 주신 이야기인즉, 외국에 자주 다니다 보면 본의 아니게 영주권 카드가 늦게 나올 수 있으므로 영주권 카드가 나오기 전까지는 웬만하면 외국에 나가지 않는 것이 좋다는 것이었다. 그래서 나는 영주권 카드가 나온다는 3개월 뒤, 즉 6월까지의 기간을 고려하여 모든 집회 일정을 7월 말 이후로 무리하게 미룬 상태였다.

그런데 참으로 신기하게도 먼저 이민 왔던 분들을 비롯하여 모두가 캐나다 입국 3개월 후에나 나온다고 알고 있던 영주권 카드가 우리 가족은 입국한 지 한 달 만에, 즉 4월 초에 모두 나온 것이다. 그런데 내 것만 도착하지 않았다.

나는 순간 마음에 짚이는 것이 있어서 주님께 엎드려 기도하기 시작했지만 내 영주권 카드만은 여전히 나오지 않았고 마음은 무거워져 갔다. 그리고 결국엔 기도하는 중에 '내가 내 맘대로 시간을 정하고 집회를 연기한 것을 주님이 기뻐하시지 않는구나' 하는 생각이 들었다. 그리고 그 생각은, 그렇다면 이것을 확실히 알려 주시기 위해서 내 영주권 카드만 꼭 3개월 후에 나오게 하시는 게 아닐까 하는 생각으로 또 이어졌다. 그 3개월은 하나님의 뜻을 구해서 얻은 기간이 전혀 아니었다. 철저히 사람의 말만을 신뢰하고 내 마음대로 작정한 기간이었던 것이다. 그래서 복음 전도의 통로가 될 집회들도 모두 그 3개월 이후로 미루어 두었던 것이다.

나는 이 모든 생각이 사실일까 봐 두려워졌다. 하나님께 의뢰하지 않고 무언가를 진행하고 있었다는 사실이 확인되는 것이 두려웠다. 그 두려움 때문에 이 생각이 사실이 아닐 거라고 애써 부인하고 싶기도 했다. 그래서 나는 제발 딱 3개월이 아닌, 2개월 후나 4개월 후에 내 영주권 카드가 나오기를 간절히 바라면서 회개기도를 드렸다.

그리고 한 치의 오차도 없으신 주님은 내가 알아들을 수 있을 만한 시기를 택하셔서 그 기도를 들어 주셨다. 내 영주권 카드만 6월 중순에 도착한 것이었다. 즉 내가 캐나다에 입국한 3월 12일부터 정확히 3개월 하고도 4일이 지난 시점에 도착하게 해 주신 것이다. 4일이라는 근소한 오차는 내게 큰 의미가 있었다. 내 마음 같아서는 3개월에서 되도록 멀리 벗어난 시점에 영주권 카드가 나오게 해 주셔서 마치 없었던 일처럼 용서받았다는 사인을 받고 싶었던 것이다. 그렇지만 하나님은 3개월에 거의 가까운 시점에 나오게 해 주심으로 인해 내가 하나님 앞에 잘못했던 그 점을 분명히 지적해 주셨다. 동시에 정확히 3개월이 아닌 4일이라는 오차를 주심으로 인해 이미 저질러 버린 잘못 앞에서 그것을 피하고 싶었던 내 인간적인 두려움과 그에 대한 회개 기도를 들으셨다는 것도 함께 느낄 수 있도록 하셨던 것이다.

난 다시 한번 눈물이 핑 돌았다. 그리고 이때부터는 절대로 (앞에서 말했듯이) 집회의 때와 장소를 내가 정하지 않았다. 그저 주님이 원하시는 곳에서 주님이 원하시는 때에 주님이 원하시는 일을 할 수 있게 해 달라고 기도할 뿐이다.

그때가 4월 중순쯤이었는데, 이민자 의료보험 신청서를 내야 되는 때가 되어서 우리 가족 모두가 의료보험 사무실로 갔었다. 그때 생각지도 않은 문제가 발생했다. 그 당시에는 우리 큰애가 퀘벡 주에서 공부를 하고 있었는데, 의료보험 사무실에서는 그 상황을 이유로 들어서 큰애에게만은 온타리오 주의 의료보험카드를 발급해 줄 수 없다는 결론을 내린 것이다. 나는 그것을 도무지 이해할 수 없었다. 큰애가 1년 중 온타리오 주에 머무는 기간이 퀘벡 주에 머무는 기간보다 두 배 가량 긴 것을 감안한다면 그 직원의 이야기는 분명 잘못된 것이었다. 게다가 우리는 온타리오 주로 이민을 온 것이기 때문에 퀘벡 주에서 의료보험카드를 낸다는 것도 불가능할 것 같았다. 의료보험카드 문제는 우리 가족이 이곳에서 생활하는 데에 매우 중요한 것이었기 때문에 마음이 답답했다.

그 답답한 마음에 나도 모르게 갑자기 구석에 가서 무릎을 꿇고 간절히 기도하기 시작했다. '아버지 만약 이곳에서 큰애가 카드를 받게 되면 두바이가 20시간이 아니라 40시간이라도 가겠습니다'라고. 난 다급한 나머지 하나님께 그런 서원(?)기도를 해 버린 것이다. 그렇게 기도하고 제자리로 돌아와 보니 큰애는 이미 다른 직원하고 이야기를 하고 있었고 뜻밖에도 모든 것이 순조롭게 진행되어 가는 분위기였다. 나는 너무나 감사한 마음에 속으로 할렐루야를 불렀다. 그렇게 모든 절차를 잘 마치고 돌아올 수 있었으며, 곧바로 두바이 교회에 가겠다는 내용의 이메일을 보냈다.

두바이행을 쉽게 결정할 수 있었던 것은 영주권 카드도 이미 나온 상태였고, 초청 날짜도 10월쯤이라 그날까지 시간도 넉넉하게 남았다고 여겨졌기 때문이었다. 그러나 그날은 금세 다가와서 벌써 두바이로 가야 할 때가 되었고 나는 그 즈음에 또 이상한 문제에 관련되어 집회에 가기 힘든 상황이 되었다. 얼마나 상황이 꼬이는지 마음이 무척 힘들었다. 하지만 그때마다 내가 했던 그 서원기도가 생각나 거의 이를 악물고, 뒤도 돌아보지 않고 비행기에 올랐다. 그렇게 떠났던 두바이 집회 길이었다. 그러나 주님의 은혜로 난 모든 일정을 잘 마치고 무사히 돌아올 수 있었다.

이렇게 주님이 일일이 간섭하시니 어떻게 목사가 되지 않겠는가. 그렇게 바로 옆에 계시기 때문에 나는 그분에게 나의 미래를 늘 묻지 않을 수가 없다. 사실 나는 자유의지를 그분께 드린 지 이미 오래다. 나 스스로는 나 자신을 형편없이 사용할 것을 잘 알기에 나를 사용하는 권한을 그분께 드린 것이다. 사실 나는 지금도 그분의 은혜가 없으면 참 별 볼일 없는 소인배에 불과하다는 것을 고백한다. 얼마나 볼품없는지는 나와 주님만이 너무나 잘 알고 있는 분명한 사실이다.

뒤에 들은 이야기지만 지금 두바이 한인 교회에서는 그 당시 두바이 집회 중에 내가 간곡히 부탁드린 20/20을 지키려고 애쓰고 계신다고 한다. 난 그 소식을 들었을 때 정말 감사했다. 20/20은 다름이 아닌 20분 성경, 20분 기도를 말하는 것이다.

시간을 굳이 20분으로 정한 이유는 언젠가 〈타임〉지에서 우연히 읽게 된 '신경신학'에 관한 기사 때문이다. '신경신학'이라는 학문은 신앙이 하나님과의 교류에 의해 생기는 것이 아니라 뇌 자체의 변화에서 오는 자기변화에 불과하다는 의사들의 주장을 근거로 하고 있다. 그들은 몇몇 수도사들을 대상으로 뇌 검사를 해 본 결과, 기도한 지 20분이 지나자 뇌에서 사람의 마음과 몸을 평온하게 만들어 주는 물질이 발생된다는 것을 발견하게 되었다는 것이다. 그러므로 기도의 효과(?)는 거기에 응답하는 신이 따로 있는 것이 아니라 뇌의 변화에 불과하다는 내용이었다.
나는 그곳에서 '아하!' 하며 깨달음을 얻은 것이었다. '그렇게 20분을 기도하면 뇌도 바꾸어 주시는데 40분을 기도하면 어떤 변화가 오겠는가! 혹은 매일 60분씩 기도한다면 무슨 기적이 일어나겠는가……' 나는 아주 기뻤다. 누군가에게 이 사실을 알리고 싶었고 그래서 지금도 단위에서 복음을 증거할 때 꼭 20분 이상 기도하실 것을 권면한다. 그 이하로 기도하면 그것은 하나님께 단순한 알림 정도가 되는 것이지 그분과의 교감을 형성할 수 없기에 꼭 20분 이상 기도하시라고 말씀드리고 싶다. 성경을 읽을 때도 그렇다. 정말 그 성경 안에 푹 빠지는 것은 그 시간이 5분, 10분 안에 되지 않는다. 적어도 한 20분은 지나야 비로소 자신이 성경 안에 있음을 발견할 수 있다. 그렇기 때문에 그 '20/20'이란 표어가 탄생된 것이다.

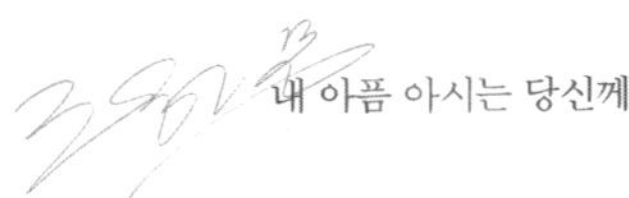
내 아픔 아시는 당신께

나는 이곳 캐나다 토론토에 살지만 나의 사역은 어느 특정한 지역에 국한되어 있지 않다. 한 군데 있기보다는 여기저기 많이 돌아다닌다. 올 봄에도 약 3개월간 월드비전 공연으로 캐나다 여섯 개 도시를 순회하였다. 지금도 집회 요청이 오면 미주 지역이든 그 외 다른 지역이든 어디든 간다. '부름 받아 나선 이 몸 어디든지 가오리다.' 이 찬송가 가사가 바로 지금의 내 상황인 것이다. 2주 뒤면 LA 가서 세 차례의 콘서트를 해야 한다. '콘서트'라고는 하지만 매우 복음적인, 그리고 실제로 복음을 전하는 공연이다. 한때는 내가 원하는 것을 하고 싶었지만 지금은 그분이 시키는 것을 하려고 노력한다(요 21:18). 이번 콘서트는 한 번은 교회에서, 그리고 두 번은 일반 공연장에서 믿든 안 믿든 간에 관계없이, 오신 분들에게 찬양과 나의 노래 또 팝송을 들려드리며 복음을 전하게 된다. 어떻게 생각하면 쉽지 않은 일이다.

때마다 옮겨 다니며 매번 다른 숙소에서 자게 되고 매번 처음 뵙는 분들 앞에서 복음을 전하는 일……. 쉽지만은 않다. 그러나 주님과 함께하면 비로소 즐겁고 쉬운 일이 된다. 난 액츠에 다닐 때부터 한국인이 아닌 이방인, 즉 외국인들에 대한 마음이 남달랐다. 그리고 또 이런 기도를 많이 드렸다.

"세계를 다니며 음악과 말씀으로 복음 전하는 자가 되길 바랍니다."

그런데 지금(2004년 9월) 나는 파티시페이션 하우스에서 백인 장애인들을 위해서 설교하고 찬양한다. 캐나다 월드비전에선 아프리카 어린이와 중남미, 그리고 아시아 어린이를 위해 기금마련공연(fund-raising concert)을 정기적으로 한다. 이것이 나에게 얼마나 감사한 일인가. 신학교 시절 이방 민족을 위해 일하고 싶다는 기도를 열 번은 더 한 것 같다. 3년간 영어로 신학공부한 것이 이렇게 도움이 될 줄이야.

얼마 전 월드비전에서 한국 커뮤니티를 위한 촬영이 있었다. 오랜만에 카메라 앞에 서니 처음에는 좀 이상하고 어색했지만, 곧 그 앞에 있는 나의 목적이 달라졌음을 깨닫고 감사했으며 촬영에 충실할 수 있었다. 한나절에 걸친 촬영을 통하여 참 기쁨을 누렸고 캐나다 월드비전 본부 회장인 데이브 로이슨(Dave Roycen)은 중간에 직접 와서 몇 번이나 내게 고맙다고 인사했다. 그가 내게 내 간증과 삶에 늘 도전받는다고 이야기했을 때는 도대체 나 같은 존재를 주님은 왜 이리도 올려 주시는가 싶어 몸둘 바를 몰랐다.

그날 느낀 거지만 신학교에서 갈고 닦게 하신 영어가 아니었으면 아마도 난, 지금 그런 분위기에서 외국인 카메라맨, 감독들과 그런 촬영을 할 수도 없었을 것이며 친선대사로 임명(뒤에 다시 이야기하겠지만)되지도 않았을 것이다. 주님께서 액츠로 가라 하셨을 당시에는 사실 상당히 못미더워서 거의 마지못해 순종한 것이었지만 지금은 주님이 주신 나의 모교인 액츠가 그저 자랑스럽기만 하다.

이곳에 와서 나는 캐나다와 미국, 북미 쪽 사람들의 믿음이 우리 한국 그리스도인들에 비해 약간 냉랭하다고 해야 할까, 아무튼 뜨겁지 않은 것을 실감할 기회가 많았다. 그들에게 살아 계신 하나님을 전하는 것도 쉽지 않았을 뿐만 아니라 천국에 대한 개념도 우리와는 사뭇 달랐다. 그들과 이야기해 보면 천국에 대한 간절한 소망도 없고 확신도 없는 듯 들릴 때가 많다. 그들은 한국인들의 뜨거운 신앙 스타일을 잘 이해하지 못한다. 이런 면은 그들과 신앙적인 교제를 할 때 부딪히는 어려움 중 하나이다.

얼마 전 이곳에서 사귄 존(John)이란 친구와 빅(Vic)이라는 캐나다인 목사와 함께 식사를 한 적이 있었다. 그때 그 목사님이 내 간증을 듣고 싶어 했다. 식사 중이었지만 나는 짤막하게 간증을 했다. 그 목사님은 "어메이징"(Amazing)이란 말만 계속하면서 심각한 표정을 지었지만 다시 연락하겠다고 헤어진 그날 이후 지금까지 감감무소식이다. 이곳에는 천국을 믿는 사람도 별로 없다. 이곳 교회에 가보면 대부분이 노인이다. 그리고 노인과 장애인을 제외한 사람들은 10퍼센트에 불과하다. 젊은 사람들은 '천국'보다는, 신나는 기독교 록 음악 등 그때그때 재미있는 상황만 좋아하지, 진지한 신앙은 영 불편해한다.

이곳 주류 사회에서 가장 큰 교회라고 하는 '피플스 교회' 상담 목사 쿠퍼(Cooper)와 나는 늘 좋은 이야기도 나누며 친구처럼 지내는 사이다. 우리는 성경공부를 함께 인도한 적도 있다. (이민 온 지 얼마 되지도 않은 내가 벌써 캐나다인 친구들을 사귀게 된 것도 주님의 은혜라고 생각한다.) 그러나 그의 믿음은 나의 믿음과 그 형질이 다르다. 그래서 섬기는 방식도 다르다. 그런데 얼마 전 그의 큰딸이 암으로 시한부 선고를 받자 그가 나에게 전화해 특별 기도를 부탁했다.

이런 일은 캐나다의 일반적인 그리스도인으로서는 정말 흔치 않은 일이고, 내가 전혀 예상하지 못했던 일이었다. 그가 마음속으로 무언가를 감지했다는 것을 나도 직감할 수 있었다. 다시 말해 그들의 그 냉랭하고 이성적인 신앙 너머에 신앙의 또 다른 무언가(우리가 소위 '뜨겁다'고 말하는)가 있다는 것을 감지한 것 같았다.

그 친구는 전형적인 기독교 가정에서 자라 어려서부터 목사가 되기 위해 심리학 박사 학위까지 가지고 있는 재원이다. 그런 그가, 내가 목사가 된 경로를 들었을 때 한참 동안 나를 바라보던 생각이 난다. 아무리 주님을 만났다 하더라도 자기 가던 길을 다 포기하고 새롭게 신학을 공부하거나 특별한 길을 걷는다는 것은 이곳 사람들에게는 이해할 수 없는 일이다. 보통은 가수가 은혜 받으면 복음 가수로, 사장이 은혜 받으면 정직한 그리스도인 사업가로 거듭나는 정도에서 그치기 때문에 나와 같은 경우는 그들에게 매우 특이하게 받아들여지는 것이다.

사람들은 '조하문이라는 친구는 모든 조건이 다 좋아 보이는데 왜 저렇게 주님께 매달릴까……' 하고 생각하는 것 같다. 이런 시선은 신학교 때도 마찬가지였고 앞으로도 계속 그럴 것 같다. 그러나 성경에서 주님은 무엇이 가장 가치 있는 것인지 분명히 밝혀 주셨다. 이스라엘 민족은 주님께 아름다운 땅을 받았지만, 그들이 거기에 그저 안주하게만 되었을 때 그들은 그 아름다운 땅에서 모두 다 '멸절'하였다. 나는 분명히 주님의 세계를 마음으로 보았고 그분과 같이 있는 것이 얼마나 행복인지를 알기에 그 무엇보다도, 억만금보다도 어떤 명예보다도 예수님이 중요다는 것을 알고 있다. 그러나 그들(캐나다인 목회자들)에겐 이것이 잘 이해되지 않는 것 같다.

나는 캐나다에 와서 해외 선교에 좀더 마음을 많이 두게 된 것 같다. 특히 북미와 중남미 지역에 관심이 많지만 주님이 그 문을 언제 열어 주실지 (혹은 열어 주지 않으실 수도 있다) 모르니 그저 기도만 하고 있다. 기도 외에 굳이 특별한 행동을 취하지는 않는다. 한때는 선교팀을 만들어 능동적으로 다녀 볼 생각도 했지만 만약 그런다면 내가 또 얼마나 나 자신의 주인 노릇을 하겠는가. 종은 그저 주인이 시키는 일만 하면 된다. 종이 머리 쓰면서 시작한 주인의 일은 주인의 일에 피해가 되는 것이 보통이다. 나는 목사다. 목사는 하나님의 심부름꾼, 혹은 일꾼이다. 시키신 것도 하기 바쁜데 내 뜻대로 선교하고 목회해서 주님을 실망시켜 드리고 싶지 않다. 한 번 두 번 내 뜻대로 살면 주님 음성이 들리지 않게 된다. 난 그것이 제일 두렵다. 오직 그분만 믿고 이곳에 왔는데 그분 음성이 안 들리면 난 끝장 아닌가.

앞에서도 말했듯이 나는 캐나다에 친지가 하나도 없다. 다 이민 온 후에 알게 된 사람들이라 나는 내가 이곳에서 주님께 민감하게 반응하지 않는다면 힘들어질 거라는 사실을 잘 안다. 지금 섬기는 파티시페이션 하우스, 월드비전 캐나다, 토론토 기독교 방송 이 세 가지도 주님이 그만 하라고 하실 때까지만 난 주님이 주신 이곳을 사랑한다. 그러나 그분께서 원하신다면 내 사역 장소는 언제든지 바뀔 수 있다는 것을 늘 염두에 두고 있다. 그래서 언제나 마음의 준비를 하고 있다. 최근에 나는 내가 어디 있느냐가 아니라 내가 지금 주님이 원하시는 곳에 있느냐는 사실이 중요하다는 것을 깨달았다. 또한 내가 무슨 일을 하느냐가 아니라 내가 지금 하는 일이 주님 원하시는 일이냐가 중요하다는 것, 언제 그 일을 하느냐가 아니라 주님 원하신 시간이었느냐는 것, 이 세 가지 사실은 참 중요한 것 같다. 그분의 말씀을 한두 번 따르다 보면 그 결과가 얼마나 아름다운지 놀라게 되고 그래서 시간이 오래 지나도 그분의 음성에 귀를 기울이는 생활을 하게 된다. 그 이유는, 그분의 결정 앞에 서면 내 결정은 늘 너무 초라했다는 것을 알게 되기 때문이다.

이상하게도 하나님의 간섭을 많이 체험할수록 내겐 별로 특별한 비전이 없는 것처럼 느껴진다. 비전이 있다면 그저 주님이 원하시는 곳에서, 주님이 원하시는 때에 주님이 원하시는 일을 하는 것이다. 나는 큰 교회, 많은 성도, 해외 선교 같은 것들을 별로 깊게 생각해 본 적이 없다. 이곳 한인 교회에서도 일을 조금 해 보았지만 그것도 주님의 때가 되어 지금 이 상태로 모든 것을 바꾸어 주심도 감사하다. 나에게 정말 중요한 것은 지금 내가 그분의 임재를 느끼고 있느냐 하는 것이다. 주님은 내가 하는 일보다 나의 됨됨이를 더 중요하게 여기신다고 배웠다. 과연 내가 그분과 교통하며 사는지 아니면 그 기돗줄이 막힌 채 나의 기독교 상식으로 살아가는지는 정말 하늘과 땅 차이일 것이다.

난 아직도 아침 일찍 눈을 뜨면 목사로서 깨기보다 반은 세속인이고 반은 목사인 상태로 깬다. 즉, 깰 때부터 은혜가 충만한 상태가 되어 있는 정도는 아직 아니라는 뜻이다. 그렇기 때문에 아침에 세수하고 나서 얼른 기도방에 가서 내가 주님 안에서 책정해 놓은 시간 이상을 기도한다. 한참 동안의 기도를 마치면 마음의 오분의 사 정도는 목사가 되어 간다. 그 다음으로 성경책을 얼른 펴 그 전날 읽었던 다음 줄부터 계속 읽어 내려가다 보면 마음에 작은 천국이 생기면서 비로소 내가 온전한 목회자로 탄생하게 되는 것이다. 그리고 성경 읽기가 끝나면 하루가 본격적으로 시작된다. 이제 나는 그 단계를 거치기 전에는 하루를 시작할 수 없는 사람이 되어 버렸다.

예전에 어느 교회에서 부목사로 있을 때, 담임목사님의 심부름으로 꼭두새벽에 차를 몰고 어디로 가야 되는 일이 생겨서 성경 읽기와 기도를 못하고 나온 적이 있다. 처음엔 아무 생각 없이 달렸는데 정오가 되자 정신적으로 너무 힘들어서 기도를 안 할 수가 없었다. 그래서 결국엔 옆에 있던 아내에게 운전을 맡기고 난 다른 자리로 가서 아침에 하지 못한 그 시간을 채울 수밖에 없었다. 난 이제 그분 없이는 하루도 살 수 없을 것 같다. 다른 것은 다 없어도 살겠지만 그분 없이는 살 수 없다. 이전에 캐나다를 방문했을 때 사람이 살 곳이 못 된다고 생각하고 떠난 기억이 있다. 이곳에선 술 마시고 담배 피울 수 있는 자리가 그리 쉽게 생기지 않기 때문에 따분하다고 여겼던 것이다.

그런데 지금은 어떤가……. 조용해서 묵상하기 좋고, 기도하기 좋고, 성경 읽기 좋으며, 또 외로우니까 그만큼 하나님과 가까워진다. 이 얼마나 은혜인가, 내가 젊은 시절에 이곳에 이민 왔으면 아마 돌아갔을는지도 모른다. 그러나 지금은 나의 모든 것이 변했다. 주 안에서라면 엄청난 시련마저도 내게는 약으로 생각되는, 그런 훈련을 받은 것에 늘 감사하다.

언젠가 어느 친구 가수가 지금 내가 양평 근처 카페에서 노래를 한다면 한 달만 해도 돈을 많이 벌 수 있다고 말해 준 적이 있다. 그래서 난 집회 때 가끔 그 이야기를 하곤 한다. 주님은 돈으로 계산 할 수 없는 분이라고. 100억이 있다 한들 주를 모르면 결국은 어둠이요, 돈이 없어도 주 안에 있으면 늘 빛이라고……. 그러나 많은 성도님들께서는 '그렇더라도 물질은 필요하지 않느냐'고 반문하신다. 물론 물질은 필요하다. 그러나 자기 자신이 하나님을 온전히 좇을 때에만 물질마저도 주님이 관할하시는 은혜로운 삶의 도구가 될 수 있는 것이다.
물질을 좇지 않고 주를 좇으면 뭐든지 다 해결된다. 그렇다고 주님을 좇기만 하면 백만장자가 된다는 뜻은 아니다. 물질의 둔제를 주님께 맡기면, 부한 상황이든 빈한 상황이든 모든 상황을 수용할 수 있도록 배우게 되어 정신적으로나 육체적으로나 매우 안정적으로 살 수 있다는 것이다.

이민 후, 캐나다에 살면서 가끔 이런저런 자리에 초청을 받을 때가 있다. 소위 말해서 교포들 중에서 리더 격인 사람들이 모이는 자리에 받는 초대이다. 나는 그런 곳에 갈 때마다 '이곳이 과연 목사를 필요로 하는 자리일까' 하는 생각 때문에 마음이 늘 불편했다. 그러나 그 싫은 마음에도 불구하고 불가피하게 참석해야만 하는 상황들 때문에 억지로 가곤 했었다. 그런데 최근 들어서는 고맙게도 그 환경이 점점 변해 가고 있다. 상황에 떠밀려 억지로 가지 않아도 되는 환경으로 바뀌고 있는 것이다. 참 감사한 일이다. 하나님을 만나기 전의 나였다면 아마도 그런 파티 석상 같은 곳을 좋아했을 것이다. 그러나 하나님을 만나고, 목사가 된 지금의 나는 무슨 호텔 커피숍이나 만찬보다는 정말 나의 도움을 필요로 하는 곳에 가고 싶다.

목사를 필요로 하는 곳은 다 잘 아실 줄 믿는다. 나의 목표가 특정한 선교, 혹은 특정한 목회 스타일이었다면 난 아마 지금만큼 하나님과 가깝게 지낼 수 없었을 것이다. 내게 중요한 것은 일이 아니라 그분이기 때문이다. 아무리 모든 일이 잘 풀려도 그분을 며칠만 못 느끼면 난 살 수 없을 것 같다. 아니 단 하루도 사실 힘들다. 그분의 은혜로만 모든 게 가능한 '나'이기에 그분이 잠깐이라도 멀리 계신 것 같으면 내겐 그것이 진짜 인생의 끝이나 다름없이 막막하게 느껴진다.

그래서 난 주님의 향기가 나는 사람이 좋다. 그가 성직자든 아니든 주님의 향기가 짙게 나는 사람과의 만남은 늘 나를 풍요롭게 만든다. 내가 세상에서 여러 가지 경험을 많이 했기 때문에 향기 나는 척하는 사람과 향기 나는 사람의 구별을 다른 사람보다 좀 쉽게 해내는 편이다. 그런데 그 구별의 척도는 외형적인 조건과는 아무 관계가 없다. 주 안에서도 자기 머리를 쓰며 성공하려는 사람을 보면 가슴이 답답해진다. 그럴 때마다 나는 혼잣말로 중얼거리곤 한다.

"주 안에서 성공하는 것은 내가 죽는 건데……."

특별히 하는 일이 없어도 평생을 주를 위해 살 수 있고 아무리 바쁘게 주의 일을 한다고 해도 나의 일인 경우가 많다. 내가 은혜 받고 점점 더 배워가는 게 있다면 그건 죽는 거다. 그 죽음은 내 자아의 죽음을 의미한다. 그러므로 나의 비전은 가만히 기도하고 그분 음성에 귀 기울이는 것이다.

월드비전

내가 이곳 캐나다에 이민 와서 하고 있는 많은 일 중의 하나가 바로 이 캐나다 월드비전의 일이다. 이곳은 경제적인 어려움에 처해있는 전 세계인들을 대상으로 구제를 주목적으로 하는 선교기관이다. 본사는 미국에 있으며 캐나다에 있는 것은 지부이다. 그런데 이 캐나다 지부는 본사 이상으로 활발한 구제활동을 펼치는 구제선교기관으로서 그 규모가 생각보다 매우 컸다. 나는 그 사실을 이곳에 와서야 알았다. 사실 월드비전은 한국에서도 탤런트 김혜자 씨나 박상원 씨 등을 통해 잘 알려진 구제선교기관이지만 나는 이곳에 오기 전까지 거의 모르고 지냈었다. 그러던 내가 이곳에 와서 그곳 소속의 아티스트가 되고 캐나다 월드비전의 친선대사까지 된 것은 참 신기한 일이다.

이곳 캐나다에 도착한 것은 2003년 3월 12일. 처음 얼마간 출석할 교회를 찾지 못한 채 이 교회 저 교회를 전전하며 다닐 때였다. 아마 3월 말이었을까. 이곳 어느 한인 교회에 출석했는데 어떤 성도님이 나를 알아보시곤 그때부터 가끔씩 전화를 주셨다. 뭐 별다른 용건이 있었던 것도 아니고 그저 예전에 나의 팬이었다고 말씀하시면서 가끔 통화를 하곤 했다. 그러던 어느 날 그분이 자신이 근무하는 곳이 캐나다 월드비전인데, 그곳을 위해 일해 볼 생각이 없냐고 해서, 나는 있다고 말씀을 드렸다. 일은 그렇게 진행된 것이다. 한 달쯤 뒤에 자료로서 음반 CD가 필요하다고 해서 빌려 드렸고 또 한 달 뒤에는 나의 프로필, 또 얼마 뒤에는 사진, 목사 안수증…… 그렇게 몇 번에 걸친 그분과의 만남은 나를 그 회사에 알리는 계기가 되었다. 그리고 그곳에서는 회의를 거쳐 내게 캐나다 예술인협회(Canadian Artist Association)에 가입할 것을 권유했다.

그 권유를 받아들여 나는 가입하였고, 가입한 지 얼마 안 돼서 나를 친선대사로서 정식으로 임명하겠다는 소식을 전해 왔다. 그렇게 해서 나는 그해 8월 31일에 친선대사 임명식까지 갖게 된 것이다. 그 임명식은 한국인들과 캐나다인들이 가득 모인 본사 건물에서 채플 시간에 거행되었다. 나는 그저 어리둥절할 뿐이었다. 청중들 앞에서 인사말도 해야 했다. 그리고 그때를 시작으로 해서 이후 월드비전을 통해 내게 주어지는 일들을 나는 늘 순종하는 마음으로 해 오고 있다. 사실 그 성도님이 나를 교회에서 처음 보셨을 때에는 캐나다 월드비전에 입사하기 전이셨다고 한다. 그런데 한 달쯤 뒤에 월드비전에 입사하게 되셨고 입사하자마자 이 일을 추진하신 것이었다.

임명장을 받는 그 순간까지 내가 한 일이라고는 거의 없었다. 그저 전화 받고, 약속 장소에 나가서 필요하니 달라고 하시는 서류 등을 준비하여 드린 것밖에는……. 그러다가 지난 2004년 4월부터 두 달간은 캐나다 주요 도시 다섯 곳을 돌아다니며 월드비전이 주최하는 캐나다 순회 공연인 '기아난민돕기' 콘서트를 하였다. 이 공연은 물론 아프리카, 아시아의 고아들과 난민을 후원하고 돕기 위한 공연이었지만 주님께서 내게 주신 또 다른 명령은 '살아 계신 하나님을 증거하는 것'이었다. 구제도 중요하지만, 내가 가진 사명의 중심은 역시 그 공연에 오신 분들의 감겼던 눈을 뜰 수 있게 해 드리는 것이었다.

캐나다 다섯 개 도시 순회공연 내내 공연은 1부와 2부로 나뉘어졌으며 중간에 월드비전의 비디오를 상영하는 시간이 있었는데 그때마다 나는 거의 매회 눈물을 닦았다. 마음속 깊이 정말 그들이 그렇게 안타까울 수가 없었다. 지금 내 자녀들만 괜찮다고 안심하고 저렇게 가난한 아이들을 외면한다면 주님은 우리에게 뭐라고 하실까.

이렇게 얘기하는 분들도 보았다. "저런 데다가 돈을 보내 줘 봤자 다 엉뚱한 데 쓰이고 진짜 그곳에 가는 돈은 얼마 안 된다"고 . 이렇게 다른 사람의 구제 열정에까지 찬물을 끼얹는 분을 보면 참으로 마음이 더 답답해진다.

구제의 열정에 찬물을 끼얹는 이야기가 나왔으니 말인데, 헌금에 관련해서도 이와 비슷한 모습을 볼 수 있다. 내가 생각하는 헌금에 대한 이야기를 조금 해 보면 이렇다.

> 많은 그리스도인들이 헌금 때문에 시험에 들고, 울고 웃고 하는 이야기를 많이 들었다. 교회에서 헌금을 잘못 사용해서 그 헌금을 관리하던 분이 시험에 들어 교회를 옮긴 예도 수없이 많다고 들었다.
>
> 그러나 헌금 때문에 시험 들어 교회를 옮기려 한다면 그 전에 먼저 자신이 그 헌금을 누구에게 하고 있는 것인지 되물어 봐야 한다고 생각한다. 요사이 어떤 예배 형태를 보면 하나님께 드리는 예배인지 사람을 즐겁게 하기 위해서 모인 것인지를 잘 모르겠는 때가 종종 있다. 예배가 그렇듯이 헌금도 오직 주님께 드리는 예물이다. 따라서 헌금을 드릴 때 다른 생각은 전혀 하지 않아도 될 것이다. 오직 섬기는 주 하나님께 자원하는 심령으로 기쁘게 드리면 그만인 것이다. 그런데 어떤 분은 자신의 교회는 재원이 튼튼해 보여 작은 개척 교회에 헌금하고 싶다 하시기도 하고, 또 어떤 분은 자신의 교회 담임목사님이 너무 부유하게 산다고 생각해서 다른 교회에 헌금하시기도 한다. 건축헌금 등의 용도가 마음에 들지 않아 불평하시는 분도 보았다. 그런가 하면 친척이 하는 교회에 헌금을 하는 경우도 보았다.
>
> 그러나 그런 경우 그 헌금의 주인은 과연 누가 되는 것일까? 헌금은 하나님께 하는 것이고 하나님께 드린 헌금을 잘 쓰고 못 쓰는 것에 대해서는 그것을 운용하는 분들의 문제이니 그분들이 하나님께 칭찬 아니면 징계를 받을 것이므로 우리들이 걱정할 일이 아니다. 그것은 오직 하나님이 하실 일이고 하나님이 걱정하실 일인 것이다.
>
> 만약 교회 헌금이 어떻게 사용되는지에 대해서 자꾸만 염려와 근심이 생겨난다면 그것은 어쩌면 어두움의 길로 가고 있는 전조일 수도 있다. 그것은 전적으로 하나님의 판단 아래 있는 문제이기 때문이다.
>
> 여러분이 정말 살아 계신 주님을 믿는다면 그분이 여러분의 머리털 한 올 한 올도 세신 바 되

이 순회공연은 사실 홍보가 많이 이루지지 못해서 공연 전에 걱정을 많이 했었다. 그런데 신기하게도 500석 정도 규모의 공연장이면 늘 그 정도의 관객을 채워 주셨고 300명 들어갈 규모의 교회이면 또 그 정도의 청중을 보내 주셨다. 리허설을 할 때에는 분명 한 열 명 정도만 앉아 계셨는데, 노래 한 곡을 부르고 나면 자리가 꽉 차는, 그래서 공연마다 늘 놀라는 가운데 감사가 저절로 나오곤 했다. 그 공연으로 인해 이 행사를 담당했던 K 성도님은 마음에 깊은 은혜를 받게 되었고 같이 공연했던 피아노 반주자에게도 하나님을 더욱 가까이 느낄 수 있는 계기가 되었다.

K 성도님은 그 대규모의 공연이 끝난 후에 갑자기 미국의 어느 좋은 회사에서 아주 좋은 대우로 모셔가는 일이 생겼다. 나는 또 한 번 사랑하는 사람과 헤어지게 되는 것이 아쉽긴 했지만, 주님께 감사드리며 그분의 앞길에 복을 빌어 드렸다. 새로운 회사는 그 성도님 부부에게 아주 중요한 의미가 있는 것임을 알고 있었기에 내겐 그것이 더욱 은혜로 다가왔던 것이다. 아, 저렇게 열심히 주를 섬기면 또 저렇게 아름다운 미래를 주시는구나……. 그분이 떠나기 조금 전에는 이런 생각이 들기도 했다. 그날은 그분의 임시 후임으로 와 있는 중국인 빈센트와 그 다음 주에 있을 텔레비전 촬영에 대해 이야기를 막 끝내고 서재로 돌아오는 길이었는데, 문득 그때까지도 월드비전에 대해서 내가 한 일은 역시 하나도 없었다는 생각이 든 것이다. 그동안 전화마저도 그 K 성도님이 다 하셨던 것이다.

원래 나는 여기저기 돌아다니는 것을 싫어해서 주님께 기도를 드린 적이 있었다.

한 달에 서너 번은 비행기 타고 타 지역에 가야 하는데 만약 주님이 저를 계속 쓰시려면 여기저기 돌아다니는 것을 정말 기뻐하는 마음을 갖게 해 달라고. 나는 또 그런 어린아이 같은 기도를 드렸다. 그런데 기도한 지 얼마 안 되어서 신기하게도 비행기만 보면, 아니 멀리 공항에만 나가면 기쁘고 마음이 설레는 이상한 증상이 생기기 시작하였다. 그래서 나는 뜻밖에도 너무나 '즐겁게' 여행하면서 복음도 전하고 구제도 할 수 있었다.

'구제' 이야기가 나왔으니 말인데, 그리스도인들은 실제로 구제에 인색한 것 같다. 나는 타종교인들도 많이 알고 있는 편인데, 그들은 그들의 종교에 따른 '선행이라는 조건' 때문에 오히려 구제 활동을 많이 한다. 그런데 그리스도인들은 그저 '믿음', '믿음'만을 외치지 그 실천의 열매를 보기가 쉽지 않은 것 같다. 선교에는 많은 물질과 시간을 투자하면서도 구제에는 왜 그렇게 인색한 건지 잘 이해가 안 간다.

어느 나라에서는 한 인간을 먹이고 살릴 수 있는 돈이 캐나다 돈으로 하루에 단 1달러에 불과하다. 이는 우리 돈 850원쯤 된다. 그러나 세계 곳곳에서는 이 정도의 돈이 없어서 지금도 수많은 사람들이 굶어 죽어 가고, 흙탕물을 식수로 사용하며, 교육은 전혀 받지 못하는 실정에 놓여 있다. 한 달에 33달러(한국 돈 25,000원 정도)면 한 어린이를 학교에 보내고 먹이고 입히는 모든 것을 할 수가 있다.

이전에 나와 함께 술 마시며 다니던 친구들이 쓰던 돈이 하루에 최하 150만원은 되었던 걸로 기억한다. 술값만 한 달에 2천만 원이상을 쓰는 사람들도 보았다. 그들은 그것이 '죄'라는 것을 알고 있을까? 이웃 나라에선 33달러가 없어 죽어 가는 사람들이 있는데 말이다. 아니 그것은, 한국에서 그들과 함께 살아가는 가난한 이웃들에게 시선을 돌려 보아도 금방 알 수 있는 문제이다.

분명 나에게는 두 갈래의 길이 있다. 그분이 원하시는 길과 내가 원하는 길……. 내가 내 고집만을 피울 때에 그분은 늘 사랑의 매를 드셨고 지금도 드신다. 그러나 그분의 길로 가면 시끌시끌한 문제나 어려움이 생기지 않고 늘 조용하고 평온했던 것을 나는 자주 경험했고, 지금도 느끼고 있다. 물론 때에 필요한 고난까지 전혀 없다는 말은 아니다. 비록 우리가 볼 때는 내가 선택한 길이 좋아 보여도 시간이 지나면 그제야 비로소 주님의 인도하심이 옳았다는 것을 이해하게 되는 것이 보통이다.

창세기 13장에서 롯이 보기에 아름다웠던 땅이 훗날 극도로 타락한 도시인 소돔과 고모라가 되고 아브라함이 보았던 그 당시의 황량한 땅은 바로 젖과 꿀이 흐르는 가나안 땅이 되지 않았는가.

겸손히 주님 앞에 아무 말 없이 엎드리고 싶다…….

살아 계신 주, 나의 참된 소망.

파티시페이션 하우스
Participation House

하문 목사님께

제 삶을 변화시켜 주셔서 감사합니다. 제가 나쁜 사람으로 살고 있는 것과 문제를 일으키는 것이 정말 나쁘다는 것을 깨달았습니다. 목사님이 오셨을 때, 저는 앞으로 나쁜 사람이 되지 않기로 했고, 이제는 저 자신에 대해 좀더 만족하고 저를 다시 좋아하게 되었습니다. 목사님은 참 좋은 목소리를 가졌어요. 목사님께 이 테이프를 드리고 싶어요. 미안해요, 이번 수요일에는 제가 없을 거예요. 한 주 동안 캠프가 있거든요. 돌아와서 뵐게요.

목사님을 고마워하는 친구,

로버트 데이비드 로스.

로버트는 휠체어에 몸을 의지한 채 말을 거의 하지 못하는 중증 장애인으로 내가 섬기고 있는 파티시페이션 하우스(Participation House, 이하 PH)에서 만난 친구이다.

처음 캐나다에 왔을 때, 제일 먼저 가 보고 싶은 곳 중의 하나가 헨리 나웬이 섬겼던 '데이브레이크'(Day Break)였다. 오자마자 그곳에 찾아가서 자원봉사자로 일하겠으니 무슨 일을 하면 좋겠느냐고 상담했다. 그런데 마침 그때가 담당자의 휴가 기간이어서 휴가가 끝나면 전화를 줄 것이니 기다리라고 했다. 그러나 2주라고 했던 휴가 기간이 끝나고 4주가 지났는데도 아무런 연락이 없기에 난 또 그곳을 찾아갔다. 이번에는 담당이 바뀌었다고 하면서 그가 지금 외출 중이니 메모를 남겨 놓고 가라는 것이다. 메모를 남겨 두고 왔는데도 또 한 달이 지나도록 연락이 없기에 전화를 계속 해 봤지만 한 번도 제대로 이야기를 나눌 수 없었을 뿐만 아니라 그곳에서 내가 들을 수 있었던 것은 늘 계속 기다리라는 기약 없는 대답뿐이었다.

이상한 것은, 내가 아는 어느 집사님은 그곳에서 아주 쉽게 자원봉사자 일을 하게 되었다고 하던데 나는 1년 반이 지나도록 계속 노력을 해도 일이 잘 풀리지 않는 것이었다. 그래서 나는 ‘내가 원하는 곳이라고 해서 다 주님의 뜻은 아닌가 보다’ 싶어서 그곳 생각을 그만 접기로 하고 월드비전의 일만 하며 집에서 조용히 지내기로 했다.

그때 마침 토론토의 기독교 방송 CBS에서 아침 프로그램을 맡게 되었다. 방송 일도 비교적 잘 적응하며 하루하루를 보내고 있었는데, 그래도 마음 깊은 곳에서는 캐나다 사회를 위하여 무언가 봉사하고 싶다는 생각이 가시질 않았다. 그래서 인터넷을 통해 봉사할 장소를 몇 군데 계속 찾아 보았다.

그러던 중에 나의 눈에 띤 곳이 PH와 바이카즈(Vicars)였다. 나는 먼저 바이카즈에 전화를 걸어 그곳 담당자와 인터뷰 약속을 잡았다. 그 일은 경찰관을 돕는 일인데 ‘피해자를 도와주는 봉사’(Victim Crisis Assistance and Referral Service)라고 하여 주로 범죄로 인해 피해 입은 사람들을 정신적, 육체적으로 돕는 것이었다. 한 시간 반에 걸친 인터뷰 끝에 나는 합격 통지를 받고 노스리전 경찰국(North Region Police Department)에서 나왔지만 머릿속에서는 계속 석연치 않은 생각이 있었다.

그것은 피해자들에게는 내가 별로 도움이 되지 않을 것 같다는 생각이었다. 오히려

가해자, 즉 폭력을 행사한 사람들이라면 그들에게는 내가 예수님의 종으로서 해 주고 싶은 이야기도 많고 무엇보다도 나의 과거 이야기 등이 도움이 되겠지만, 우연히 피해를 본 사람들에게는 내가 목사로서 실질적으로 도움이 될 만한 이야기를 해 줄 것이 없다는 판단이 내려졌다. 그래서 나는 오랜 생각 끝에 담당자에게 전화를 걸어 죄수 담당 교도관을 돕는 일이 내게 더 맞을 것 같다고 말하며 정중히 사과했다. 전화를 막 끊으려 하는데 그 친절한 여경관이 내게 교도소 재소자들을 돕는 일과 연관된 전화번호를 가르쳐 주며 잘 해 보라고 격려까지 해 주었다. 나는 그 격려에 힘을 얻어서 다시 새로운 일을 찾기 위한 각오를 다졌다.

앞서 말한 나머지 한 곳, PH는 캐나다의 한 장애인 공동체였다. 장애인들에게 내가 무슨 할 말이 있을까 싶어 처음에는 그저 전화나 한번 해 보자는 생각이었다. 그런데 전화를 하자마자 그곳에서는 당장에 인터뷰 요청을 해 왔다. 나는 엉겁결에 요청받은 대로 필요한 구비서류 등등을 갖춰 절차를 밟기 시작했다. 나중에는 나의 건강 진단서, 추천서, 이력서, 신원보증서, 하다못해 대학 졸업장까지……. 나는 나를 증명할 수 있는 거의 모든 서류들을 보여 주었고, 그들의 심사를 기다려야만 했다.

이곳에서는 자원봉사자로 지원할 때 그 자격 심사 절차가 무척 까다롭다. 남의 도움을 받겠다는 것도 아니고 남을 돕겠다고 지원하는 것인데도 지원자에 대해서 얼마나 철저하게 검증하는지 모른다. 내게 이런 시간들은 참 새롭고 귀한 경험이 되었다. 자원봉사자로 지원하여 이런 까다로운 심사의 단계를 거칠 때마다 남을 돕는다는 것이 얼마나 중요한 일이며 또한 아무나 할 수 없는 일이라는 것을 새삼 확인하게 되기 때문이다.

2개월 후에 PH로부터 연락이 왔다. 매주 수요일마다 콘서트를 해 줄 수 있겠느냐는 것이었다. 공연시간은 40분. 그리고 노래 선곡은 자유. 나는 기쁜 마음으로 무조건 승낙했다.

첫 콘서트를 여는 날, 나는 약 스무 명의 장애인들과 열 명의 스태프들 앞에서 나의 중·고등학교 시절을 주름잡았던 올드 팝송을 혼신의 힘을 다해 불렀다. 대부분의 사람들이 1970-80년대 초 자신들의 학창시절이라도 회상하는 듯 반응은 정말로 뜨거웠다. 또 동양인이 어떻게 그렇게 팝송을 많이 아느냐고 매우 놀라면서 다들 호의적인 반응을 보였다. 이 얼마나 미리부터 계획하신 주님의 신실하심과 은혜인가.

사실 난 중학교 때까진 록을 몰랐다. 그래서 초등학교 6학년 때부터 중학교 2학년 때까진 포크송을 많이 불렀다. 중3이 되기 전까지는 예를 들어 사이먼 앤 가펑클, 돈 맥클린, 존 덴버…… 등의 부드러운 팝송을 좋아해서 그들의 노래 가사를 몽땅 다 외울 정도였다. 그러다가 중3 때 딥 퍼플이라는 밴드 때문에 록에 심취하기 시작해서 예수님을 만나기 전까지 록에 대한 열정은 끊이지 않았다.

그러다 보니 그날 수요 콘서트에서 그분들에게 불러 드릴 수 있는 노래가 약 백여 곡이나 되었다. 결국 10주에 한 번 정도만 같은 노래를 부르게 되니 이 얼마나 주님의 은혜인가?

내가 학생 시절에 그토록 빠져들었던 팝송들이, 그때는 가사도 잘 이해하지 못한 채 따라 부르기만 했던 그 노래들이, 이렇게 목사가 되어서 그것도 이 먼 이국땅에서 장애인들을 위해, 이렇게 감정과 이해를 실어 진정으로 노래할 수 있게 될 줄을 짐작이라도 했겠는가 말이다. 또한 내 머리 어느 구석에 이 많은 노래들이 다 저장되어 있다가 이렇게 적재적소에 알맞은 곡들이 흘러나오는지 정말 신기했다. 하나님의 섭리는 놀라움 그 자체였다.

PH에는 심각한 장애를 가진 분들이 많았다. 그분들은 대개 집에서 보살피는 것이 불가능할 정도로 중증이기에 이곳에 계신 분들이다. 그렇기 때문에 조그마한 일에도 금방 상처를 받고 또 조그마한 일에도 무척 감격을 하는, 감정의 기복이 매우 큰 분들이다. 그래서 공연 도중에도 기분이 말할 수 없이 고조되어 휠체어를 돌리며 갑자기 춤을 추고 괴성을 지르는가 하면 갑자기 볼일이 있다고 소리치면서 가 버리는 분들도 있다. 그러나 한편으로 그들은 그렇게 돌발적인 행동을 하면서 자신들의 감정을 발산하고 스트레스를 풀어서 기분이 좋아지기도 한다.

그래서 나는 그 다음부터 그들의 손에 조그마한 타악기들을 들려드렸다. 어떤 소리라도 좋으니 자신이 직접 소리를 내고 만들 수 있도록 도왔다. 그 한 시간의 공연이 자신의 손으로 힘차게 두드리고 노래하며 다같이 신나게 벌여 보는 질펀한 놀이판이자, 자신을 위한 위로 잔치가 되기를 바라는 마음 때문이었다. 이는 하나의 공연 관람에 지나지 않지만, 공연에 함께 참여하여 이를 통해 자신의 내면적인 것을 내어놓는 시간이 된다면 그분들의 건강에도 유익할 것이라고 생각했다.

그리고 그 즈음 나는 새로운 사역지를 위해 기도하고 있었다. 당시에 내가 섬기고 있던 한인 교회는 더 이상 나의 비전과 맞지 않다고 여겨져서 막 사임하려던 참이었다. 바로 그때, 내 핸드폰이 요란하게 울려댔다. PH 담당자 재키였다.

"저희 기관에서는 장애인들과 함께 주일마다 예배를 드리고 있었는데 설교를 담당하시던 목사님이 이번에 개인 사정 때문에 떠나시게 되었어요. 하문, 대신 그 자리를 맡아 줄 수 있는지요?"

순간 나는 무엇으로 머리를 맞은 듯한 느낌을 받았다. 이것이 주님의 뜻이요 음성인가 싶어 잠시 먼산만 멍하니 바라보고 있다가 일단은 의례적으로 대답해 두었다.

"기도해 보고 나중에 연락드리면 안 될까요?"

그렇게 전화를 끊고 나서 조용히 기도드리며 내가 과연 그들의 영적 문제까지도 감당할 수 있겠는가 오랫동안 심사숙고했다. 그들은 뭘 보고 나에게 그곳의 장애우들을 맡기려고 하는가? 내 신학교 졸업장을 보잔 얘기도 없었고, 더욱이 어느 교단 신학교인지, 목사 안수증은 있는지 등의 요구도 전혀 없이 그저 나를 '믿고' 제안했던 것이다. 그렇게 나를 믿어 준 그들을 생각하니 부끄러워졌다.

나는 주님 앞에 엎드려 기도하기 시작했다.

"전 부족합니다. 한국말 설교, 이제 좀 익숙해지려고 하는데 갑자기 캐나다 사람들 앞에서 영어 설교라뇨?…… 그런데 주님, 하고 싶은데 어떡하죠?"

그렇게 계속 기도를 하던 어느 날, 기도 중에 문득 떠오르는 생각이 있었다. 이전에 한인 교회에서 설교를 할 때였는데 그때는 늘 설교가 끝나면 무척 허무했다. '이게 아닌데……', '좀 선교사 같은 마음으로 설교하고, 선교하고 싶은데……', '나는 이왕이면 주님의 향내가 짙게 나는, 그런 곳에 가서 같이 울고 같이 웃으며…… 그렇게 헌신하고 싶은데……', '기회를 주신다면 장애인 공동체나 타 선교지를 순회하면서 정말 뜨겁게 살아가고 싶은데……' 하는 마음을 혼자 생각만이 아니라, 교인들에게나 또 집회 중에도 여러 번 나눈 적이 있었던 것이다. 이전에 고민했던 상황이 그때 갑자기 머리에 떠오르자, 그제야 지금 이 제안이 하나님의 응답이라는 확신을 갖게 되었다. 그 당시 별로 큰 의미도 두지 않고 무심히 했던 나의 고백을 주님이 들으시고 일하고 계셨던 것이다.

그리고 그 이후 나는 PH에서 매주 수요일은 위로 콘서트로, 매주 주일은 예배로써 그들과 함께하고 있다. 처음에는 많이 모이지도 않았고 콘서트 중에 그들에게 어떤 '반응'을 기대하는 것도 어려웠으나, 수요 콘서트의 이미지가 좋아지면서 주일예배에 나타나는 친구들도 하나둘씩 늘어갔다.

수요 콘서트 할 때마다 통기타에 연결할 앰프가 없어서 많이 불편했고 공연의 질도 그리 좋지 못했었다. 그런데 이곳 캐나다에서는 앰프 하나 구입하려면 보통 6백 달러(50만 원)는 줘야 그럭저럭 쓸 만한 것을 살 수 있다. 나는 그 액수가 조금은 터무니없다고 생각하고 있었기에 사지는 못하고 고민만 하고 있었다. 사실 한국에서는 그 정도 용량이면 10만 원 이하로도 충분히 살 수 있기 때문에 그 돈이 아까웠던 것이다.

그러던 어느 날, 그 앰프가 꼭 필요하다고 느꼈기에 매일 아침마다 기도하기 시작했다. 얼마나 지났을까…… 한 열흘이 채 되지 않았을 때, 우리 큰애가 학교에서 오는 길에 자그마한 앰프 하나를 들고 오는 게 아닌가! 난 놀라고 기쁜 마음으로 누구 거냐고 물었다. 그것은 유학하던 큰애 친구가 한국 가면서 방학 동안 맡아 달라고 부탁한 앰프였다. 그런데 그 앰프는 그 아이에게 그다지 필요한 것이 아니었다. 그래서 나는 큰애의 친구에게 앰프를 내게 팔면 어떻겠느냐고 제안했고 그 아이는 곧 승낙했다. 그 앰프는 나에게 딱 필요한 용량이었고 가격은 30달러(2만 5천 원)였다!

그렇게 그때 그 앰프를 구입해서 지금까지 몇 개월째 아주 잘 쓰고 있다. 하나님의 일을 하다 보면 이렇게, 생각지도 못했던 그분의 세심한 기적의 손길을 체험하기도 한다. 그것이 벌써 8년째가 다 되어 간다……. 그러니 그분을 따르지 않을 수가 없다……. 감사 감사 감사.

그래도 수요일 공연이 늘 만원인데 비해서 주일 예배 때는 모이는 인원이 고작 열 명도 채 안 되었다. 나는 예배에 참석하는 한 사람 한 사람의 이름을 다 외우기 시작했고 예배가 끝나면 그들 한 명 한 명을 다 안아 주고 또 그들의 이야기를 들어 주었다. 때로는 무슨 말인지도 모르면서 30분가량 그들의 말에 응해 줄 때도 있었다.

사실 처음에는 그들을 끌어안는 것이 그리 쉽지 않았다. 그들 중 대다수는 겉으로 보기에 매우 이상한 모습을 하고 있었기 때문이다. 그런데 한 주, 두 주가 지나자 나는 어느새 그들과 강하게 포옹하게 되었고 그러면서 묘한 마음의 평강을 느끼게 되었다. 어느 날 나는 내가 왜 처음에 그들을 꺼려했나 하고 한참 기도하며 생각해 보았다. 그러면서 나는 그들의 모습에서 나의 마음 상태를 보았기 때문이라는 것을 깨닫게 되었다. 장애를 가진 그들의 모습은 곧 내 마음의 모습이었던 것이다. 그리고 그들과 시간을 보내면서 점차로 ‘내가’ 치유되어 갔으며 그들은 내게 사랑스러운 형제자매들로 변해 갔던 것이다. 이제는 그들을 끌어안다가 그들의 갑작스러운 소리와 웃음으로 인해 그들의 입에 있던 내용물이 내 입으로 들어올 때도 그저 꿀꺽 삼킬 정도가 되었다. 그럴 때 나는, 내가 그 정도로 고쳐졌다는 사실에 문득 놀란다.

하나님의 은혜로 그들은 이제 나를 좋아한다고 말하기 시작했다. 주일에는 그들의 부모들까지도 고맙다는 인사를 했다. 난 너무나 감사했다. 난 그들에게 더 가까운 친구가 되고 싶어서 꼭 나를 ‘하문’으로 부르게 했다. 가톨릭 신자라서 나를 꼭 신부님(Father)이라고 부르던 자매(Lisa)에게도 날 하문(Ha-moon)이라 불러 주는 게 더 좋다고 말했다. 그래서 그 이후엔 그 자매도 나를 내 이름으로 부르게 되면서 서로 친구처럼 더욱 편안해졌다. 그들이 나를 쉽게 하문, 하문 하고 부르는 사이 우리들은 주 안에서 정말 친구가 되어 갔다. 아니 주 안에서 형제와 자매가 되어 갔다.

그들은 중증 장애인이기 때문에 언제 본향으로 돌아갈지 모르는 친구들이다. 그래서인지 그들이 제일 싫어하는 단어 중 하나가 ‘죽음’이다. 나에게 처음 주일예배를 맡기던 날, 재키가 내게 정중히 말하기를…… 설교 중에 될 수 있으면 죽음, 자살 등의 어휘는 가급적 피해 달라고 했다. 처음엔 의아했지만 곧 그들의 마음을 이해하게 되었다. 그래서 난 그들에게 늘 희망적인 메시지를 전했고 지금도 그렇게 하고 있다. 때때로 죽음에 대해 물어 오는 그들에게 나는 꼭 이렇게 말해 준다. 우리는 죽지 않고 언젠가는 깊은 잠을 자게 될 것이며 그 잠에서 깨고 나면 너와 나는 지금 이 휠체어를 벗어 버린 건강한 모습으로, 새로운 장소(some place)에서 만나 서로 또 다른 이야기를 하고 있을 것이라고.

그들의 정신연령이 보통 세 살에서 초등학교 4-5학년 정도라고 하니 나와 아내, 그리고 나의 믿음직한 동역자인 두 아들과의 세련된 호흡 맞추기가 늘 필요하다. 그래서 우리 가족은 PH로 향하기 전에 언제나 둥그렇게 둘러앉아 무릎을 꿇고 기도드린다. 그곳에 가는 것은 마치 선교지로 파송되는 것처럼 기도로써 무장하는 것이 절실히 필요하다는 것을 늘 느끼게 되기 때문이다.

어떤 자매들(Linda, Gaey)은 정신 상태가 상당히 불안정해 설교할 때에 막 소리 지르고 웃고 울고 해서 처음엔 애를 많이 먹었다. 조금 더 많이 아픈 릴리(Lily)라는 자매는 설교하고 있는 나를 단에서 끄집어 내려오게 하려고 양복을 자꾸 잡아당기는 통에 아주 혼이 난 적도 있다. 이러한 해프닝은 주일에 더욱 자주 연출된다. 그들을 돕는 스태프들이 주중에는 열 명 이상씩 있지만 주일에는 단 한 명뿐이거나 혹은 두 명 정도가 고작이기 때문이다. 주일에는 모두 쉬기 때문에 스태프들이 한두 명만 순번대로 출근하는 것 같다. 그래서 처음에는 주일예배가 무척 힘들었다. 그러나 점차로 하나 둘씩 예배 중에 은혜를 받기 시작하니까 그런 문제들도 점차 해결되기 시작했다. 그들 중 은혜 받은 형제들이 모든 상황을 컨트롤하기 시작했다. 얼마 전부터는 헌금도 하기 시작했다. 걷힌 금액은 다 합쳐 봐야 2-3달러 정도에 지나지 않고, 안 하는 분들도 아직 많이 계시지만, 예배의 한 순서로서 헌금은 그들의 마음에 중요하기에 얼마 전부터는 주일예배 전에 그들에게 1페니라도 좋으니 주님께 드릴 것을 준비하라고 말씀드렸는데 모두들 비교적 잘 따라 하는 편이다. 헌금 봉헌할 때는 늘 부르스(Bruce) 형제가 봉사하는데 정말 마음이 착한 사람이다.

주일 예배 중에 겪는 또 하나의 어려움은 그들의 부모였다. 내가 동양인 목사인 것이 처음엔 그들에게 좀 못마땅했는지 예배가 끝난 후에 한마디씩 던지는 말들이 나를 힘들게 하곤 했었다. 그러나 내가 크게 개의치 않고 늘 웃으면서 대했더니 점차 그 부모들의 태도도 많이 변해서 때론 예배에 방해되는 사람이나 상황이 생기면, 간호사에게 알려 주는 등 예배에 도움을 주는 분들로 바뀌어 가고 있다.

이곳에서 내가 좀더 생각하게 된 것 중 하나는 '지속성'이다. 누구든지 한순간 뜨거워져서 헌신하는 것은 쉽지만 그것이 계속되는 것은 쉽지 않다. 나는 이곳을 정말 오래도록 섬기고 싶다. 하나님께 서원은 하지 않았지만 상황이 허락하는 한 이곳에서 오래 섬기고 싶다. 그들 중에는 벌써 혹시라도 내가 안 올까 봐 걱정스럽게 묻는 사람도 있다. "하문, 네 교회는 어디니? 난 그곳에서 예배드리고 싶어"라고 묻는 형제자매가 꽤 있다. 그럴 때마다 나는 이곳이 나의 교회요, 너희들이 바로 주님께서 내게 맡긴 교인이라고 꼭 설명을 해 준다. 아마 전에 계시던 분은 다른 교회에서 근무하시면서 이곳을 파트타임으로 섬기다가 근무하던 교회 일 때문에 이곳을 떠나게 되셨던 것 같다. 나는 이곳 형제자매들이 그런 부분에서 목회자에 대한 어려움이 있는 것을 발견하고는 기도하기 시작했다. 가능한 한 이곳에서 오래 사역하게 해 달라고……

우리는 모두 장애인이다. 몸은 비록 우리가 이분들보다 건강할지 몰라도 마음에 장애가 있는 자들이라는 것을 깨닫게 되는 계기들이 참 많다. 또한 교회는 더욱 이런 심적 장애인들이 모인 종합병원이라는 생각이 든다.

사랑이라는 것이 균형이 잡히지 않아 늘 누군가를 미워해야 하는 사람, 늘 우울한 사람, 늘 만족하지 못하는 사람, 늘 열등의식에 사로잡힌 사람, 이미 일어난 과거의 일이나 또 일어나지도 않은 미래의 일 때문에 늘 걱정하며 괴로워하는 사람, 늘 비관적으로 생각하는 사람, 조그마한 공간에 있으면 두려움을 느끼는 사람, 일이 많거나 어려워 보이면 무조건 피하려고 하는 사람, 이성 앞에서 늘 기를 펴지 못 하거나 지나치게 우쭐대는 사람, 장애인이나 죽은 시신을 보면 무서워 떠는 사람, 일이 없으면 안절

부절 못 하고 바빠야 마음이 편한 사람, 남이 다른 사람을 칭찬하는 것을 보면 괜히 마음이 불편해지는 사람, 술로 정신의 안정을 얻는 사람, 식당 가면 종업원에게 반말부터 하는 사람, 사업하면서 세금을 슬쩍하는 사람, 권력자나 인기인들을 만나면 같이 있고 싶어 하는 사람, 부모님에게 효도하기보다는 본인도 나이 들어 간다고 해서 자기 방식대로 부모님마저 움직이려고 하는 사람, 감정을 잘 통제하지 못해 나쁜 버릇을 계속 방치하는 사람, 나라 경제는 기울어 가도 해외에 나가서 유흥비를 정신없이 써야 직성이 풀리는 사람, 본인의 처지를 한탄하면서 자살을 생각하는 사람, 술과 담배로도 모자라서 마약과 대마초를 찾는 사람, 옆집에서 누가 굶어 죽었다는 소리를 들어도 아무렇지도 않은 사람, 부인(혹은 남편)과 서로 미워하면서도 어쩔 수 없이 계속 사는 사람 등등…… 우리 주위에는 마음의 장애인이 너무나 많다. 또 가만히 들여다보면 나도 그 범주에 들어가 있는 경우가 얼마나 많은가. 하나님만이 그러한 우리 모두를 고치실 수가 있다.

오늘은 PH에서 만난 귀여운 폴(Paul)과 충실한 로버트(Robert)가 너무나도 그리운 저녁이다.

아버지! 하나님이 허락하시는 그날까지 열심히 충성해서 이곳을 섬길 수 있도록 도와주옵소서. 남은 생애 동안 주님과 주님이 사랑하시는 모든 사람들을 위하여 더욱 열심히 살도록 인도하옵소서.

예수님의 이름으로 기도드립니다. 아멘—.

세상

　나는 정말 누구보다도 세상적인 것을 사랑하던 사람이었다. 남이 가진 것은 물론 다 가져야 했고 경쟁에서는 꼭 이겨야 하는 사람이었다. 그래서 결코 나의 의지로는 세상의 많은 재미있는 것들을 버릴 수 없는 그런 부류의 사람이었다. 특히 술과 담배를, 그리고 명예와 돈을 무척 사랑했었다. 바로 그런 나에게 기적이 일어난 것이다. 정신과학자들이 말하는 백만 분의 일 확률인 일이 일어난 것이다. 지금 생각해도 정말 신기하기만 하다. 내가 세상을 버리고 목회자가 되어 주의 일을 하는 것을 세상 일보다 더 사랑하다니. 무언가 일이 일어나도 크게 일어난 것이다. 막상 주님의 말씀에 순종해서 살고 보니 그 기쁨은 세상의 재미가 주는 기쁨에 최소한 몇십 배는 넘었기에 그 좋던 세상의 재미가 시시해졌다.

　정말이지 난 하나님이 안 계신 줄 알았다. 지난 8년간 그분이 행하신 일들을 정리하면서 《하나님이 고치지 못할 사람은 없다》(홍성사)라는 책 제목이 생각났다. '만약 그분을 만나지 못했더라면 난 어떻게 되었을까', 가끔 자문해 본다. 아마도 생각하고 싶지 않을 정도의 상황이 되었을 것이다. 어떻게 보면 인생이란 선택의 연속인 것 같다. 중요한 시점에 바른 선택을 하는 것이 삶을 풍요롭게 해 준다는 것은 모두가 다 아는 이야기다.

　지금 이 글을 읽는 분들에게도 선택의 시간이 주어진 것일 수 있다. 우리에게는 '무시해 버릴 자유'와 '순종할 권리'가 동시에 주어져 있기 때문이다.

천국

천국을 믿으십니까? 가끔 집회에서 "이 다음에 천국 가실 분~" 하면, 처음엔 거의 다 손을 드시다가는 "지금 가고 싶은 분"이라고 하면 한 명 정도 빼고는 꼭 다 손을 내리신다. 그것도 웃으면서……. 그러나 지금 나는 진지하다. 그곳에는 무엇보다 예수님이 계신다. 사도 바울도 '이곳'보다 천국에 가고 싶다고 했고(빌 1:21-22) 요한계시록에 나오는 하나님의 나라는 너무도 아름답다. 그런데 왜 우린 천국 이야기를 하면 서로 눈치를 보게 되는가? 물론 신앙에서 중요한 것이 비단 천국만은 아닐 것이다. 선교, 건축, 심방, 병문안 등등 참 많다. 그런데 문제는 천국이나 영생의 문제를 등한시하거나 믿지 않는 분이 너무 많다는 점이다.

기독교는 부활의 종교다. 그런데 집회하는 중에 부활 얘기를 많이 하면 좀 이상하게 보는 듯하다. 그런데 사실 그것은 참 이상한 일이다. 우리가 단 하루밖에 살지 못한다면 하나님의 살아 계심을 선포하고 기도하며 천국 갈 준비를 하지 않겠는가. 결국 우린 천국보다 이곳을 더 좋아하는 게 아닐까? 다시 말해서 천국에 대해 무심하거나 혹은 거부감을 갖는 것은 천국엔 안 가 봤기 때문에 모르겠고 "이곳이 좋사오니"라고 말하는 것이나 다름없다.

언젠가 한국에 있는 후배 전도사님이 내게 "목사님 요새 목회도 안 하신다면서요?"라고 했을 때 난 정말 당황스러웠다. 그만큼 우리에게는 목회자라면 꼭 이러이러한 형태의 일을 해야 한다는 식의 통념이 뿌리 깊게 박혀 있는 것 같다. 하지만 그 누구도 '이것이 맞고 저것은 아니다'라고 말할 수 없다. 왜냐하면 모두 받은 은혜에 따라, 부르심의 정도에 따라 다르게 사는 것이기 때문에……

사도 바울이 그랬듯, 열두 제자가 그랬듯, 나는 어쩌면 평생을 이렇게 계속 돌아다니는 순회 선교사로 살지도 모른다. 만약 이것이 그분 뜻이라면 그렇게 해야 할 것이다. 이전에는 하고 싶은 일들이 많았다. 소위 비전이 많았는데 세월이 갈수록 비전이 없어지고 계획도 줄어든다. 그분이 원하시면 모든 게 그분 뜻대로 잘 이루어질 것이므로 내 힘으로 무엇을 만들어 할 필요가 없다. 그러나 한 번 그분의 은혜로 시작된 일에 있어서는 최선을 다하는 노력이 필요하다. 그분께 맡기는 것하고 감나무에서 감 떨어지기를 기다리는 것과는 엄연한 차이가 있다. 그분이 한번 인도하신 상황에서는 매우 능동적이어야 주님을 잘 따를 수 있기 때문이다.

세월이 흐를수록 천국은 우리에게 점점 더 다가오고 있다. 이 다음에 주님 앞에 가서 부끄럽지 않아야 하는데…… 하는 것이 나의 소망이다. 많은 그리스도인들이 자신의 죽음을 어떻게 생각하고 있을까? 우리가 언젠가 다 돌아가야 할 본향이 있다는 것은 누구나 다 아는 사실이다. 이 땅에서는 길어야 70-80년이라고 모세는 말했다. 그리고 주님 나라에서는 '영원'이라고 말한다. 이 사실을 믿는 사람이 얼마나 될까……. '영원'에 대한 목회자의 말을 가장 잘 믿는 곳은 아마도 상갓집이 아닐까. 매번 느끼는 것이지만 인간은 죽음 앞에서 가장 순전해지는 것 같다. 죽음 앞에서까지 악한 말을 계속하는 경우를 나는 아직 보지 못했다.

늘 가야 될 본향을 생각한다면 우리들 머릿속은 한결 단순해지리라 믿는다. 가끔 옛날 사진첩을 보면 지금은 이미 세상을 떠난 분들이 많다. 사진첩 속의 그분들은 지금 어디서 무엇을 하고 계실까. 얼마 전 우연히 십 년 전 집안 잔치 비디오를 볼 기회가 있었다. 그런데 그 화면 속에 있는 분들의 약 삼 분의 일이 지금은 이미 고인이 되셨다. 그 사실을 새삼 깨달으면서 나는 복음을 전하는 우리의 일이 얼마나 귀하고 급박한 것인지를 다시 한 번 느끼게 되었다. 그때 안 계신, 즉 주님을 영접하지 못한 채 고인이 되신 그분들은 주로 나의 친인척이었기에 더욱 마음이 아팠다. 내가 조금이라도 주님을 더 일찍 알았더라면 하고 후회하게 되었던 시간이기도 하다.

내가 우리 파티시페이션 하우스의 장애인 식구들에게 늘 하는 말이 있다. 우린 언젠가 완벽한 시간(perfect time)에 완벽한 장소(perfect place)에서 온전한 몸(perfect body)으로 다시 꼭 만나게 된다고……. 이 말씀과 함께 그들 앞에서 웃으면서 찬양하면, 그들은 그것이 무엇을 뜻하는지는 알지만 그것에 대해 더 이상 직접적인 대답을 요구하지는 않는다. 이제 나에게 돌아갈 본향은 더욱 중요해졌다. 그곳에서 장애인 친구들의 완전한 몸을 보게 된다면 얼마나 기쁠까. 상상만 해도 참 좋다. 그래 맞다. 천국을 생각하면 마냥 기뻐야 한다고 생각된다……. 기쁨, 기쁨, 기쁨.

하나님의 심부름꾼으로 산다는 것, 참 기분 좋은 일이다. 얼마 전 이곳에서 어떤 만찬에 초대 받은 적이 있었다. 그때 초청장에 적힌 전화번호로 참가 여부를 알리기 위해 전화했는데 전화 받으신 분이 내 이름을 듣더니 반갑게 물으셨다.

"그런데 어느 단체 소속이라고 해야 하나요?"

그때 내 입에서 무심결에 툭 튀어나온 대답은 "하나님 단체요" 였다.

매일 주님만 바라보는 사람, 나는 앞으로 더욱더 그렇게 되고 싶다. 주님과 더 가까이, 그리고 그렇게 실천하며 살고 싶은 마음이 점점 더 커진다. 이제는 운동을 해도, 노래를 해도, 밥을 먹어도, 그 무엇을 해도 그 분의 영광을 위해 하기 원한다. 단순히 성경을 더 많이 알고 가르치는 수준이 아니라 정말 그분의 손에 붙들려 그분 뜻대로 사용되는 종이 되길 원한다.

나는 세상에서 많은 것을 누려 보았다. 그러나 그것은 절대로 영원하지 못하며, 잘 못되는 경우엔 그 화려한 만큼의 어둠도 책임져야만 한다. 그러나 이곳 빛의 세계, 예수 그리스도의 세계는 순종하고 실천하면 되는 것이다. 내가 계획해야 할 아무런 이유가 없다. 그분은 전지전능하시므로 그저 시키는 일만 묵묵히 하면 된다. 나의 생각은 더 줄어들길 원하고 조용히 그분과 함께 지내는 시간을 더욱더 사모하기 원한다. 그리고 필요할 때 주의 담대한 종으로 나설 수 있길 나 스스로 진심으로 원한다.

주님을 만나고 나서 가장 아름다워진 곳은 우리 가정이 아닌가 싶다. 하나님의 사랑을 모르면 그 가족 구성원 중에 마음이 병든 사람들이 생기기 때문이다. 오늘날 내가 존재할 수 있도록 여러 가지로 도와주신 어머님께 진심으로 감사드린다. 정말 오래오래 사시고 건강하게 사시다 천국 가시길 소망한다. 또한 끈끈한 가족애를 통해서 사랑이 무엇인지 가르쳐 주신 나의 형님들, 누님들에게도 깊이 감사드린다.

그리고 1982년 12월에 나를 만나 연약하고 볼품없던 나를 지금까지 곁에서 도와준 내 평생의 반려자인 아내에게 진심으로 고맙다는 말을 전한다. 주를 모를 땐 그때대로 그녀를 힘들게 했고, 목회자가 된 후에는 또 지금 나름대로 그녀에게 가끔 힘든 상황을 맞게 한다. 그러나 예나 지금이나 그 모든 것들을 언제나 묵묵히 감당해 주는 그녀가 마냥 고맙다. 늘 조용히 나에게 위로와 힘을 주는 그녀에게 천국 갈 때까지만이라도 정말 잘해 주고 싶다. 왜냐하면 이제 진짜 사랑을 알았고 그것이 그동안의 내 이기적인 사랑에 대한 대가라고 생각하기 때문이다.

그리고 완전히 타의로 이 세상에 태어나 나를 아빠라고 불러야 하는 나의 두 아들에게도 늘 감사한 마음뿐이다. 급작스러운 아빠의 회심을 이해해 주고 지금은 주일마다 장애인 공동체에서 동역자로 나를 도와주는 아이들의 모습이 그저 감격스러울 뿐이다. 나보다 영어를 잘하는 큰녀석의 시원시원한 도움과 늘 긍정적이며 섬세한 둘째…… 그저 고마울 따름이다. 캐나다에서는 신체 건강한 대학 1학년생이 교회에 나간다고 하면 이상하다고 생각하는 친구들이 많다는 이야기를 큰녀석을 통해 종종 듣는다. 그러나 큰녀석은 그런 상황에 눌리기는커녕 오히려 그런 반응을 보이는 이곳 백인들의 앞날을 은근히 걱정하면서 주일마다 늘 든든하게 찬양으로, 대표기도로, 운전으로, 악기 설치 등으로 날 도와준다. 그저 예수님께 감사할 따름이다. 한편 장애우들을 채플실로 모셔 오고 아빠가 마실 물을 준비하며 역시 찬양과 대표기도로 그리고 잔심부름 등으로 나와 동역하는 둘째 역시 고맙기만 하다. 가족의 도움 없이는 주의 일을 하는 것이 매우 힘들다는 것을 이곳에서 많이 깨닫는다. 그러므로 목회나 선교에서 가족의 화목은 필수다. 그 나이 때 나는 내 아들들 같지 못했음이 사실 부끄럽다. 그래서 요샌 더더욱 세상을 떠나신 아버지 생각이 문득문득 난다. 보고 싶고 죄송할 따름이다.

내 인생을 돌아보면 감사드릴 분이 참 많다. 이전 가수생활할 때 나의 재미 없는 이야기를 항상 경청하시고 늘 조언을 아끼지 않으신, 내가 좋아하는 선배 가수 조동진 형님과 형수님에게 사랑과 함께 감사를 드린다. 또한 나를 전도하기 위해 기도로 일관했던 친구 하덕규 집사, 잊을 수 없는 윤복희 권사님, 은혜 받고 얼마 되지 않았을 때 나에게 많은 것을 가르쳐 준 주님의교회 가족들과 목사님들, 그리고 목회 현장에서 위로와 지혜를 아끼지 않으셨던 예음교회, 함께하는교회, 새빛맹인교회 식구들과 목사님들에게 진심으로 감사드린다. 나의 첫 캐나다 생활에 많은 힘과 용기를 준 영락이네 가족, 허규갑 목사님 내외분, 그리고 여러모로 늘 많은 힘이 돼 주시는 김효석 집사님, 토론토 기독교 방송국 식구들, 이곳에 처음 와서 뭐가 뭔지 모를 때 힘이 되어 준 나의 친구, 피플즈 교회 상담 목사 쿠퍼 박사 부부와, 의리 있는 캐나다인 사업가 존 윈터 내외분, 아울러 내가 사역에 전념할 수 있게 도와주시는 임성준 변호사님, 김진영 박사님, 정인상 집사님, 김학배 집사님, 이훈구 집사님, 그리고 늘 배울 게 있는 좋은 이웃 하셀렛 씨 가족에게도 감사를 전한다. 이분들 외에도 내 인생을 돌아보면 감사드릴 분이 참 많다. 지면상 다 열거하지 못함에 죄송한 마음 너무 많다.

그러나 특히, 무엇보다도 나의 사랑하는 형제자매들, 나의 진정한 가족인 PH의 장애우들 한 명 한 명에게도 사랑한다는 말씀을 드린다. 또한 별 볼일 없는 나를 신뢰해 주는 그곳의 책임자 재키, 셜리, 올가에게 주님의 사랑이 늘 함께하길 기원한다. 나에게 늘 위로의 말을 해 주는 월드비젼 캐나다의 회장 데이브 로이슨에게도 깊은 감사를 전한다.

책 쓰기도 힘들었지만 나오는 과정에서 수고 많이 하신 홍성사 식구들에게 정말 감사드린다. 앞으로 얼마나 많은 사람들을 만날지 모르지만, 사랑의 빚을 많이 지고 또 늘 되갚기 원하는 사람으로 살았으면 한다. 정말이다. 죽도록 사랑하자, 길지 않은 인생…….

아! 이 모든 것을 하나님께 감사드린다…… 할렐루야!

세월이 흘렀다. 2006년 4월이다. 곧 나올 것 같던 책이 나오지 못하고, 시간은 어느덧 탈고한 지 1년 7개월이 흘렀다. 그간 19개월이란 기간이 마치 19년은 되는 것 같이 많은 일이 있었다. 먼저 그동안 주님과 더욱 가까워진 것 같은 기분이 든다. 특별히 무엇을 하지 않아도 늘 나와 함께하시는 그분을 날마다 느끼며 그분의 은혜로 19개월간 계속해서 내 자아는 더 미세한 분말로 깨어져 갔다. 그리고 그분이 살아 계신 것을 자꾸 실력 없는 글쓰기로 나타내지 말아야겠다는, 어느 정도 철도 들었다. 언제부턴가 내 삶이 수동태로 바뀌더니 이제는 아무 미래도 예측하지 않는 습관이 생겼다. 그저 하루하루 사는 기분이 든다.

절대 할 것 같지 않던 이민목회를 하게 되었다. 벌써 만 11개월이라는 시간이 흐름에 따라 지금의 나는 또 많이 변할 수밖에 없었다. 목회에 관한 자세한 이야기는 10년 후에나 써야 된다고 생각한다. 왜냐하면 아직은 모르는 게 너무 많기 때문이다. 파티시페이션 하우스 일도 계속하고 있다. 변함이 있다면 주일예배는 못 드리고 콘서트만 수요일에서 화요일로 요일을 변경하여 매주 한다. 그 친구들에겐 미안하지만 당분간은 어쩔 수 없음을 그들도 안다. 하지만 웨인 같은 친구들이 갑작스레 "요번 일요일에 와서 예배드릴 거지?" 하는 엉뚱한 질문을 하면 너무 미안해서 이마에 땀이 다 난다.

19개월 동안 주님의 빛에 많이 쏘여 어두웠던 부분은 밝아지고 너무 밝았던 부분은 적당한 빛깔로 변해 가고 있다. 그동안 주님께 배운 것은 내가 죽는 삶이다. 예수 그리스도를 좇는 것은 나를 포기하고 내 모든 것을 내려놓는 것이라는 사실이 이제 어느 정도 이해가 된다. 나의 죽음 없이는 열매도 없다는 것을 깊이 깨닫고 있다.

여기서 내가 죽는다는 것은 물질적 어려움이나 영적 어려움, 오래참음, 사랑, 용서, 나를 드러내지 않는 것, 내가 옳아도 묵묵히 기다리는 것 등에 나를 던지는 것이다.

많은 그리스도인들이 이 세상에서 훌륭히 살다가 주님 곁에 가는 것을 여러 책을 통해 많이 접하고 배웠다. 평생을 사막에서 보내신 오래 전 수도사뿐만 아니라 최근에 타계한 어느 신부님의 일생까지…… 정말 아름다운 삶이 많다는 것을 알게 되면서 감사와 함께 도전을 받았다.

마태복음은 "아브라함과 다윗의 자손 예수 그리스도의 세계라"(마 1:1)로 시작된다. 그렇다. 나는 언제부턴가 이 세상이 아닌 예수 그리스도의 세계에서 살기 시작했다. 그 세계는 눈에 보이진 않지만 눈에 보이는 지금의 세계보다 더 값어치 있기에 목숨도 마다하는 선인들이 있었던 것이다.

내가 아직도 예수 그리스도를 몰랐다면 어땠을까……? 가끔 예수님을 모르는 내 모습을 상상해 본다. 그러나 상상이 잘 안 된다. 이상하다. 상상이 되지 않는다. 주님과의 더 깊은 친밀함으로 들어가기 위해 무언가 하기를 소망한다. 이왕 주님의 사람이 되었으니 제대로 한번 해 보고 싶다. 그런데 나의 뜻과 힘으로는 안 된다. 오직 살아 계신 그분의 힘으로만 가능하다.

예수님을 잘 모르면서 예수 그리스도의 일을 하는 사람이 있다. 솔직히 걱정된다. 알고 해도 힘든 일을 모르면서 어떻게 하려 할까……. 이곳 캐나다에도 신학생이지만 복음주의에 속하지 않은 사람이 얼마든지 있다. 그러나 하나님은 수만 명을 제치시고

라도 깨어 있는 한 사람을 쓰신다. 깨어 있다는 것은 주님과 교통하는, 즉 주님의 말씀을 지키며 사는 사람을 말한다. 그가 목사든, 평신도든, 신부든, 주교든 간에…….

이상하게도 이젠 곡을 못 쓰겠다. 회심 후 두 곡 정도 외에는 못 썼다. 왜 그럴까 곰곰이 생각해 보았는데 재미가 없어진 것이다. 음악의 기쁨과 주님의 기쁨은 비교할 수 없다. 혹자는 권한다. 가스펠이나 CCM을 써 보라고……. 그런데 그것도 잘 안 된다. 왜냐하면 늘 영적 풍만함을 유지시켜 주는 침묵 속의 고요함에 비하면 찬송의 경적은 다이아몬드와 구리의 비교가 되기 때문이다. 적어도 지금 나의 경우는 그렇다.

주님을 알수록 무언가 늘 새로운 것이 발견된다. 그것은 가능성이다. 인내할 수 있는, 용서할 수 있는, 내 안의 가능성을 보게 된다. 그것은 매우 신비로운 일이다. 절대 할 수 없었던 일들을 어느 날 해낸다. 언제나 두려웠던 일이 평안으로 변하고 있다. 예전의 나로서는 도저히 해낼 수 없을 일들을 해내고 있다. 그분 덕분에……. 우리 안에는 부정적 가능성도 있지만 긍정적 가능성이 더 많다. 낮은 자존감 때문에 그것을 사용조차 못 하고 인생을 허비한다. 주님 안에서 그것을 자꾸 계발하면 그늘진 가능성은 주님의 빛에 쏘여 사라져 버린다. 그러다 보면 조용한 공간을 좋아하게 된다. 시간만 되면 그분을 느끼고 싶기 때문이다. 살아 계신 그분과의 만남이 계속될수록 우리의 삶은 모든 면에서 밝아진다. 그리고 행복해진다. 이 행복은 세상적 가치의 행복과는 전혀 무관하다. 이런 의미에서 보면 세상적 행복을 마음에 조금이라도 추구하는 사람은 이 빛을 볼 수 없다. 서로 상반된다 해도 과언이 아니다.

내 일생에서 예수 그리스도를 만난 일 같은 큰 일은 없다. 그분은 지금 우리와 함께 살아 계시는 하나님이다. 인생이 변하기를 원하면 오늘부터라도 주 앞에 엎드려야 한다.

'발달'된 신앙은 없다. 아브라함의 하나님, 토마스 아 켐피스의 하나님, 프란체스코의 하나님, 마더 테레사의 하나님, 그리고 나의 하나님 사이에 어떤 세상적 발전이나 변화가 있을 수 없다. 그것이 바로 진리이기 때문이다.

그분을 만나려면 성경의 방식이나 고대 수사의 방식 혹은 성인들의 방식을 따라야 함에는 의심의 여지가 전혀 없다고 본다. 다만 뿌린 만큼 거두는 것이 성경의 법칙이니 적게 수확하길 자청하며 적게 수고하겠다는 데에는 더 이상 할 말 없다. 그러나 또한 분명한 것은 시류에 편승한 변증으로서 믿음을 격하시키려는 사람에게는 작은 열매만이 있을 것이요, 그들은 자기의 생각이 가장 크다고 서로 공허한 영적 자랑을 하게 될 것이다.

록 음악도 클래식 록이 지금 들어도 진짜다. 믿음도 때 묻지 않은 클래식이어야 한다. 성경말씀 외에 그 어느 것도 첨가되지 않은 것이 좋다. 로마 감옥에서 사도 바울이 편지를 썼을 때나 지금이나 예수 그리스도의 세계는 똑같다. 진짜는 언제 봐도 진짜로서의 품위가 있다.

삶이 무언지에 대해 고민이 참 많았었다. 그 덕에 살아 계신 그분을 알게 되었는지도 모른다. 요새는 '주님의 일을 한다는 것이 무얼까'를 고민하고 있다. 누구나가 통상적으로 그것은 주님의 일이라고 말하는 그 일일까……. 아니면 다른 일일까…….

2년 전 어떤 교단에 가입하기 위해서 파티시페이션 사역을 경력으로 가지고 갔더니 그런 것은 취급 안 한다고 했다. 바꾸어 말하면 그런 일은 목사가 할 만한 일이 아니라는 뜻이다. 목사는 무엇을 하는 사람인가. 무엇 때문에 안수 받고 또 '성직'이라는 호칭을 받는가, 목회자가 되어 새로운 길을 간다는 말의 의미가 대체 무엇인가. 가슴 아프다…….

간혹 젊은 신학도들에게 예수님을 따르는 길은 나를 포기하는 것이며 나를 부인 (self-denial)하는 것이라고 말하면 더 이상은 나와 대화하지 않으려는 친구들이 많다. 내 마음이 운다. 나를 이상한 사람으로 본다. 중생대에서 온 사람으로 보는 것 같다. 신학도들이 그렇게 생각할 정도라면······.

그렇지만 난 오늘도 계속 말할 것이다. 주님은 살아 계시고 주님을 좇는 길은 어떤 시대적 환경으로도 세속화될 수 없는 꾸준한 자기부인이 기초가 되어야 하는 길이라고. 듣든지 안 듣든지 주님이 에스겔 선지자에게 내리셨던 명령처럼 말할 것이다.

"사로잡힌 네 민족에게로 가서 그들이 듣든지 아니 듣든지 그들에게 고하여 이르기를 주 여호와의 말씀이 이러하시다 하라 하시더라"(겔 3:11).

나는 오늘도 물으며 걷는다. 이 길이 주님께서 주신 길이며, 나의 사역이 주님이 필요하셔서 보내신 현장인지를······.

한 번 '제대로' 만난 그분. 어떤 이유로도 적당히 따르고 싶지 않다. 다시 한 번 그분을 불편하게 해 드리고 싶지 않다. 그분은 나의 생명이자 모든 것이기 때문이다. 더욱이 그분을 빙자하여 '내 일'을 하는 부분이 생겨나지 않기를 기도한다. 나는 오직 그분의 손에 잡힌 도구만 되고 싶기 때문이다. 내게는 이렇다 할 든든한 배경도 없다. 그렇기 때문에도 더욱 전진할 수밖에 없다.

한 길만 열어 놓으신 나의 주님을 영원히 따르리라.

2006. 4. 10. 캐나다 리치몬드에서

조 하 문

내 아픔 아시는 당신께

지은이 조하문

2006. 8. 11. 초판 발행
2006. 8. 28. 3쇄 발행

펴낸이 이재철
만든이 정애주
편집 이현주 한미영 한수경 김혜수 최강미 김기민
미술 권진숙 서재은 조은애
제작 홍순흥 윤태웅
미디어 백경호
영업 오민택 백창석 이재원
쿰회원관리 국효숙 김경아
관리 이남진 박승기
총무 정희자 김은오

펴낸곳 주식회사 홍성사
1977. 8. 1 등록 / 제 1-499호
121-885 서울시 마포구 합정동 377-9
TEL. 333-5161 FAX. 333-5165
http://www.hsbooks.com
E-mail: hsbooks@hsbooks.com

ⓒ 조하문, 2006

ISBN 89-365-0235-X
값 9,500원 ※잘못된 책은 바꿔 드립니다.
Printed in Korea

홍성사. HONG SUNG SA, LTD.